FIGEAC

ET

SES INSTITUTIONS RELIGIEUSES

AVEC

UN ÉTAT DES FIEFS DU HAUT QUERCY

PAR

J.-B. CHAMPEVAL DE VYERS

Prix : 5 fr.

CAHORS
IMPRIMERIE L. LAYTOU, RUE DU LYCÉE, 34

FIGEAC

ET

SES INSTITUTIONS RELIGIEUSES

AVEC

UN ÉTAT DES FIEFS DU HAUT QUERCY

PAR

J.-B. CHAMPEVAL de Vyers

Prix : 5 fr.

CAHORS
IMPRIMERIE L. LAYTOU, RUE DU LYCÉE, 34

FIGEAC ET SES INSTITUTIONS RELIGIEUSES

AVEC

UN ÉTAT DES FIEFS DU HAUT QUERCY

FIGEAC

ET SES INSTITUTIONS RELIGIEUSES

———

On a dit justement que nos évêques avaient fait la France comme les abeilles font leur ruche. Nous allons démontrer que c'est aussi l'Église qui a donné l'être et l'accroissement à cette agglomération d'habitants nommée *Figeac*. Il suffira de nommer sa vieille abbaye bénédictine, ses pélerinages au très St-Sauveur et à Notre-Dame; ses multiples églises paroissiales réduites de moitié, assorties de leurs chapellenies, prestimonies et confréries ouvrières, dont le détail, intéressant à plus d'un titre, sera fourni; ses nombreux couvents des deux sexes, devenus des cafés ou des bouges; ses chapelles isolées de dévotion spéciale, bref ses ingénieuses et toutes maternelles fondations de charité, telles que maladreries (blanche et noire, à lèpre etc.) Maisons-Dieu ou Maisons de passage, Refuge, Reclusage, Oratoire des pendus, Hospice et Hôpital, etc.

Sans doute, la position exceptionnelle de notre ville à la frontière de trois provinces, aux productions différentes, a contribué pour beaucoup à sa prospérité, en en faisant l'entrepôt obligé et préalablement le point d'échange le plus commode pour les marchandises du Languedoc, du Limousin et de l'Auvergne, mais en revanche, Figeac n'a-t-il pas dû précisément à son assiette naturelle de subir, plus que d'autres villes fortes, les désastreux ravages des Anglais, puis des Calvinistes? Il a relevé promptement ses ruines par le concours surtout de la rénovation religieuse du XVIIe siècle qui l'a repeuplé et vivifié.

Voici nos preuves petit à petit. On nous pardonnera de les produire à bâtons rompus, et sans ordre chronologique. Il nous suffit qu'une conclusion s'en dégage clairement : l'Eglise toujours a été bonne mère ; à toute époque elle a largement rempli son devoir, conformément d'ailleurs à sa mission sociale, son unique raison d'être : aimons donc l'Église !

I. — *État des religieux et des religieuses*

État des religieuses de Lundieu, près Figeac

14 Septembre 1792

Nom des religieuses et des religieux.	Années (c'est-à-dire âge)	Pensions allouées par la nation au licenciement
Marie Félicité Regourd	62	700
Rose Vaxis Liauzu	58	600
Jeanne Perrete Lafage	62	700
Jeanne Conté	61	700
Marguerite Durfort	70	700
Marguerite Toinette Pilaprat	54	600
Marguerite Taule	47	600
Françoise Vielcastel	64 à la Daurade.	»
Marianne Ramond	44	600
Jeanne Vaissié	41	600
Marie Ourtal	42	600
Jeanne Hug	33	500
Marianne Jalenques	36	500
Marie Najac	36	500
Marguerite Claire Lagentie	27	500
Sœurs converses		
Catherine Pinquié	80	466
Marie Donadieu	51	400
Affiliées ou données		
Anne Teilhard	62	466
Marie Cantaloube	46	400
		10,132

État des religieuses de Ste-Claire

14 Septembre 1792

Marguerite Dupuy	67	700
Marguerite Vaissié	43	600
Hélène Delbourg	42	600
Catherine Millel	47	600
Rose Seguy	45	600
Marguerite Vaissié	35	500
Marie Jeanne Blasy	36	500
Marie Rose Seguy	33	500
Magdelaine Barrès	32	500
Marguerite Lavernhe	33	500
Marie Jeanne Laroche	28	500
Antoinette Lacroix	38	500
Marie Jeanne Dufau	30	500
Anne Dorothée Dufau	28	500
Marianne Lacurie	26	500
Marie Jeanne Massabiau	25	500
Marie Jeanne Boudet	34	500

Sœurs converses

Catherine Viroles	40	400
Pétronille Grifoul	45	400

Affiliées

Marie Vialar	50	400
Toinette Alliet	40	400
		10,700

État des religieux capucins

14 Septembre 1792.

Jean Pierre Nastorg	49	700
Eustache Andrieu	80	1000
Jean Giles Pelatié	71	900
François Bromet	71	»
Pierre Apchié	69	»

Louis Ginestou	69	»
Jean-Baptiste Delsal	61	»
Jean Patrice Constans	51	»
Jean-Baptiste Lalande	42	»
Jean Joseph Lalande	35	»
Jean Pierre Cantaloube	28	»

Frères

Jean Rigal	54	»
Jean Pierre Bourgade	41	»
Antoine Caminade	47	»
Jean Pierre Barriety	28	»
Joseph Linol	28	»
François Gauzens	38	»
François Montet	28	»

II. — Procès-verbaux de consistance et estimation des biens confisqués ayant appartenu aux ci-devant prêtres déportés ou reclus.

Remis le 11 prairial, an 3ᵉ

L'an 2ᵉ de la République Française, une et indivisible, et le 10ᵉ jour du mois de thermidor, en exécution de la commission à nous donnée par le directoire du district de Figeac, en date du 24 messidor, et la liste de tous les prêtres déportés ou reclus, qui ont du bien dans le district de Figeac, nous François Jalenques, commissaire expert soussigné, habitant de la comⁿᵉ de Figeac, nous sommes transporté dans une maison située dans la commune et lieu de Lantillac, confronte du levant et midy avec rue publique, du couchant maison de Pierre Delpon, et du nord pré de Jʰ Thomas, contenant un penon. Nous l'avons estimé 800 livres, à laquelle somme nous l'avons ex timée pour être vendue en un seul lot, conformément à la loy, cy.. 800 l.

Plus nous avons été dans une chenevière même comⁿᵉ, provenant du dit Briat, curé de Lentilhac etc. estimée 200 l. etc.. 200 l.

De tout quoi nous avons dressé le présent procès verbal etc.
Signé Jalenques commissaire.

Suivent des actes pareils pour les biens de Duclos Médar, ci devant prébandé habitant de Figeac : sur une maison et cour située au quartié de Montfarrié (à Figeac), confronte du levant maison du citoyen Ferrieu, midy, m^{on} de la Vve Cairel, couchant une petite rue, et du nord, m^{on} du citoyen Pontié et une autre p^{te} rue. Estimée 2000 liv.

De même pour Teulié ci devant curé de Fonts, cave dans le quartié de l'Estang. etc. 800 l.

M^{on} et jardin au bout du quai (à Figeac) provenant de Delbourg (Rayssac) ci-devant curé de Plagnioles, 3000 liv. (en marge est écrit : La servante du dit Delbourg a déclaré que tout le bien du susdit Delbourg lui appartient par une vente qu'il lui a faite. Il faut voir la dessigion (décision) du département).

Plus une terre au terroir d'Auteval, c^{ne} de Figeac, confronte avec la g^{de} route de Figeac à Fonts, etc. de contenance de 12 quartons, 900 liv. et autre piesse, mais de vigne et une cheneviere aussi à Auteval (Figeac et Plagnioles) 800 et 400 l. et une vigne à Rebemoles (Figeac) de 31 quarton, 2 paines. 3000 liv.

Sur Pancou, curé de St-Thomas (l'une des paroisses de Figeac) un jardin, au quartié de St-Thomas, conf^t jardin du citoyen Salissart (le puits de Salissart est encore connu) etc., 500 l. et une m^{on} 200 fr. et vigne à Combe-cave (Figeac) 600 l.

Sur Escrozailles (rétablissez la quasi-particule Descrozailles. Il était probablement de la famille Descrozailles de Puy-la-Borie) cy-devant curé de St-Félix, m^{on} au bout de la rue de Tonfort, etc., à Figeac, estimée 4000 liv.

Sur Delfour cy-devant vicaire de Viazac, 1 m^{on} à l'estang près le canal etc. 500 l.

Sur Larré hebdomadié au ci-devant chapitre de Figeac, une vigne au terroir de Conzac (Conjat) confronte vigne du citoyen Fourgous etc. 10 quartons. 1000 liv.

Sur Lascaris ci-devant chantre de Figeac (chanoine ayant la haute dignité de la chantrerie) 1 m^{on} au quartié de Grifoul, (près le pont de ce nom, par lequel était amenée une fontaine jaillissante appelée ici *Griffoul,* comme dans tout le midi.) 3000 liv. (Elle fut adjugée le 26 fructidor an 3.)

Sur Andrieu hebdomadié au dit chapitre, une vigne située à Vaissièr e4000 liv.

Jardin au Claux sur Maleville ci-devant vicaire du Pui (de N.-D. du Puy de Figeac) 500 l. Cazal sis au Claux, contenant 20 cannes 200 l.; — terre à la Barrairie 350 l.; vigne à Las Crestes 1400 l.; autre à Conzac 1500.

L'an II et le 25 thermidor, sur Gasc, prêtre de Cardaillac, émigré, m^{on} et jardin (Cardailhac) près le jardin du ci-devant seigneur de La Capelle (-Marival) 2000 l. et chenevière à la Ripouxe (même com^{ne}) 200 l. et vigne avec chenevière au Colombié (Cardaillac) 3000 l.; autre vigne à Leneaux, 400 l.; m^{on} à St-Thomas de Figeac, sur Pagès ci-devant lazariste 4000 l. (ses frères déclarent y avoir droit) ; autre m^{on} f^{s}. d'Aujou, 5000 l. et vigne à Triguedina 1500 l.

M^{on}, rue du Pin, à Rouquette, ex-prêtre, 3000 l. Elle est jouie par indivis avec ses 2 sœurs, le père étant mort sans disposé (sans testament ou donation).

Enfin m^{on} en la ruele de Dumon, à Andrieu, hebdomadie au ci-devant chapitre, 4000 l. ; jouie par indivis avec Helisabeth Andrieu sa sœur, le père étant mort sans disposé.

III. — *Vente mobilière*

Ce jourd'hui 29 messidor an II. etc. nous J^{n} P^{re} Vedrune, membre du directoire du district de Figeac et commissaire en cette partie, après affiches etc. apposées par Tavarric huissier etc. avons fait procéder par lui à la vente des meubles et effets ayant appartenu à Froment cy-devant curé de Figeac, en présence des citoyens Puech officier municipal et Cavantous notable etc.

Un buffet à 2 ouvrants (battants) estimé 30 l. adjugé à P^{re} Vedrune à 44 l.. 44 l.

Un vieux armoire estimé 6 l. adjugé à Alexis Brugias à 13 l. 10 sols... 13. 10.

Douze torchons estimés 3 l. adjugés à Bousquet à 19 l.. 19.

Et n'ayant plus rien trouvé à vandre, avons clos et arretté le present procès verbal de vente montant à 951 liv. 5 sols. etc. Signé etc.

Le 28 messidor on vendit de même les meubles de Malleville,

ci-devant vicaire à la comm^{ne} de Figeac. Nous y relevons **un** sopha garni de toile, estimé 12 l. adjugé à Soubirous 32 l., une jatte de fayence, les andrelieres, vaisselle d'étain, 3 g^{des} bouteilles d'eau de vie, estimées chacune 2 l. et vendues 5 l. ; une montre solaire sur pierre estimée 5 l. adjugée à 10 sols. etc. Total 1459 livres.

21 messidor, vente de ceux de Bessieres ci-devant curé de St-Perdoux, trouvés en la m^{on} du citoyen Boutaric où il était locataire. Un moulin à caffé 2 l., un p^t prie-Dieu 10 l. adjugé à 30 l.

IV. — *Remise et destruction de titres féodaux*

Le 21 août 1793, le citoyen Lentillac remet à la commune de Figeac, les titres en vertu desquels il levait ses rentes foncières dans les paroisses de Lentillac, Felzins, St-Félix, Cuzac, Lunan, St-Jean (*Lefroid*, autrement de *Mirabel*), Capdenac, Montredon etc.

Joseph La Curie dépose de même entre les mains des membres de la dite commune ses titres des rentes de la cure de La Capelle de Figeac (paroisse qui a été remplacée par celle créée en l'église abbatiale devenue collégiale St-Sauveur).

Arnaldy (de la famille d'Arnaldy d'Estroa et de St-Monteil) en remet aussi pour ses rentes nobles en directité, etc., sises ès paroisses de Figeac, Lissac, Boussac, Cambes, St-Perdoux.

Et dépose du même coup les actes constitutifs et lièves de rentes des vicairies de Lestroa, d'Auriac, de La Molière.

Le citoyen Soulhol en remet de ses rentes ès paroisses de Figeac, Puis de Corn (*sic*) (du reste, ce gros village, qui a eu chapelle rasée naguère, et cimetière découvert récemment, a dû être le chef-lieu d'une minuscule paroisse dans le vieux temps), de Capdenac, Camboulit, Cambes.

Gasc remet les titres de ses rentes sur divers tenanciers des paroisses de Camburat, Fourmanhac, Fons, Cardaillac.

Delfau de Belfort remet les siens sur Bouillac, La Roque-Bouillac, Camboulit, Cambes, Boussac, Reyrevignes, Courbous, Corn, Béduer.

Latapie-Ligonie-Las Fargues (c'est-à-dire Latapie de Ligonie de Las Fargues) en remet sur Balayer, Prendeignes, Cardaillac, Sabadel.

« Le citoyen Martin, receveur des domaines, dépose tous les sommiers de francs-fiefs qu'il a en son bureau. »

(Les révolutionnaires de Figeac, qui très probablement firent brûler tous ces vieux documents, bien inoffensifs cependant après l'abolition légale des droits féodaux, détruisirent ainsi en quelques secondes l'histoire et la *géographie* de la région, car ces livres terriers, précieux, de plus, au point de vue des mœurs, du droit, de la philologie etc., contenaient les plus sûrs indices à l'aide desquels on put reconstituer la topographie ancienne, retrouver les villages disparus etc. Les droits de francs fiefs particulièrement signalaient les biens nobles, c'est-à-dire ces portions du sol qui, originairement déclarées ou réputées d'intérêt public, comme consacrées à la défense de tous (sous le nom de repaires, d'hébergements, etc.) furent à ce titre franches d'impôts. Or nous touchons avec ces questions aux plus curieux problèmes de nos origines gauloises, quant à l'habitat, au mode de défense, soit au marais sur pilotis, soit à travers nos cavités rocheuses du Quercy, etc.).

V. — *Procès-verbaux des 1res assemblées préparatoires aux états généraux*

3 Mars 1789. — Délibération tenue par la confrérie de St-Crépain

L'an mil sept cent quatre vingt neuf, et le troisième jour du mois de mars après midi à Figeac en Quercy. Et dans l'hôtel de ville dud. Figeac par devant nous nre royal et témoins soussignés ; en l'assemblée des maitres cordonniers comparant, la corporation ou confrérie St Crépin établie dans la présent ville, convoquée extraordinairement par billets en la manière accoutumée, et tenue dans led. hôtel de ville, ou étaient Pierre Cavarroc, Antoine Sirieys, Jean Perdrix, François Roques, Pierre Mas, Jean Marty, Bernard Salvy, Antoine Dournes, Dominique Laborie, Jean Laborie, Antoine Alazard, Antoine Grasset, Gabriel Albanhac, Antoine Vaissié, Jean Batut, Bertrand Gautier, Géraud Desplas, tous m^es cordonniers et habitants dudit Figeac, pour en exécution des Lettres du Roy, données à Versailles, le 24 janvier 1789 du Règlement y annexé, et de l'ordonnance de Monsieur le lieutenant général rendue en conséquence le 27 février dernier conformément à l'avertissement donné à l'effet de la présente assemblée par M^rs les officiers municipaux de cette ville en la personne de Jean Laborie et Pierre Mas, baille, en l'absence d'Antoine Clarres (?) infirme, leur sindic de la corporation de St Crépin être procédé à la nomination des députés dans la proportion déterminée par l'art. 26 du règlement à l'assemblée du tiers Etat qui doit être tenue le 6 du présent mois neuf heures du matin dans l'hôtel de ville dud. Figeac pour rédiger le cahier dont il est parlé dans lad. ord^ce et nommer des députés pour porter led. cahier en l'assemblée qui doit être tenue par Monsieur Dufau de Broussoles lieutenant général dans la quelle assemblée lesd. sieurs sus nommés après en avoir délibéré et avoir recueilli les voix, ont d'après la pluralité des suffrages nommé et député par ces présentes, la personne du sieur Jean Perdrix m^re cordonnier à l'effet de les représenter à l'assemblée du tiers Etat qui doit se tenir aud. hôtel de ville dans les formes ordinaires, et là concourir avec les autres membres de lad. assemblée à la rédaction de leur cahier de doléances, plaintes et remontrances, et après la rédaction dud. cahier concourir pareillement à l'élection des députés qui seront chargés de porter led. cahier à l'assemblée qui sera tenue par monsieur le juge mage lieutenant général dud. Figeac, le 11 du présent mois, donner auxd. députés tous pouvoirs généraux, et suffisants de proposer, remontrer, aviser et consentir tout ce qui peut concerner le besoin de l'Etat, la réforme des abus, l'établissement d'un ordre fixe et durable dans toutes les parties de l'administration ; la prospérité du Royaume, et le bien de tous et chacun des sujets du Roy ; promettant lesd. sieurs sus nommés ageéer et approuver tout ce que lesd. députés qui seront nommés auront fait, délibéré et signé en vertu des présentes de la même manière que si lesdits sieurs comparants y avaient assisté en personne. Fait et passé en présence du s^r Pierre Lacarrière et Guilhaume Darnis, cellier, tous habitants dud. Figeac, soussigné avec les comparants qui ont *seu* signer, non les autres qui n'ont seu de ce requis. Perdrix, Marty, Batut, Laborie, Lacarrière, Darnis, et Grand n^{re} Royal, Signés à l'original : — Controllé à Figeac le 3 mars 1789. Reçu 15 sols. Martin, signé.

Collationné sur son original retenu par moy susd (it) n^{re} Royal soussigné. Signé Grand. n. r.

(Suivent d'autres procès-verbaux analogues des confréries de St-Joseph, de Ste-Luce, de St-Hypolite, de St-Jacques et de St-Eloi ; des corporations des perruquiers, des procureurs, des docteurs en médecine, des officiers de l'élection de Figeac, des notaires de la ville, faubourg et banlieue ; et enfin des habitants bourgeois ou laboureurs, qui composent le tiers-état de la ville.

Le 6 mars 1789 tous les députés élus vaquent 8 heures à la rédaction de leur cahier et nomment pour députés : Bladviel, Tabarly, de Boutaric, Piales et Delzhin chargés de porter les dites doléances à l'assemblée du 11 mars, devant M. Dufau de Broussolles, lieutenant-général.)

VI. — Inventaire du mobilier, titres et papiers, de la cydevant abbaye, et chapitre, royal et collégial, St-Sauveur de la ville de Figeac.

L'an mil sept cens quatre vingt dix, vingt huit octobre, heure de neuf du matin, nous, Guillaume Lacarrière, Jean François Jalenques, membres du Directoire du district de Figeac, Guillaume Cassagnes procureur sindic, nous sommes rendùs, assistés du sieur Jean Thomas Delort no^{re} chef de bureau dudit district, et auquel avons fait preter le serment requis, dans léglise et sacristie de ladite abbaye et chapitre, pour y proceder a létat et inventaire du mobilier, titres, et papiers, conformément et en exécution des decrets f^{er} ; 20-19 ; 20 mars 14 de l'assemblée nationale des 20 avril ; 18 juin, et 12 juillet dernier, sanctionné par le Roi, publiés et enregistrés.

Parvenus dans ladite sacristie, et après nous être annoncés a Mr de Latapie doyen, et a Mr Chivaille sindic, auxquels nous avons donné connaissance de nos pouvoirs et des susdits decrets, ces M^{rs}, ensemble M. de Lascaris Chantre, M. Lafon chanoine, et M. Larrè sacristain, nous ont representé et exhibé :

1º Un ostensoir d'argent a rayon de vermeil, le croissant en vermeil, la clef du tabernacle en argent, et letuy de carton.

2º Un ciboire de moyene grandeur, en cizeleure.

3º Une grande croix d'argent, denviron deux pieds de haut, pour placer au milieu de l'autel.

4º Un grand calice de vermeil, avec sa patene les buretes, le plateau, et deux chandelières dacolite, ensemble une petite croix processionale, le tout de vermeil.

5º Six calices d'argent, chacun avec sa patene.

6º Deux autres chandeliers dacolite, en argent.

7º Deux encenssoirs presque neufs, avec leur navete et cueillere dargent.

8º Une masse de bedeau, d'argent massif.

9º Une grande croix processionale, avec son manche couvert de plaque dargent.

10º Une autre petite croix processionale, avec pied déstal dargent.

11º Un petit reliquaire a deux faces, egalement en argent.

12º Un goupillon, pour lasperssion, en argent.

13º Enfin deux bourdons, avec leurs manches, couverts de plaque d'argent.

De plus un encensoir en cuivre.

Et attendû, qu'en execution du decret dudit jour, douze juillet dernier, messieurs les beneficiers, de ladite eglise, ont cessé leurs fonctions, nous avons placé, tous les objets cy dessus inventoriés, dans les armoires du Cabinet qui est joignant ladite sacristie, a droite en entrant, sur lesquels ainsi que sur la porte dyceluy cabinet, nous avons apposé notre scellé, au moyen de deux bandes de chevilière qui croisent les deux armoires, et d'autres deux bandes qui croisent la dite porte d'un l'une couvre la serure et lautre tend de ladite porte, au jambage en pierre dycelle, aux deux extrémités de chaqu'une desqueles bandes, est empreinte du cachet.

Nous ont de plus représenté :

Neuf aubes, dont sept en d'antelle ordinaire, les deux autres, en mousseline, avec six cordons.

Vingt deux autres aubes, usées, avec dix huit cordons.

Vingt huit amicts.

Cinquante huit purificatoires.

Vingt corporaux.

Vingt pales.

Dix napes d'autel.

Quatre autres, petites, pour la credance.

Dix huit lavabos.

Seize essuie mains.

Deux petites napes pour le grand autel.

Plus

Un ornement complet de damas rouge, avec galon d'or, consistant en cinq chapes, une chasuble, deux dalmatiques, deux étoles, et trois manicules.

Autre ornement rouge de damas, consistant en une chasuble, deux dalmatiques, deux étoles, et trois manicules, le tout galoné en or.

Autre ornement complet, de damas blanc, les orfrois de brocardor, consistant, en cinq chapes, une chasuble, deux dalmatiques, deux étoles, trois manipules, et une étole pastorale, avec neud garni de crépine en or.

Autre ornement complet, de damas blanc, orfroi détoffe colorée, consistant en deux chasubles, cinq chapes, deux dalmatiques, deux étoles, trois manipules, le tout galoné en galon surdoré.

Autre ornement, de damas vert, orfroi de siciliene consistant en trois chapes, une chasuble deux dalmatiques, deux étoles, trois manipules, le voile du calice, et la boursse le tout galoné en or, chacun des autres ornements cy dessus en voile et boursse de meme étoffe.

Autre ornement de satin fleury, consistant en trois chapes, une chasuble, deux dalmatiques, deux étoles, trois manipules, galoné en galon surdoré, avec voile et boursse...

Quatre grandes pentes de drap dor, garnies de crepine en

or, doublées de serge en soie cramoisie, servant de garniture au poile.

Une echarpe de meme etoffe, garnie de crepine en or, doublée de serge cramoisie servant a donner la benediction...

Une petite garniture de credance de damas blanc fort uzé...

Autre chasuble de gros de tour bleu, avec la croix detofe tranchante, galoné en or faux.

Autre ditte, de damas violet, doublée de tafetas gorge de pigeon, avec ses suites et d'antelle dargent...

Sept girandoles de fer. A lusage du chœur.

Plus cinq missels à lusage du dioceze, et un Romain.

Trois cayers pour les morts.

Cinq plateaux de plomb, pour les burettes.

Une sonete de fer.

Un petit miroir, très usé.

Un drap mortuere de damas fort uzé.

Une petite fontaine en cuivre, et a un seul robinet...

Un grand vestiaire, en menuiserie, surmonté de cinq armoires, fermant a clef, et dans le fonds duquel sont neuf tiroirs, armés de boucles et serrure, avec deux petites armoires aux deux bouts.

Une grande armoire a deux ouvrants, un peu uzé, fermant a clef.

Trois tablaux à lhuile, cadre antique.

Maître-Autel : Six chandeliers, et le Christ, en bois argenté.

Deux grands rideaux détofe violete servant a fermer le chœur.

Un grand lutrin de fer.

Derriere le chœur : Un grand confessional a trois places.

Les autres appartenant a differents membres dudit Chapitre.

Dans la nef : Six vieux chandeliers de bois argenté, placés sur l'autel de Ste Luce.

Trois cents vingt-deux chezes garnies en paille moitié uzées.

A la chapelle Notre Dame : Six gros chandeliers, de bois doré.

Une petite table.

Au clocher : Trois cloches de différentes grandeurs.

Un orloge avec son timbre, les poids en pierre a lexception d'un en plomb.

Aux archives : 14 gros volumes de livres de chant, en velin.
3 autres volumes en papiers, imprimés à la main.
Deux souflets dorgue, autre de meme.

Une grande armoire a quatre ouvrants, dans laquelle s'est trouvé une certaine quantité de tuyaux dorgue, et quelques vieux encensoirs de cuivre.

Autre grande armoire a quatre ouvrants, et 3 autres armoires, contenant les chartes, titres, papiers, terriers, et documents, établissant les rentes et droits dudit chapitre.

Et comme parmi les chartes, titres et papiers de ladite abbaye, et dudit chapitre, il ne s'est trouvé, aucun inventaire exact, et que pour parvenir a le rectifier, il faudrait un tems considerable, nous nous sommes determinés a apposer notre scellé sur la porte dentrée desdites archives, ce que nous avons fait, au moyen de deux bandes de cheviliere, formant une croix, et croisant louverture de la serrure.

Et avant la cloture de la presente seance ledit sieur sindic, ensemble M⁻ˢ de Latapie, de Lascaris et Lafon, nous ont prié d'inscrire, le requerant en tant que de besoin, sur le present procès verbail, la déclaration suivante « que le Chapitre inti-
» mement persuadé, que la celebration de l'office public,
» est un des devoirs les plus sacrés de son état, qu'il s'est en-
» gagé sous le serment de la religion, et de lhonneur de le
» remplir, autant quil serait libre de le faire, voit avec beau-
» coup de douleur, et une parfaite resignation, que les moyens
» lui en sont otés par lapposition des scellés, sur les effets de
» la sacristie, et la remise des clefs de leglise, qu'il vient de
» faire, il declare en consequance que ce n'est ni librement, ni
» volontairement, qu'il discontinûe son office public, dont la
» solennité était également édifiante, et consolante pour les
» fideles, et quil espere que la presente declaration le dechar-
» gera devant Dieu des reproches quil meriterait a juste titre,
» sil metait fin a ses fonctions, de son propre gré, et sans
» constater les circonstances qui ly forcent. »

De quoy et de tout ce dessus avons dressé le present procès verbail, et renvoyé la continuation, a demain heure de neuf du matin. Et avons signé avec lesdits M.M. de Latapie, de Lascaris, Chivaille, et Lafon.

LATAPIE doyen, LASCARIS Dr VINTIMILHE, LAFON ch^{ne}, CHIVAILLE, ch^{ne} syndic, JALENQUES, LACCARRIERE, TASSAIGNES, pr. syndic, MORQ, p^r le S^{re}.

Du vingt-neuf octobre, mil sept cens quatre-vingt-dix, heure de neuf du matin, nous étant transportés dans la maison d'habitation du maitre de musique et des enfants de chœur, et MM. de Latapie et Chivaille s'étant présentés, ils nous ont exhibé :

Cinq plats d'étain etc.

(Suit l'inventaire des meubles de ces deux habitations, du pressoir, du cuvier et de la cave du Chapitre.

Le 3 novembre suivant, les membres du directoire du district de Figeac se rendirent à la sacristie de l'église du Chapitre pour procéder à la reconnaissance des scellés sous lesquels était placée l'argenterie comprise dans l'inventaire déjà fait, en faire constater le poids et la remettre au pouvoir et garde de M. Pezet, receveur du district.)

Suit la constatation et poids des objets de métal précieux ou de cuivre :

L'ostensoir dargent, a rayon de vermeil, le croissant en vermeil, la clef du tabernacle en argent, peze le tout avec la boete portant les glaces, et glaces comprises, neuf marcs quatre onces cy.................................. 9 m. 4 onc. 0 gros.

Le ciboire de moyenne grandeur en cizelure, peze un marc six onces cy................................ 1 m. 6 onc. 0.

La grande croix dargent, denviron deux pieds de haut, peze y compris une branche de fer, quil y a en dedans huit marcs sept onces cy................................ 8 m. 7 onc. 0.

Le grand calice de vermeil avec sa patene, les burettes, le plateau, deux chandeliers dacolite, et une petite croix processionale, le tout de vermeil, peze ensemble quinze marcs, cinq onces quatre gros cy....... .... 15 m. 5 onc. 4 gros.

La masse de bedeau dargent massif peze avec le bois qui est dans le manche, cinq marcs quatre onces, six gros cy.................................. 5 m. 4 onc. 6 gros.

La grande croix processionale, peze avec les plaques du manche seulement, huit marcs cy.................. 8 m. 0. 0.

La petite croix processionale, avec pied destail dargent, peze un marc sept onces quatre gros cy....... 1 m. 7 onc. 4 gros.

Le petit reliquaire a deux faces, peze avec ses reliques un marc, quatre onces, six gros cy......... 1 m. 4 onc. 6 gros.

Le goupillon pour laspersion, peze sept onces quatre gros cy.................................. 7 onc. 4 gros.

Les deux bourdons avec leurs manches de bois, couverts de plaques dargent, et qui n'ont pû être demontés pour etre pezés separement, pezent ensemble quinze marcs six onces six gros cy............................... 15 m. 6 onc. 6 gros.

Toute laquelle argenterie, a été laissée à titre de depot entre les mains de M. Pezet, qui a signé avec nous, ainsi que ledit Sr Domergue.

LACCARRIÈRE, DOMERGUE, PEZET, JALENQUES, MORQ P^r le S^{re}.

VII. — Inventaire des papiers, titres et meubles des archives du cy devant chapitre St-Sauveur de Figeac.

11e juin 1793, an II, nous F^{ois} Jalenques commissaire désigné par le directoire du district, assisté du citoyen André Rigal, secrétaire archiviste du district, etc., nous sommes transportés dans la maison appelée de la maitrise, etc., et parvenus dans une sale voutée appellée des archives, nous y avons trouvé 1 g^{de} armoire etc., 17 g^{ds} livres de cœurs appellés antiphoneres,

14 tuyaux en bois et 11 en plomb pour l'orgue etc., 85 registres appelés de la pointe (donnant probablement le nom des chanoines mis à l'amende pour inexactitude aux offices), 39 *lièves* (livre énonçant les rentes foncières) *levées* dans les paroisses de Corn, St-Phelix, Cuzac, Felzins, Feicelles, Meyrignagues, Viazac, 1613 etc.

Plusieurs terriers. — Un petit registre couvert de bazane et parchemin contenant différentes bulles.

Un petit registre contenant les privilèges et franchises du lieu de Cardaillac. Cotté A. n° 86.

Nous résumons ce long énoncé, relatant les cahiers de rentes au profit des prieurs du Puy, de *St-Aimont*, de St-Denis (près Lissac), de Toirac etc. et perçues sur Loupiac, Vernet, Lissac, Planioles, Fourmagnac, Cardaillac, le village de Lastours etc., à diverses dates.

Reconnaissances féodales en faveur du cellerier, de l'infirmier, du camarié (chambrier), du pitancier etc. du chapitre, du luminaire de la chandelle de N. D. etc.

Du simple sommaire de ces liasses ou cahiers d'accensements, quittances, bulles, etc., dont la perte est à jamais regrettable, et qui montent au chiffre de 122 cotes, il résulte que le prieuré de Cherras, diocèse d'Angoulême, fut réuni au chapitre ; que Planioles avait le titre de prieuré ; que notre abbaye possédait aussi celui de St-Aimon disparu etc. Bref, le chartrier était fort riche. Nous ne voyons pas qu'il soit fait mention du cartulaire latin proprement dit, et regrettons de ne pas donner plus d'extension à l'analyse de cet inventaire, de nature, il est vrai, à faire bailler en grande largeur la plupart des abonnés.

VIII. — Biens nationaux ou cy devant ecclésiastiques.

(Extrait du vieux cadastre de la C^{ne} de Figeac)

1. RELIGIEUSES DE Ste CLAIRE

Elles avaient : un jardin joignant leur enclos, confrontant du levant à jardin de Guillaume Vival, jardin de Me Soulhol, du couchant au mur de ville, et du midy au jardin de l'église (paroissiale) St-Thomas, contenant 311 canes. (C'est aujourd'hui au faubourg de la gare).

Plus une vigne assise au terroir d'Hauteval, près le chemin de Figeac à Planiolles, et vigne de M. Dufau de Croussolles, contenant une sesterée, trois quartons.

Plus des terres à Las Mialtas, confrontant au pred du s^r Froment et de J^n Cels.

Plus terre et vigne à Combecave, la 1re confrontant à la métairie de M. Colonel ; la 2e, à vigne d'Etienne Miret, dit *La Patience*, traiteur.

Plus une maison et bien, dits la métairie de Cabanous, touchant à celle des religieuses de Lundieu, bois des R. P. Jacobins, maison du s^r Mainard, chemin de Figeac à Béduer ; d'une contenance de 23 sextérées.

Et de plus, des parcelles aux Condamines (ce mot signifie champ seigneurial, et par le fait se trouve toujours au voisinage d'un repaire) confrontant au pred des religieuses de Lundieu, et au chemin susdit.

Plus une vigne sise Al Cap de Las Combes ou à l'*Eguille* près le g^d ch^{in} de Figeac à Villefranche (route alors récemment ouverte, en remplacement du casse-cou ci-après) et g^d ch^{in} de la côte de l'Eguille. Plus 1 pacage et enfin leur enclos, attenant au jardin d'Antoine Vival boucher, à *jardrin* et petit *vuide-bouteille* (petit pavillon d'agrément) du s^r Pontié et du s^r Durand conseiller (du siège royal ou d'élection), du levant à maison de la Miséricorde (l'œuvre n'est pas nouvelle et datait de bien avant 1789), du midi à l'église et au jardin de St-Thomas et aux fossés de ville, contenant 1608 canes, y compris leur empiètement sur les fossés. (C'était un mode de défense très usité, et ici le Cellé se prêtait si bien à les remplir d'eau, qu'il s'étendait en nappe azurée jusqu'au pied du calvaire actuel ; d'où l'usage saugrenu à première audition d'appeler *quais* leur prolongement en équerre qui n'est plus ici qu'un boulevard. *Se passetza pès quais*).

Plus église, jardin, cimetière et petite maison de St-Thomas, 651 canes, confrontant à la maison des religieuses de Ste-Claire, aux rues et fossés de ville.

2e. CARMES

Leur enclos, confrontant du levant au chemin de Figeac à Cardailhac, du midy à rue tendant du faubourg d'Aujou à las Miates, du couchant au ch^{in} de Figeac à Planholles. Et au ruisseau des Carmes, 8581 canes. (Ces cloîtres et bâtiments annexes servent maintenant de gendarmerie.) Et en outre deux vignes à H^{te} Val et Combecave et un pré.

3° *Les Cordeliers*. L'enclos confrontant au jardin du s^r Lacarrière, à rue de la porte de Cavialle à Béduer, au ruisseau des Carmes et à jardin et cour de l'hôpital ; contenant 8526 canes. (Ce nom de Cavialle vient, selon nous, de *Caput-Villœ*, chef-de-ville, capdeville, et marque que la *Villa* ou aggrégation de maisons formée au pied des murs de Figeac, était rurale originairement et eut ce rang féodal de villa, pardessus le manse et le capmanse (ou caporal-village, si l'on veut, pour mieux comprendre cette organisation).

Les cordeliers avaient de plus un chenevier à Las Miatas ; deux vignes à Auteval ; une à Combe-Cave et une à Erbemol, en tout 5 sesterées et 2 quartons. Plus 1/3 du m^{in} dit des Cordeliers, dont 2/3 sont à Raymond Grasset.

4° *Dominicains*. Enclos, « près le g^d chemin de Figeac à Villefranche, pré de Mr Arnaldy, terre des religieuses de Lundieu, ch^{in} des prats-joyoux au Singlé et chemin dudit au pont du Griffoul ; de plus de 4 sextérées.

Et en outre, 3 vignes à Herbemol, dont une près celle du Bon-Pasteur ; plus un chenevier à la *Condamine* (ce mot signifie *champ seigneurial*) de Vidaillac.

5° *Religieuses de Londieu* (aujourd'hui emplacement du pré de M. Louis Mage, derrière la brasserie). Enclos confrontant au pré du s^r Guary-la-Gâche, jardin de noble Pezet, ch^{in} du Pont du Griffoul à Capdenac, la Fon-Redonde. 6 sextérées : plus un jardin et terre confrontant à leur jardin noble et à celui du s^r Lostange prêtre, et... estimé 15,000 fr.

Deux vignes à Enviane ; un pré à las Barras ; un domaine et 4 chenevières à la Condamine de Vidaillac, une terre *al* Singlé ; et deux vignes à Malaret et à Filsac.

6° *L'église de St-Martin*, cimetière, m^{on} presbytérale et jardin, confrontant au ch^{in} du pont du Grifoul à Capdenac, jardin de Mr Durand, jardin du s^r Chivaille etc. Estimé 8,400 l.

7° *Les Augustins*. Enclos confrontant à tuillerie du s^r Ant^{ne} Brugous ; rivière du Cellé, et au Petit-Cellé. 1266 canes ; plus un pré à la Laute.

8° *Les Capucins*. Enclos confrontant du levant à pactus de l'église du Puy ; du midy et levant à rue publique ; du couchant à la rue des Capucins ; du levant à l'enclos du Séminaire. Contenance 450 canes. (C'est aujourd'hui l'emplacement des maisons de Conquans et Gabriel Murat de Montay).

9° *Eglise*, jardin et pâtus des *Pénitents*, confrontant à deux rues et à plusieurs maisons et à grange du sʳ Lezeret. 37 canes. (Aujourd'hui en la rue du consulat.)

10° *Eglise* et cimetière de *La Capelle*, confrontant du levant à jardin joui par Mʳ Vilhiés, curé de la dite paroisse, du midy à l'église du chapitre et à des rues ; plus un pᵗ jardin derrière l'église, le tout évalué 2680 l.

11ᵉ *L'enclos du chapitre*, confrontant du levant à l'étang du Petit Célé, rue entre deux, moulin du sˢ Labbe Lafon ; du levant et mydi aux fossés de ville, mur entre deux ; maison du sʳ Baldon, rue entre deux ; du nord et couchant à maison et cour de noble Mathieu de Flurens ; du couchant à maison du sʳ Falc, conseiller ; mᵒⁿ de mᵉ Gabriel Froment médecin (aujourd'hui maison Pradayrol ou plutôt Mage.) et mᵒⁿ des hʳˢ de Mʳ de Turenne et du sʳ Froment, avocat. Contenant 7247 canes.

12° *Eglise* et cimetière du *Puy*, confrontant du levant et nord à jardin, maison et cour de MM. les prêtres du séminaire du Puy, du midi à rue publique ou petite place qui est devant l'église. 1000 canes.

A propos de cimetière, donnons ici par extrait un curieux arrêté du comité de surveillance du district de Cahors.

« Le 17ᵉ du 2° mois de l'an second de la Répub. fr. Au nom du peuple fr. Vu l'arrêté du représentant du peuple Fouché, à Nevers, considérant que le peuple fr. ne peut reconnaître d'autre culte que celui de la morale universelle, d'autre dogme que celui de sa souveraineté ; arrête que les cultes des diverses religions ne peuvent être exercés que dans leurs temples respectifs ; ne reconnaît point de culte privilégié, décrète que toutes les enseignes religieuses (croix) qui se trouvent sur les routes, places et lieux publics seront anéanties ; défend le port du costume religieux aux prêtres à peine de réclusion ;

» Décrète que les citoyens morts seront conduits au lieu destiné pour la sépulture commune, couverts d'un voile funèbre, sur lequel sera peint le sommeil, accompagnés d'un officier public etc.

» Ce champ consacré aux mânes des morts aura une statue du sommeil, et cette inscription sur la porte : La mort est un

SOMMEIL ÉTERNEL. Tous ceux qui après leur mort, seront jugés par les citoyens de leur com^{ne} avoir bien mérité de la Patrie, auront sur leur tombe une pierre figurée en couronne de chêne.

Signé *Fouché.*

» Le comité de Cahors donnant les plus vifs applaudissements à l'arrêté qui proscrit les priviléges que l'ignorance ou la mauvaise foi de nos pères avaient laissé empiéter par une secte religieuse sur les autres, considérant que les sans-culottes français, qui n'aiment, qui n'adorent que le dieu de la Liberté, ne peuvent pas permettre qu'un culte domine sur un autre, et que la célébration des fêtes et dimanches ne peuvent qu'affliger ceux de nos frères qui n'y croyent pas, arrête l'exécution de cet arrêté.

» Le directoire du départ^t du Lot, animé des mêmes principes que les braves montagnards du comité de surveillance du district de Cahors, proscrit les jours de dimanche et de fêtes; enjoint l'ensevelissement des morts sans distinction etc., le travail ou l'oisiveté le dimanche, à volonté, mais aux marchands et à ceux qui tiennent ateliers, à peine d'être considérés comme (suspect?) d'étaler leurs marchandises et travailler le dit jour etc.

» Délibéré en séance publique, à Cahors, le 17 brumaire an 2.

» Signé : Ysarn, vice-présid^t, Vendal, Flourens, Martin, Callé, Sartre, proc^r gén^l syndic, Filsac, sec^{re} g^l.

» Imprimé à Cahors, chez....... fils. »

13°. Enclos du *Séminaire,* confrontant du levant et nord aux fossés de la ville, du midy à l'enclos des Mirepoises et rue du Claux, du couchant et midy à l'église et cimetière du Puy, du couchant à la rue de la porte de Montviguier, contenant 1555 canes.

14e. Les prêtres du *Séminaire* ont une terre au Montviguier ; deux terres et un pré à la Capelette ; un bois à Parry, de 229 quartons; un m^{in} au Claux ; un pré en la rivière du Drauzou 15 quartons ; une vigne à Coujac 48 quartons, près celle du s^r Gabin prêtre ; et enfin une maison et bois, 181 quartons, à Marsal autrement la *Peyrelevade* (le dolmen n'a été détruit que récemment, en effet) près le chemin de Figeac à Aurillac.

15°. Les *Mirepoises* : chapelle, maison et jardin contigu, 24 canes, et un domaine dit Las Ternes, en les paroisses de Lunan, Capdenac et Viazac, 60 quartons, près le ch^{in} de Lunan à La Bacalarie.

16ᵉ. Les *demoiselles de l'Ecole Chrétienne* : m^{on} et jardin au Claux (l'un des quartiers pauvres et populeux de Figeac) confrontant du levant à mur de ville etc. 667 canes : plus pré et terres au Montviguier 70 quartons ; 2 cheneviers à Las Miates 5 quartons ; une vigne à Fumat 11 quartons ; et 3 terres sises à Rabanel 9 quartons.

17ᵉ. La *maison de piété* ou du *Bon Pasteur* ou le *refuge*, située en la rue d'Aujou, estimée 6000 liv. confrontant à m^{on} et jardin des héritiers du s^r Baras, à m^{on}, jardin et église de l'hôpital St-Jacques. 580 canes.

Plus m^{on} et bien situé à La Capelle, confrontant à m^{on} du s^r P^{re} Bailly m^d, à pré de noble de Baillot 8 sesterées, estimé 9000 liv. et plusieurs vignes ou terres à Barbiac, Montagnac, Nairac etc. le tout 24,000 l.

17ᵉ. L'enclos de l'*hôpital* de Figeac, confrontant du levant et nord à la m^{on} de piété, à la rue, du midy à terre et pred des Cordeliers, patus du s^r Debons, rue d'Aujou. 4380 canes. (L'emplacement est le même.)

Plus une terre sise à la *Maladrerie* (la léproserie était donc là), au terroir de Combe-d'Aurac, près le ch^n de Figeac à Lissac et à Las Peironies et à Cantemerle, 10 quartons.

Les pauvres ont aussi jardin et m^{on} au f^s d'Aujou, confrontant à jardin de M. La Carrière de Labro, jardin du s^r Teullié procureur (avoué) 202 canes et 7 autres pièces de terre pré ou vigne aux environs.

18ᵉ. Les dames de Vic (c'est-à-dire les bénédictines de Vic-lès-Capdenac), des parcelles situées à Coujac. 15 quartons.

19ᵉ. Les *chapellenies* de Pomel, de Conegut, de Fages, Cayrols, la Garrigue, Roques et divers curés, des parcelles également désignées autour de Figeac.

20ᵉ Les pauvres du Puy et de La Capelle, une terre à la Combe d'Aurac.

21°. Le *vieux* cimetière de St-Martin, sis à La Fon Redonde, confrontant à jardin de s^r Benoit Froment, avocat, et à chenevière des héritiers du *Suisse* comun de la ville.

22e L'*Enclos du Chapitre* : biens des chanoines suivants : l'*abbé* Las Cabanes a une m^on, écurie et jardin confrontant à l'estang etc.

Le s^r *Lafon* cy devant *chanoine* a m^on, écurie et jardin, confrontant à m^on de Mr de Turenne et des Froment, médecin et avocat, et avec le petit cimetière du chapitre, et jardin du curé de La Capelle : estimé 500 liv.

Chivaille : une m^on et jardin, près m^on du s^r Lafon, abbé. 300 liv.

Pezet, archidiacre, maison dite le *doyenat*, et jardin, joignant au patus comun des tours et petite place dite le *Gras*, estimé 3800 liv.

Larré, cy devant *évangélistaire*, m^on, jardin et terrasse confrontant au pressoir du chapitre, 3300 liv.

Lascaris, cy devant chantre, une m^on et jardin 4700 liv. près la m^on des h^rs du s^r Fleurens et la *vante* dite *Stramouly* (au delà du moulin). En l'an 2 elle est dite confronter à la rue nouvellement ouverte allant du pont du Grifoul à la *place de la Raison*.

Vilhiés, cy devant *épistolaire* du chapitre, m^on et jardin confrontant à la promenade du dit enclos, m^on de Mr Falc, m^on du s^r Lagane, juge de paix.

Les *chanoines* ont *en commun* d'abord un pressoir et jardin en l'enclos, confrontant à la maison appelée *maîtrise* (presbytère actuel), ensuite cette maitrise située au dessus de la chapelle N.-D. de pitié.

23e. Le 3 ventôse an 2, Germain Solinhac, comissaire expert commis par le directoire, estime 700 l. la m^on et le p^t jardin des ci-devant *Lazaristes* (au Claux) confrontant à la rue dite « la vante de Quiquié. »

24°. Et 3000 l. l'église, cimetière, jardin et m^on de la cure *St-Thomas* confrontant au Montviguié et au mur de la ville.

IX. — *Tableau topographique du vieux Figeac.*

En remontant de la période révolutionnaire aux siècles précédents pour ces notes d'historique sommaire de Figeac, il nous semble indispensable d'orienter préalablement le lecteur, à travers ce dédale étrange de quartiers anciens, et de rues sinon toutes modifiées aujourd'hui, la plupart du moins autrement baptisées depuis lors. Quand nous aurons familiarisé notre public par cette sorte de plan inédit ainsi placé sous ses yeux, avec l'emplacement exact occupé par l'abbaye St-Sauveur, les couvents des Frères mineurs, des Carmes, etc., ou les 4 églises paroissiales etc., nous reprendrons brièvement les notions essentielles à chacune de ces *institutions religieuses de Figeac*, dès leur plus haute origine.

Figeac, c'est-à-dire : 1º la ville proprement dite ou noyau abbatial primitif, et 2º ses *quartiers* avec 3º ses « *barrys* » ou *faubourgs*, était divisé politiquement, au point de vue municipal, électoral et défensif en « *gaches* » ou fractions militaires. Chaque *guache* était un point de *guet*, de grand'garde si l'on veut, groupée autour du repaire central ou refuge principal, suprême, qualifié de *fort* dans nos bourgs quercynois, comme à Cornac, Montvalent, Cardaillac, gravitant ici d'abord autour du moustier, puis de la *citadelle* relativement moderne.

I. *La Gache de Tonfort*, comprenant les rues 1º de Tonfort en 1454. 2º de La Palatie, dès 1600. 3º Del Masel 1559. 4º G^{de} du Mazeau, ou de la Boucherie 1559. 5º Carrieyra Major 1454. (V. cadastre de la mairie ou terriers privés et papiers de MM. de Gironde, Savary de Séguret, Vergnolles de Mouret, Lacam, archives de Cahors, etc.) En 1814, une rue avait encore le nom révol. de rue de la Raison. La collègialle et son enclos assorti : de cloîtres à cellules transformés en maisons isolées de chanoines, de celliers, de jardins, m^{in} etc. reste en dehors de toute gache.

II. *Gacha de Benagut* 1779 contenant les rues 1º du Consulat (*alias*, autrement dite, 1559, del Peir) 1610, 1696. La maison de ville avait ses prisons particulières, au voisinage puis au dedans de la vaste maison des templiers et de leur église, à côté de l'ostel de Séverac, non loin de l'hôtel de noble Dumont de Sournac. 2° de Las Bouas Manias près N. D. de la Capelle, 1610. 3° G^de del Griffoul, 1610. 4° del Pes del blat. 5° del Abeurado 1559.

Le quartier de l'Estang se subdivisait en quartier del Rassac 1779 et on trouve dans la 1re partition la maison communale dite des Cazernes, l'an XIV. Quartier des tours 1709.

III. *Gaschia de l'Ortabadial* 1462 (aujourd'hui la *tabadie* ! jadis le jardin de l'abbé de Figeac, *hortus abbatialis*). Nous y relevons les carrieyra 1° drecha d'Ortabadial, près l'obrieyria de la Moneda 1454 (l'hôtel (de fabrication) des monnaies). 2° carrieyra de Balendoyra et 3° drecha de Balendoyra. 4° G^de d'Orthabadial 1779. 5° de la Graneyria.

Les *volta* suivantes (passages) : *A*, de Vidalbac, 1500. *B*, d'à Secret 1500. *C*, del potz de la garneyria en 1454. *D*, la volta de *Panadeude* (esquive dette) XVe siècle. *E*, d'Artigues, 1779. *F*, de la Graneyrie.

En ce quartier demeurait le bourreau, et le « maître des œuvres de nuit ou gadouard de ville », 1766. Figeac s'éclairait déjà de lanternes à poulies, cordes et chandelles de gros suif.

Mentionnons ici l'hôtel de Balène où étaient, avec leur destination actuelle « les prizons du chateau royal » 1704, 1749 et naguère encore le tribunal (sénéchal, les sièges royaux). Vers 1290, Guiraud Balène, de Figeac, était varlet du roi de France. (Archiv. de Pau.)

IV. *La Gache de Lendora*, 1531. Et le Barry de Combaniol, 1500, de position inconnue.

V. *La Gache du Mont Viguié* avec son faubourg de ce nom 1610, ses rues homonymes 1° et 2° g^de et petite où était le jeu de paume, en d'autres termes le cercle, à la date de 1645. 3° g^de rue du Puy 1445. 4° quartier et g^de et p^te rues del Claux 1640. — Les capucins — église et cimetière du Puy — Séminaire — Mirepoises — D^lles de l'instruction chrét, etc., plusieurs rues dites « *droites*, allant de tel point à tel autre. » Il ne nous reste plus aujourd'hui de ces dénominations du moyen âge qu'une *rue droite*, encore ne l'est-elle guère ! ni quand aux façades, ni pour le niveau du pavé (heureusement redressé).

VI. *Gacha de Montfarrier*, englobant tout ou partie des :

1° ruelle de la Bodosquarie, près la place de l'avoine et la « forteresse de la citadelle » en 1610. 2° g^{de} rue tendant du Puits Ste-Marie à la rue du Montviguier, près de la vieille caminade (presbytère) du Puy. 3° rue de St-Thomas près la caminade dudit, et allant du puits Ste-Marie, encore connu, au cimetière de N. D. du Puy, 1610. 4° rue du Pech Bringuié (pech Bragine ?) 5° La carriera de la payrolaria (de la chaudronnerie, 1559). 6° la rue delz escaliés de St-Thomas, confrontant au jardin du prieur du Puy, 1600. 7° de la ferratarie 1610. Plus le f^s d'Aujou en partie, et plusieurs arbols (couloirs voûtés ou couverts).

VII. *La Gaschia de Auioux* (*Aujou*), 1462, où débouchent les rues 1° del Gomeau en 1610. 2° carriera de Aujove, 1469. 3° rue du bor neu (et alors bourg neuf), 1610, près le fossé et mur de ville. 4° la volta de *la bequa* 1559 (nom d'un jeu de *cache-cache* en patois limousin). 5° rue de la Pelisarye, 1600. 6° g^{de} rue des Cordeliers à la porte d'Aujou. 7° g^{de} rue de Malecarière près Las Miattas. 8° rue del Reniet, 1610 etc. Sans garantie des doubles emplois. — Escalier du reduc 1759. — Carmes (g^{ds}) — hôpital général St-Jacques — Clarisses — bon pasteur ; — (quai des Prajouls 1773, près le Celé rive gauche.) — Cordeliers, leur couvent, église et m^{in} 1688. M^{in} des preties ou des porties, 1559. — Abattoir ou mazeaux v. 1790 etc.

Faubourg de Cavialle, 1610, près le Cellé, avec ses rues et g^{de} rue de Cavialle 1780.

VIII. Gache du *Grifoul* avec son fg dudit ou barrium d'otral pont (ultra pontem) 1561 et son barry et sa rue de la *recluzia*, 1500, près du chemin de Figeac à Capdenac. Le reclus (ou recluse), pauvre orant municipal, avait peut-être là sa guérite à macérations ! comme à La-Roque-Brou (Voyez notre plaquette : *Voyage en chemin de fer d'Aurillac à St-Denis*. Tulle, Crauffon, imprim. 1890, 0,50). La carrieyra drecha delz traniers, 1454. Eglise St-Martin et ses 2 cimetières (le vieux, près la fonredonde. Lundieu — dominicains. — Volta allant à la fon de la paulitia, 1559, etc.)

IX. Enfin, au levant, la gache et fg *Du Pin*, del Pi, 1523. avec ses Augustins, sa commanderie, sa peyriere et terroir de sanct Salvadou 1500 ; sa carrieyra de la trelha, sa volta del Segala 1601 ; sa g^{de} rue du Pin 1762 le long du petit Cellé (*silleris* au masculin, en latin, ce qui met doublement en faute les géographies qui écrivent : *Figeac, sur la Selle*). Ce bras du « fleuve » qui alimente les tanneries (affacharies et calquieres), autrefois nombreuses en amont de l'Estang, est dérivé « à la peyssiere badial (abbatiale), 1500 au moins, près le ch^{in} de Figeac à Viazac et le ch^{in} de las Fadas » (fées, folles).

Places : du froment dès 1469 au moins, — de l'avoine 1561-1701 près N. D. de la Capelle, — des herbes (légumes) gache Tonfort, 1559-1769 entre le chapitre et l'hôtel de ville qui a précédé la mairie ou « commune » actuelle, — place des tripes ou de la triparie 1610 près la gd rue du Pin, — place des estornels 1559, — place del reduch (du réduit), en l'Aujou, 16° s., — placeta 1° delz carmes 1454. 2° la placette 1600 près le mur de ville et les affacheries (du canal), — place des veyres (verres) v. 1550 (Montferrier), — place de l'estang 1489, — place Gaillarde 1523 (el Py.), place h^{te} 1610, où est en 1759 « la hale de l'advoine et des châtaignes », — place basse 1610 ; occupée en 1713 par la halle aux grains fermée d'un parapet qu'on proposait de démolir. M. Vival a remplacé cet éteignoir par une halle monumentale en fonte d'un heureux effet, — place de Longeires 1564, place de Montfarrie (probablement celle des verres) XVIIIe s., — place de l'Aubrespy, en 1559, non loin du cimetière du Puy dit de *Saint-Ceré*, sic, et de l'ostal de las escolas, — place de la Concorde, an IX.

Portes, la plupart démolies peu avant 1763 : du Monviguier, 1459-1764, — du Griffoul et du Pin, détruites vers 1758, — d'Aujou 1759 ; de Cavialle, d'Orthabadial 1454, — del Pal 15e s. près la fon de Las Barras, — et les portails : de la Lauta (au Pin) 1551. — Du chapitre 1610, — de St-Martin, — de la Recluzia, — de las Monjas, — d'Estraniés, — du Griffoul et de Montfarrié 15e s.

Ponts : du Pin, 18e s. ; du Griffoul (de la fontaine) ; — del Guà, (du Gué) 1469-1610. — Pont de Valette, refait en pierre en 1766. Pont et pontet de l'Estang 1559. — Pont de Gorbaut vers l'Estang 1489. — Pont des Carmes 1701. Nos dates marquent seulement qu'ils existaient à ce moment.

Tours : del Griffol 1610, — du Chapitre 17ᵉ s., — d'Armal à Bénagut, 1500, — d'Estraniés, avant 1779 ; Nᵛᵉ 1559 près Montfarrier, — de Caviolle, 1815. etc.

La ville était encore défendue par un fossé plein d'eau, probablement hérissé lui-même d'une palissade. Avant 1762, ces fossés avaient été en partie comblés, bordés et plantés de mûriers dont la feuille fut alors affermée à Day, 170 livres argent.

X. — *L'Abbaye St-Sauveur*

Et d'abord, l'étymologie plausible de Figeac serait la suivante, selon les plus récents résultats de la science philologique. M. d'Arbois de Jubainville qui, provisoirement, fait pleine autorité sur ces questions, dérive ce nom d'un ancien *fundus* romain, possédé par Fidius ou Fibius, d'où le *fundus Fidiacus*, puis *Figiacus*, la propriété de Fidius.

A ce propos, nous pourrions observer à M. Longnon, qui, dans son savant *pouillé du diocèse de Cahors*, repousse comme apocryphe à cette date notre évêque St Genulfe, parce qu'il voit dans ce vocable « un nom germain affublé d'une terminaison latine », qu'on peut, d'après nous, le maintenir à ce 1ᵉʳ rang de nos évêques, à l'aide du raisonnement inverse. Il n'y a qu'à supposer à l'apôtre du Quercy (257-258) l'appellation de Genulius, (nom de gentilice romain qui a donné à une paroisse la forme Genouillac), laquelle désignation aura été légèrement modifiée en recevant plus tard de la main d'un copiste ignorant, mais agissant de bonne intention pour vieillir l'étiquette, la désinence germano-latine *ulfus*.

Ce qu'on peut dire de plus vraisemblable quant à Figeac, c'est que l'obscur monastère de Lunan, ruiné avant 755, fut transféré, dans le IXᵉ siècle, au lieu *appelé Figeac*, déjà habité de vieille date quoique environné de forêts, et formant peut-être à la période précédente une celle rattachée à Lunan. Nous rapprocherions beaucoup de la rive droite du Lot et du château actuel de Trapy, l'emplacement de ce vieux Lunan, de *ionante*, de *iunante*, qui avec l'article a pu donner les variantes successives : L'iounant, Lounant, Lunant provenant peut-être du mot celtique *nant* (ruisseau), en dépit du village de la *Lune* signalé sur cette paroisse en 1778, par les vieux cadastres. Ils nous y révèlent aussi le village de St-Géry 1603, 1720, et de plus le bois et la fontaine St-Martin, à laquelle on va encore laver les yeux malades. Le bourg actuel de Lunan fête toujours St Martin, le 11 novembre, et N.-D. était parallèlement la patronne de la 2e église, dépendant de Figeac, qui dut persister aux abords de Trapy.

La colonie de bénédictins qui essaima, à Figeac, l'an 838, de l'abbaye de Conques, en Rouergue. bien antérieure elle-même au monastère de St-Sauveur de Figeac, son membre nourricier, y prospéra beaucoup et devint en peu de temps assez florissante, du moins pour s'émanciper, sinon pour rivaliser tout-à-fait avec ce couvent-matrice dont la vogue fut maintenue surtout par la dévotion à Ste Foy (1). Figeac, de son côté, eut ses pèlerinages St-Sauveur ou Notre-Dame, et les avantages temporels d'une plus heureuse position sur les confins de trois peuplades, appelées par la nature à échanger leurs produits au pied de son cloître vénérable.

Nous ferons appel, pour établir la longue liste de ses biens et des églises qui étaient à la collation ou présentation de l'abbé de Figeac, aux pouillés Longnon, de M. Greil, ou de M. l'abbé Ayroles, de St-Chignes ; aux ébats de Maleville, et à nos propres extraits d'actes authentiques de la région.

I. En l'archiprêtré de Molières-Figeac.

L'abbaye de Figeac comprenait : l'abbé, lequel avait le 2e rang aux états du Quercy. — Nous y trouvons en 1309. le mardi après l'Epiphanie : Gérald de Lentillac, prieur claustral; Guillaume Amalvin, doyen; Vitalis de St-Velano, celerarius; Simon Medici, infirmier; Deodat Destroa, prior de Vayraco; Guil. de Balayer, pitancier ; Ademarus de Petimis, prieur de St-Dau ; Geniès de Felzinc, prior de Mayrinhagas ; Guibertus de Carero, cantor et 19 autres moines.

(1) Nous renvoyons pour les détails et la discussion des chartes, notamment du diplôme interpolé et des fausses bulles, à la Gallia; au Cartulaire de Conques, par Desjardins; au fonds Doat, de la Bibl. Nat.; aux annales bénéd. de Mabillon; aux Mélanges de Baluze ; à la Question de prééminence, par M. le chanoine J.-B. Massabie, etc.

En 1355 il y a le prieur-mage, les chambrier, ouvrier, sacristain, pitancier, prieur de St-Aymon, chantre et prieur de « Mayrinhaguos ».

Sans date, vers le xv° siècle, on y trouve les offices d'obédiencier; de prieurs de St-Médard ; de St-Cirgues, probablement près St-Dau ; de St-Marc (probablement St-Aymar ou Aymon); de doyen, aumônier, célérier, sacristain et chancelier.

Le compte des décimes (Longnon) xvi° siècle y relate : abbé, doyen, aumônier, célérier, secrestain, chambrier, ouvrier, claveurier.

L'archidoyenné de Figeac connu dès 1252, supprimé en 1418, devait comprendre durant ce temps les archiprêtrés de Figeac, Cajarc et St-Cirq-Lapopie. Quant au doyenné séculier de Figeac, il était à la collation de l'abbé de Figeac dont l'abbaye fut unie ensuite à l'église de Cahors.

Prieurés réguliers conventuels :

1° De Notre-Dame de *Arthelis* ou de Fons, ordre St-Benoit, donné à Figeac, par Ranulfe 964-965. — Et qui avait l'annexe de Thenet, inconnu.

Auquel couvent de Fons se rattachaient à leur tour les prieurés, *régulier* : *a*, de St-Martin d'Anglars, près Lacapelle-Marival, dès 1146. — *Séculiers* : *b*, de St-Médard-la-Garinie (c^{ne} d'Yssepts), église donnée à Figeac par Ranulfe 957, puis unie au chapitre de Figeac. *c*, de St-Marc, ailleurs St-Aymar ou Aymon (parfois St-Meard par confusion avec Médard) et qui pourrait fort bien être St-Thamard, actuellement village et chateau de la c^{ne} de Terrou. — Les offices : *d*, de la chambrerie de Fons avec son prieuré uni de Cambes. *e*, la célererie de Fons. *f*, la maison des malades de Fons avec l'annexe du prieuré de Reyrevignes unis. *g*, la vicairie perpétuelle ou cure congrue St-André de Fons, peuplée de 1000 communiants vers 1700. — Et les églises paroissiales : *h*, St-Eutrope de Thémines (en laquelle paroisse fut la chapelle St-Génulphe, rasée avant 1600 ; indépendamment de Peyrissac ci-après). *i*, St-Barthelemy de Théminettes avec l'annexe de St-Martial de Rudelles. *j*, celle de N.-D. de Cetula ou la Bastide près Terrou. *k*, St-

Martial de Mialet. *l*, St-Laurent de Reyrevignes-près-Figeac, à distinguer de Ste-Madeleine de Reyrevignes, commune de Lachapelle-Auzac. *m*, St-Maurice de Cambes. *n*, St-Martin de Vaylas et son annexe de St-Hilaire (c^ne de l'Albenque).

2e Lundieu, de bénédictines, à Figeac.

Prieurés-cures

1° St-Blaise de la Cassagnolle (c^nes de Feycelles et de Figeac). Il dépendait de Figeac en 1285. M. Longnon le place à tort en la c^ne de Loupiac, Aveyron.

2° St-Georges dès 1146 ; et son annexe de St-Dau (jadis Daon, pour Dadon, de Conques). Tous deux en la c^ne de Figeac. Ce St-Dau, S^ti Daonis, est fort malaisé à démêler de son voisin St-Denis près Lissac.

3° St-Pierre d'Haute-Rive *aliàs de Venis*... (Dans Béduer où était aussi la paroisse St-Etienne ci-après).

Prieurés séculiers

1° St-Julien de Cardaillac. Son église et sa chapelle (Saint-Thomas mieux que Ste-Catherine, car en 1500 on y trouve ces deux chapelles) sont nommées en la bulle de 1146 au profit de Figeac.

2° La Capelle-Banhac, dès 1146, mais unie à St-Géraud d'Aurillac après le 17e siècle. C'est aujourd'hui un simple village de la commune de Bagnac.

3° Ste-Affre (archiprêtré de Cajarc), dépend. de Figeac 1146, puis à la collation de l'évêque de Cahors. C'est un village de la c^ne de la Roque-Toirac. Est-ce une Ste ou St-Africain (St-Affrique) ou St-Alfred ou St-Symphorien, devenu Ste-Fère, dans la Creuse ? car les formes latines font naître ces diverses conjectures. Il nous manque vraiment beaucoup une hagiographie de cette vaste église de Cahors.

4° St-Martin de Peyrissac, c^ne de Thémines, dès 1146.

5° St-Pierre de Toirac 1146-1244 (Lot) et son annexe de St-Jacques (dioc. ruthenensis). Il s'agit de Vernet l'inférieur.

6° St-Etienne de Béduer 1146. — Puis uni au chapitre de Figeac.

7° St-Martin du Bourg et la chapelle St-Cernin. Le Bourg, c^ne du c^on de Lacapelle-Marival. On y fête Ste Madeleine et au

18e siècle St-Saturnin, d'après M. Combarieu. Au 15e siècle, St-Sernin du Bourg près Rudelle, dépend d'Aurillac.

8º St-Denis près Lissac. (C^{ne} de Lissac), église encore existante, mais en ruines et interdite. Et son annexe Ste-Geneviève de Lissac, aux bénédictines.

9º N.-D. de la Capelle (à Figeac) dès 1145. — M. Longnon dit à tort près Figeac. Un bon pouillé ou liste paroissiale ne peut être fait que sur place. M. Longnon cependant, grâce à sa sagacité d'érudit consommé, a évité la plupart des casse-cou, et s'il a beaucoup péché par omission dans son relevé des noms de saints de la topographie quercynoise, n'a guère commis qu'une douzaine d'erreurs saillantes, à propos du prieuré de filles d'Yssordel, par exemple, qui était sous le plateau rocheux de Montvalent et non à Yssoudel de Puy-l'Evêque ; de même en partie pour les Carmels de Viazac, etc.

10º St-Cirgues, village maintenant près St-Dau, c^{ne} de Figeac.

11º St-André de La Roque-Toirac. — Ailleurs, l'un des deux Toirac est placé en l'archiprêtré de Cajarc.

12º St-Martin de Lunan 1469 et St-Félix près Felzins 1146.

13º Le prieuré séculier St-Pierre de Planiolles, dépendant de Figeac, dès 1146 au moins. — Et comptant vers 1750, 190 communiants.

14º St-Jean de Boussac, 1146. (Ailleurs moins bien, St-Julien).

15º St-Martin de Camboulit, église donnée, reprise et rendue, 1257, par l'évêque à St-Sauveur. On en voit encore les vestiges à 500 mètres en aval du bourg, sur la rive droite et les bords même du Célé.

16º St-Vincent de Lauresses. L'abbé de Figeac en 1719 en était encore prieur et décimateur. (Ailleurs, par erreur sans doute, St-Laurent ; mais il a pu être patron de la vicairie perpétuelle).

17º N.-D. de Prendeignes, pays jadis de forêts ; puis à la collation d'Aurillac.

18º St-Saturnin de Camburat, 1146.

19º Rigand, ci-après.

Eglises paroissiales :

1º N.-D. de Sénaillac et son annexe de Ste-Cécile 1146. — La mention d'une annexe est certaine quoique en contradiction avec d'autres pouillés. Il s'agit de Sénaillac près Latronquière. plus tard passée de Fons à Moissac.

2º St-Namphase de Livernon 1146. — Mais vers 1500 à la présentation du prieur de Montsalvy.

3º St-Remi, dès 1146 ; actuellement hameau, c^{ne} de Livernon,

4º N.-D. de Rigant 1146. — Un pouillé de M. Louis Greil, remontant vers 1450, quoique additionné vers 1760, en dit ceci : « Rigand, eclesia vulgo Faysselles (à 500 m. au S. E. de Faycelles, c^{ne} du dit) unita est mensæ abbatiali Figeaci. — Vicaria perpetua ad present. abbatis. Eclesia de Rigand est extra locum de Faysselle, (c'est pourquoi le cimetière unique est si loin), satis remota et sola, ideo episcopus (v. 1750) permittit eucharistiam asservari in capellà castri (église actuelle rebâtie et qui alors était chapelle de secours) de Faysselle ubi rectores celebrant diebus non festivis ad majorem habitantium commoditatem. »

En 1616 on réparait l'église de Faycelles (prob. au bourg) et un arrêt du parlement de Toulouse permit aux consuls de Faycelles de saisir 2/6 des dîmes et rentes de l'abbaye de Figeac en leur paroisse (Invent. sommaire des archiv. de la Hte-Garonne, t. I). Nous avons recueilli un gros dossier sur Faycelles et bien d'autres paroisses, mais il faut se retenir.

5º St-Etienne de Carayac dès 1146.

6º N.-D. de La Bathude 1146, puis dépend^t de Fons.

7º St-Thomas (dans Figeac), dès 1500 au moins.

8º St-Martin (dans un fg. de Figeac. id.)

9º St-Sigismond (contracté en St-Simon) près Sonac.

10º St-Etienne de Sonac, son voisin, 1146. Jadis Soltenagum, singulier exemple de raccornissement des mots. — Puis dépend. de la prieure de l'Hôpital-Beaulieu (Yssendolus).

11º St-Perdoux 1146.

12º St-Pierre de Fourmagnac, même date.

13º St-Etienne de Vic (aujourd'hui c^{ne} de Capdenac). Les paroisses étaient extrêmement multipliées jadis. Sur cet isthme rocheux vivaient côte à côte les bénédictines de Vic, *viæ cœli*, fondées par les de Lentillac; et le curé de Vic, à moins de 500 mètres à vol d'oiseau des clochers de Capdenac, St-Julien et Livinhac.

14° N.-D. de Livignac-le-bas, jadis dioc. Cahors, auj. village de la c^{ne} de St-Julien d'Amparre (Aveyron). Le doyenné de Figeac, v. 1570, y avait des rentes, à Vitrac.

15° St-Laurent d'Yssepts 1146. — Nommé vers 1580, capellania de Chepis. Le pouillé ajoute : *ignoratur*. Cette forme, en effet, a de quoi dépister. — Ailleurs mieux, de Exepis.

16° Sainte-Madeleine-de-Rivière ; aujourd'hui la Madeleine, c^{ne} de Faycelles. En 1475, l'église et le port à péage au profit de notre abbé sont dits du diocèse et de la sénéchaussée de Rhodés, et cependant en Quercy. *sic* (pap^{rs} de M. de Salles). — 114 communiants vers 1750. — Après la révolution sa cloche et ses pauvres ornements passèrent à la paroisse du Mas-du-Noyer, alors érigée pour la remplacer (an XII, 3 juin 1804). — Cependant en 1729 le curé de la Madeleine demande par son testament la sépulture dans l'église de N.-D. du Noyer, dans le vas (vase funéraire, sépulcre dallé) où repose sa mère. (Titres communiqués par M. le curé du Mas-du-Noyer).

17° St-Christophe de Viazac, dès 1146. — Vocable Ste-Marie, 1257. On y montre encore une fontaine St-Caprais, à ablutions, usitée contre *lou grapi*, les nerfs raidis.

18° St-Jean « de Sabadello », près Latronquière 1146.

19° St-Jean-Bapt. de Frontenac, 1146. Décimateur, 1750, le curé. — Patron, l'abbé de Figeac.

20° St-Martin de Sousceyrac (archip. de Thégra) et N.-D. de Gorses 1146. Cette dernière ne figure sur aucun de nos pouillés. Longnon a le tort de n'en pas faire une paroisse distincte de Sousceyrac en 1146.

21° Eglise de N.-D. (Assomption) du Puy, v. 1500 (à Figeac).

22° St-Sulpice, vers 1500 (près Brengues).

23° St-Gilles de Quissac en dépendit probab^t. (v. 1500. Quant à St-Etienne, ailleurs St-Martin, ailleurs St-Maurice de la Combe, c'est Cambes dépendant de Fons.

24° St-Hilaire de Relhac, 1146. C^{ne} du c^{on} de Livernon. — Ailleurs à coll. de l'évêque.

25° St-Laurent de Corn ; église en ruines, c^{ne} de Corn, à 1500 m. de cette bourgade pittoresque.

26° Lentillac (archiprêtré de Thégra *sic*), à la présentation de l'archip. dudit, mais plus anciennement de l'abbé de Figeac. Il s'agirait alors de Lentillac près St-Céré.

27º Ecclesia de Broua, unita Figeaco. Inconnue.

28º Grèzes 1146, patron St-Jacques. — Puis passa aux commandeurs de Durban.

II. En l'archiprêtré de Cajarc
Prieurés réguliers conventuels

St-Eutrope de Bois-Menou, v. 1500. — Aujourd'hui village de Bois-Menou, c^{ne} de Puy-la-Garde, c^{on} de Caylus. — Omis par Longnon.

Prieurés séculiers

1º Ste-Affre déjà nommée aussi. C^{ne} de La Roque-Toirac.

2º Ste-Croix, jadis de Macanas. — En 1307 son prieur dépend immédiatement de Figeac. — En 1455, le prieuré et sa préceptoriale de l'hôpital Saint-Jacques dépendent encore de l'abbé de Figeac. Il est alors du diocèse de Cahors et néanmoins en Rouergue. Aujourd. (Aveyron) près Villeneuve-la-Cramade.

3º St-Saturnin de Cuzac, diocèse de Rodez, 1478 (archiv. préfec. Montauban, série H, nº 39) et 1695 (*ex meis*).

4º Peyrusse, en Rouergue 1620 (hors l'archiprêtré de Cajarc et le dioc. de Cah.) — B. 397 invent. Hte-Garonne.

5º Ste-Madeleine de Mayrinhagues relaté plus haut, 1146, aujourd'hui village de la c^{ne} de Villeneuve, (Aveyron); duquel Villeneuve le prieuré St-Sépulcre et son annexe de St-Pierre de Toulouzergues, dioc. Rodez, venaient d'être résignés par Gabriel Ruben, du H^t Limousin, 25 avril 1688. (Note par nous prise au chartrier de M. le baron de Nexon).

6º Le Rey, jadis le Garric, prieuré St-Pierre 1146. — Au dioc. de Cahors 1282; prieuré-cure, même dioc. 1726, pouillé Greil. C'est aujourd. le village du Reyt, c^{ne} de Villeneuve susdite.

Les églises paroissiales

1º D'Ols, Sti-Desiderii de Obsio, 1146. — Aujourd. Ols, Aveyron. Il dépendit ensuite 17e s. de Marcilhac, près Brengues.

2º De Lacapelle-Balaguier (c^{ne} de l'Aveyron) près Ste-Croix, (et non de Balaguier près Foissac, qui était en 1560 dédié à St-Martin, et église matrice de St-Julien d'Ambeyrac). En 1146,

Lacapelle-Balaguier dépend de Figeac, et vers 1500 elle est à la présentation de l'archidiacre de Figeac, d'après deux pouillés où on lit Capellanus ecclesiae de Balaguier que nous traduisons le curé ou plutôt vicaire perpétuel de la Capelle-Balaguier (et point de Balaguier, qui est exclu par ecclesiae).

3° Egl. de Rinhodes 1146. (Village de la c^{ne} d'Ols, Aveyron).

4° St-Saturnin de Promilhanes ; puis dépendit de Marsillac, v. 1500.

5° St-Clair de Margues, 1644 dép. du chapitre de Figeac. — Fut annexe de Cajarc 1771, maintenant bourg et succursale de la c^{ne} de Salvagnac-Cajarc, Aveyron.

6° St-Projet (Tarn-et-G.) ad pres. archi. Fig., sed in antiquà pancarta, epi. Plus anciennement, de l'évêque.

7° St-P^{re} de Vidaillac, v. 1500 était à l'évêque, mais après accord avec l'abbé de Figeac.

Stus·Quentinus de Galliaco 1146, dép. de Figeac.

Nous ne pouvons l'identifier encore, ne croyant pas pouvoir mettre en cause le hameau de St Quanty (Assier), ni St Santin du Rouergue et d'Auvergne.

En Auvergne

Le prieuré de Gouyrac 1351, difficile à restituer en ce moment, semble bien alors dépendre de Figeac. (Arch. nation. t. 193, pap^{rs} Noailles).

Joignons-y, enfin, le prieuré et la cure St-Blaise et Ste-Marie (N.-D.) de Trioulou (en l'archiprêtré d'Aurillac et au diocèse de St-Flour) comme étant à la nomination de l'abbé de Figeac ; pouillé Bruel, v. 1500.

Nous sommes encore trop à court de notes pour entamer la rectification des listes, naturellement un peu inexactes, des abbés de St-Sauveur, données par la *Gallia*, — et les annales de l'abbé Debons, si dépourvues de critique, — ou les Miscellanées du savant Baluze, si difficile à prendre en défaut, au contraire. Omettons aussi nos quelques noms isolés de religieux qui eurent ici des offices : tels que l'oubrier (chargé des travaux d'entretien ou de construction des bâtiments de l'abbaye) de St-Sauveur, honorable et religieux homme dom « Johannes de Naucaza, operarius sacrosancti monasterii » 5 X^{bre} 1517 ;

messire Jehean Rozet (Rouzet) prieur de St-Aymon, qui, le 12 avril 1522 lauza (loua, approuva, fit une investiture) pour une mutation au territoire del pont del Gua (Figeac) etc. 1469, Alric Bonafos célérier (s'occupant des vivres); 1487. Amalric de Vayrac, doyen, etc.

Le 30 juin 1397, Astorg, abbé, afferme son pontanage et péage du port d'Ampare (St-Julien) moyennant 12 livres tournois par an, autrement 12 francs. (Papiers de M. Savary de Séguret, à Capdenac). — En 1455, Jⁿ de Narbonès (probablement originaire du château de ce nom, aux de La Garde, en la paroisse Ste-Espérie, aujourd'hui Saint-Céré) en tant qu'abbé de Figeac, est seigneur temporel du château et lieu de *Fiscella* (Faycelle), du château d'Issepts, du lieu de Toirac, de Saint-Simond, — de la place, lieu et seigneurie de Cambolit, dont il est seigneur haut et suppérieur (c'est-à-dire justicier, et suzerain des co-seigneurs et des détenteurs d'hôtels nobles en l'enceinte de la forteresse), avec dixme de légumaige.

Il a des rentes sur la Malautia (les huttes à lépreux) près Faycelles, ainsi que sur les lieux de l'Hospitalet (La Madeleine), de St-Projet (Yssepts), de Mandens (Boussac), etc. — Minutes latines figeacoises, chez le sieur Durieu, chiffonnier en gros, qui en a ainsi près d'un quintal. Le ministère, notre ville, ou tout au moins le conseil général, déjà acquéreur des documents et manuscrits Lacabane et Bertrandy, devraient bien sauver du pilon ces précieux cahiers de notaires, dont plusieurs étaient des prêtres, selon l'usage général avant le xve siècle. Et les affaires n'en allaient pas plus mal, ni les garanties n'étaient moindres avec ces actes rédigés de main cléricale, scellés ensuite du sceau de l'officialité. Il serait piquant de voir notre société moderne amenée à désirer, sous ce rapport du moins, l'état de choses ancien, si la corporation des officiers ministériels continue ses incartades. dues en grande partie, disons-le aussi, à l'indolence du public sur ses placements, à ses habitudes de clientèle tantôt mal payante, tantôt avide d'intérêts hors de proportion avec ce que le sol lui même peut porter et rapporter.

En février 1605, F^{ois} de La Tour, à titre d'abbé de Figeac, est dit seigneur et décimateur de Lauresse (Invent. sommaire de la

H^{tr}-G^{no}, t. I). 1769 Messire Alexandre de Lascaris, des comtes de Vintimille, seigneur évêque de Tournon, abbé de l'abbaye royale St-Sauveur de F^c, est titré seigneur de la paroisse d'Issepts. — 1695 Armand de Fumée des Roches, de noblesse poitevine, abbé de F. et de Conques et de St-Genoux, en Berry, afferme sa dîme du vin du prieuré de Cuzac, pour 4 ans, à 545 liv· par culhiette. — Le 14 juin 1743, Gaspard de La Valette-Thomas, évêque d'Autun, et abbé de F. donne à bail ses rentes de Sénaillac (-du-Causse) et Doumenac, au prix annuel de 260 liv. à J^n Tremoulet, m^d, du village de Bazos (St-Gel, aujourd'hui St-Chels).

En 1690, sous le même Fumée, l'abbaye de F. se prétend, ainsi que celles de Moissac et Marcillac, exempte de la juridiction de l'évêque de Cahors. (Archiv. préf^{re} à Montauban, série G. liasse 574.)

D'après les papiers de M. de Gironde, à Faycelles, nous savons par un état dont la date absente ne peut qu'être légèrement postérieure à 1557, que partie des biens et rentes de l'abbaye se répartissaient comme suit entre les divers offices :

La liève, comprend au profit du *doyen*, le Mas dels Clauzels (St-Félix) et le Vern (Capdenat), l'*Yffernet* etc. (Lunan) signifiant village très encaissé, in infernà parte ; sur La Caze (Lentilhac) ; Orne (Cuzac).

L'*Aumônier* perçoit son revenu sur Lopiac, Planhias, Langlade (village tirant son nom de ce qu'il était à la bifurcation, à l'angle de 2 chemins un peu importants ; cela ne manque jamais de se vérifier pour ses homonymes). La Calm, terrain aride ; — Les Cazals (La Madeleine-lès-Figeac). Le Pont-del-Fraysse (Lissac) et sur Lyssac susdit, Drulhie. A Capdenac sur le Mas del Grel et son *sous*-village de Pradelles, Guachaloup, Tortonde, Arelle, Lo Solié. A Livinhac-l'inférieur sur Puech-La-Boria où nous signalerons la *Font de Nostra-Dama* ; sur plusieurs autres villages et sur celui de Brunhes où était tenancière noble Jehane de La Valette, demoiselle du Saulon, (Un castel qui tient bon encore quoique assis sur le sable et la rive gauche du Lot).

La sacrestañia tire ses ressources aussi principalement de

Lissac et de Vernet-le-Hault sur Clayro, Saunhiac, Cours, Born etc.

Lo celarié prend les siennes à travers les paroisses de Capdenac ; Livignac le bas, sur Vitrac principalement, qui est le *vicus* tracti contraction de *trajecti*, revenant à passage de rivière ; et à St-Loup, sur le Bancarel et Combet. Ce premier nom nous semble comme l'*Echamel*, en Limousin, scamnum, *scamnellum*, tirer origine du petit *banc* de pierre ou gazon dressé au pied de nos croix de carrefour, si usitées jadis comme point-limite, succédant au dieu-terme, ou au Priape obscène, emblème de fécondité dans les jardins. Revenons à notre liste pour ajouter St-Félix ; Boby (Capdenac) etc.

Le prieur de *St-Daunys* (St-Denis près Lissac) en lève sur le single de St-Daunis, Claviés, Perret (Lissac) etc.

Celui de *Vernet* sur Lopiac, Vielz et Cobel (Loupiac). Celui de *La Roque*, aux Condamines, près le dit bourg, et à la Bitaterne (St-Denis déjà nommé) et autour de Prendeignes.

Celui de *Planioles*, sur Murat, Bel Castel, Jonquieyras et en plusieurs points de Camburat ; et à Sirganiol (St-Jean lo Frech).

L'*ouvrier*, sur divers lieux effacés ici et illisibles. Enfin le *chapitre* en corps, sur les villages aux noms significatifs de *La degania* (qui fut au degua, *doyen*), l'abadia près Puy de Corn, le Mas de l'Abat (Feyselle), Redondet ou quelques-unes de ses partitions, en la juridiction de Béduer ; Trespuech et Enroquas (Cambolyt).

Deux villages de Boussac et celui de Corges qui était de deux paroisses (Boussac et Cambes), alternativement sans doute desservi par l'un ou l'autre curé, — comme nous en connaissons bien d'autres exemples, sur les confins toujours un peu laissés indécis de peuplades ou diocèses, particulièrement en pays de forêts. La Feuillade voyait ainsi son clocher changer de diocèse et de province selon un roulement périodique qui le mettait tantôt en Périgord, tantôt en Angoumois.

Joignez en gros aux rentes du chapitre, celles de La Borie (Prendemias), de Marsal et la Malayrie etc. (Lunan), divers lieux de St-Denis-lès-Lissac ; et Bennes (au pitancier) par^{sse} de Camburac. Et c'est tout.

Quelques noms maintenant, à partir de la sécularisation

(1536) quant au *personnel* de St-Sauveur, désormais Chapitre.

Doyens :

(1487. Amalric de Vayrac). — 28 décembre 1539, Charles de Cornelli. — Nous faisons passer cette dignité du doyenné avant celle d'archidiacre (vicaire général et visiteur soit de l'évêque, soit de l'abbé), malgré l'usage contraire et exceptionnel de l'église de Cahors, *Histoire des évêques de Cahors*, n° 114, parce que pour Cahors, c'était un fait anormal, (Du Cange), et aussi parce que dans un acte du pays, à la date ci-dessus, ledit Cornelli, doyen, est énuméré *avant* Roquemaurel archidiacre-mage. (Papiers de M. Verniolles, au château de Mouret, Lissac.)

1594. Noble Antoine de Naucase, seigneur de Cayrolz, doyen. — 1680. 30 janv. J^n Lestroa, prêtre. — 1764. Messire **Alexis Latapie de La Valette**, prêtre. (Papiers de M. L. Greil).

En 1560 le chapitre se compose de « nobles : (parfois *noble* ne signifie que *notable*) Charles de Arvelly, ailleurs Cornély, doyen prezidant ; Durand de La Porte, (remarquons ce prénom de Durand, *Durowaldus*, Duraldus, devenu un nom) ; F^{ois} Parra, (la Parra, terme fréquent en Auvergne, signifiant enclos, préservé des bestiaux) ; Charles et Guil^{me} Bonaffos ; Antoine de Cros ; Guy de Peyrusse ; Antoine Viguier ; Charles de Murat ; Durand Boysso ; P^{re} Sasucate ; P^{re} Bajuli ; Ant^{ne} Bramaric ; F^{ois} d'Estroa, Guy Bonamic ; F^{ois} de Pesteilhs ; Guil^{me} de Durfort.

En 1576. Antoine Viguier, chantre ; Parra, Boysso et d'Estroa susdits ; Martin Avignon ; Annet de Selvas ; Charles de Mura et Guilhem Bonamy.

En 1593, on n'y retrouve que d'Estroa, mêlé à Bertrand, Lacaze ; Gualhard de Colomb, 1er archid. d^r en droit ; P^{re} d'Espinasse, chantre ; Jean Ranic, en même temps commandeur (administrateur, directeur) de l'ospitalité du faubourg d'Aujo ; Durand Cayro ; J^n et Guil^{me} Galtier, sieur de la Roubiat ? Et ils ont en commun leur juridiction temporelle : la court ordinaire de la temporalité de l'abbaye.

Grands archidiacres :

Alexis Latapie ci-devant doyen, officier de morale, est-il dit dans un certificat, du 17 du 2e mois an II, délivré par les administ^rs du district de Villefranche, où résidait alors ce prêtre assermenté, « âgé de 65 ans, de la taille de 5 pieds 4 pouces, portant perruque, les yeux bleus, nès aquilain, bouche moyenne, menton rond. » On le raya des listes d'émigrés et leva le séquestre mis sur ses biens.

28 décembre 1539. Gab^l. de Roquemaurel, archidiacre mage ; 30 mars 1559, noble F^ois de Narbonés : 1610, Me J^n Lacalm ; 1723. F^ois de Palhasse, 1741 ; J^n Thomas-de-La-Garde.

Le 11 juin 1743, l'abbé nomma à cette fonction Ant^ne Delfau, prêtre, d^r de Sorbone, chan^ne de St-Louis du Louvre, y habitant en le cloître St-Nicolas, pour remplacer J. B. de Thomas, décédé Delfau en prit possession dans le chœur, et fut installé par Dominique de Corn d'Ampare, doyen, le 23 juin, en présence de J. B. de Roques, 2e archid. ; J^n Turalure, chantre ; Valentin de Fraust, (chan^o déjà en 1684) ; Et^ne de Fons ; P^re J^n Maleville ; Louis de Las Cabanes ; Louis Dufau ; Ant^ne J^h Paillasse chanoines. (Titres de l'hospice de Figeac, papiers Debons). 29 juin 1747, F^ois Delfau 1762, Mr de Bouillon, g^d arch.

2es archidiacres

1561. Noble J^n de Leygue, archid. (g^d ? ou 2e ?), parent, (oncle ?) de noble P^re de Leygue, seigneur de Puyblanc. — 1592. Denis de Selves, chanoyne et 2e archid. — 1660 à 1671 au moins, Balthazar de Boutaric, fils de X., avocat, et frère de Guillaume de B., conseiller au parlement de Thoulouze. Balthazar était encore archid. 1683 ; mais il est dit prêtre et ancien archid. de de Figeac, y habitant, au 22 février 1700. — 6 juin 1700, messire Jean de Boutaric, prêtre, archid. et syndic du chapitre, rachète des rentes dues au chapitre dans les paroisses de Corn et St-Laurent (de Corn), qui avaient été aliénées par les chanoines en 1610. Le même Jean avait fondalité, vers 1737 sur le terroir de Castel-Roubert, paroisse d'Espagnac.

Le 23 février 1743 Me J. B. de Roques afferme les fruits de son 2e archidiaconé (grains et argent), moyennant 1400 livres par an.

Grands chantres

19 août 1765, l'abbé de Lascaris ; qui est dit l'an 3, ci-devant chantre émigré. Nous avons sous les yeux la vente révolution-

naire du 16 messidor an 2, de son mobilier par Jⁿ P^{re} Vedrenne, administrateur du Directoire. Il comprend 8 pièces de tapisseries prisées 50 fr. adjugées à 138 livres etc.

Chantres :

24 décembre 1749. M° Jⁿ F^{ois} Turalure de la Milière (ailleurs de la Molière, 29 mars 1747) transige avec d^{lle} F^{oise} et Marie Turalure, sœurs (Papiers de feu Me de Farals, n^{re} à Lissac).

Chanoines :

1558. Nobles Mrs Mes Jehan de Murat, bachelier en droit, et Jehan de Grealou dit de Pachins et Antoine de Morlhon, prieur d'Asprieyres (Aveyron), chanoines de Figeac, vicaires généraux pour r. p. Georges d'Armagnac, cardinal, évêque de Rodez et abbé de Figeac. On y trouve aussi au chapitre Jacques de Cardaillac ; Antoine Decros, scindic ; — 1559. F^{ois} Seguié. — Décembre 1600, feu Me Durand del Quayrou. — 1610. F^{ois} Destroa. — 1644. Guion de Gualtyé ; et Antoine Largentya, sindic. — 1656. Gabriel Destroa sieur de la Molière.

1669. Valentin de Frault ; — 1676, 21 mai, Mr Me P^{re} de Colonges de Laurière ; un Colonges, de sa parenté, était alors conseiller à Villefranche du Rouergue. — 1681, 1er août, Balthazar Vilhiés, prêtre et sacrestain, fait son testament. — 1682 P^{re} Ducros.

1695. P^{re} Destroa ; et mention de Bertrand de la Combe, ancien chanoine. — 1696. Guillaume Balat ou Valat, le v ou le b c'est tout un (le v n'étant qu'un b affiné), car le v devient b tout de suite sur nos grosses lèvres du Quercy. Nous disons un bœuf pour un veuf ; on prononce aussi *béouso* pour *veuve*. — 1701. Antoine Lagentye chan^{ne}, d'une famille éteinte de la bourgeoisie figeacoise. La population d'ailleurs se renouvelle vite dans la plupart des villes, car elle s'y forme de gens aventureux attirés des villages voisins par le besoin de lucre, et qui de marchands passaient bourgeois, puis devenaient famille de robe, plus souvent que d'épée, et bientôt disparaissaient ayant en somme peu multiplié.

En 1711, Valentin de Fraust. — Le 24 juillet 1710, François de Perière, prêtre, docteur en théol. prend possession du canonicat de feu Mathieu de Turalure ; en présence de Boutaric, archid., Praissac de Palhasse chantre, Bousou, de Fraust, de Fonds, Maleville, Menou et d'Amparre.

Le 1er juin 1710, ce même Mathieu, prêtre natif de Figeac, avait pris possession du canonicat de feu Guillaume Balet, par nomination de l'abbé de Figeac.

XI. — Chapitre St-Sauveur

Prébendiers

Quelques noms maintenant de prébendiers : 1741 Fois Poujol, prêtre et prébendé. — 21 février 1745, Me Jn Molinier, clerc tonsuré, natif de Gramat, prébendé en l'église Saint-Sauveur, ainsi que Pre Brunet, et Pierre Louis Cérède, de Reyrevignes, prêtre prébandé, diacre de St-Sauveur, bachelier en droit, gradué nommé et duement qualifié à l'université de Caors, lequel notifie le 28 mars 1748 « à messieurs les dignités (sic), persones et chanoines de Figeac, qu'en la dite qualitté de gradué, il a droit de prétendre au premier bénéfice qui viendra à vacquer dans les mois affecttés aux gradués tant simples que forces dépendant de leur collation, nomination et présentation, etc. » — 1754, Jh Delclaux, prébendier du chapitre royal de Figeac.

Semi-Prébendiers

Le 20 avril 1741, Fois Guary (nom provenant de *Garinus*, Guérin, et nom de *Garricus*, chêne) prêtre, vicaire d'Espédaillac, résigne sa semi-prébende du chapitre, à Fois Pouzot, vicaire de Lentillac (près Figeac), qui le 10 septembre, en prend possession devant la porte de l'église, prend de l'eau bénite et se présente au doyen et chapitre à la sacristie. Après cela il offre de subir l'examen, est en effet interrogé par eux, chante en leur présence « le plein champ, *sic*, » de l'église. Bref, reconnu capable il est investi par l'entrée en chœur, prosternement à genoux devant le mc autel, baizement d'icelui, faisant serment de garder les statuts et règlement du chapitre, prenant séance dans le chœur et sonnant les cloches. L'acte reçu, Grand, nre, a pour témoins me Jn Fois Capval, advocat en Parlement et sr Bernard Galut, comis à la recepte des tailles, habitans de Figeac. Nous y retrouvons le 31 janvier 1752 ce Guary comme hebdomadier. Il était frère cadet de Thomas, m⁰ teinturier à Figeac.

Vicairies du Chapitre

On désignait par là des fondations de messes perpétuelles, tantôt quotidiennes, tantôt seulement hebdomadaires ou mensuelles.

1° Vicairie dite de St-Jean du Moustier, trouvée existante au moins dès 1454 ; capelania St-Jehan dal Mostier 1559. — En 1702 elle est aux mains de Guillaume Sounilliac, curé de Reyrevinhes, et dotée sur des immeubles d'Herbemol.

2° La chapellenie St-Georges, fondée bien avant 1468 au chapitre, par Barthélemy de Peyrot.

3° 1475, celle de St-Eutrope dans le couvent ; — autrement appelée en 1579 de Morlho et ayant pour chapelain P^{re} Pinquié. Cette vicairie simple, dite de Morlhon (nom de famille provenant de St-Maurillon), était en 1662 à la collation des consuls et desservie en l'église St-Sauveur.

4° La vicairie St-Pierre del Moustier 1610 et 1668.

5° Chapellenie de Las Fresias 1559, 1610, 1644. — Desservie en 1620 par J^n Galtié.

6° De la Trinité, 1559, 1610 (au chapitre ?).

Confréries au Chapitre

1° Del cor de Dieu, au moustier, avant 1500.

2° Frérie St-Antoine del Mostier 1559.

En 1745, P^{re} Peraud prêtre et épistolier du chapitre royal. — Un autre est qualifié d'évangélistaire. (Archives de la préfecture du Lot, inventaire dressé par l'obligeant archiviste, M. Combarieu). — Vers 1668, J^n Vilhiès était maitre des enfants du cœur. La maîtrise, en l'an 11, était au-dessus de la chapelle quasi souterraine de N.-D. de Pitié, si bien restaurée par M. l'archiprêtre Massabie, qui y a superposé le presbytère du chapitre, au lieu et place de la bibliothèque communale. En 1703 Géraud Marmaudet était musicien au chapitre. Il y avait aussi, en 1792, une horloge. En 1762 un voleur vint faire amende honorable devant la porte, puis fut pendu « en la place haute, et son corps porté là où étaient les fourches, sur le chemin, et exposé sur une roue. » En 1784 Guillaume Cassanhes était juge de l'abbaye de Figeac et habitait notre ville.

L'an second de la Répub. et le 16e ventôse, le maire Liauzu et les officiers municipeaux : Grand, Delbrel, commissaire à ce nommé par le district et Bonnet, secrétaire adjoint, portent notamment dans l'inventaire des 2 sacristies du chapitre les objets ci-après désignés en style maçonnique : 53 aubes; 44 *chiffons* apelés allis (on veut dire amicts); 30 napes ou essuye-main pour la *cuisine* des prêtres; 2 surplis etc.; un *paquet* de ci-devant purifficatoires qui ont servi; 5 mentaux pluviaus galonés d'or fin; 3 ci-devant *almathiques* (pour dalmatiques) etc.; plus un ornement de chatin (satin) broché; une chazuble noire en soie garnie de dentelle d'argent; 12 chazubles ou almathiques; 5 toile de St-Jean; 5 p[tes] assietes de plomb etc.

XII. — *Notre Dame du Puy de Figeac*

M. Longnon, tout en reproduisant Delpon, page 135, aux yeux duquel, d'après la tradition, l'église du Puy aurait été construite à la fin du VIIIe siècle pour les pèlerins qu'attirait l'église St-Sauveur, ne saurait regarder N.-D. du Puy comme antérieure à la fin du IXe siècle.

Dans le Lyonnais les archiprêtrés commencèrent dès l'an 900 environ; mais on ne fait guère remonter que vers 1100 la division du vaste diocèse de Cahors en archiprêtrés. Celui de Figeac, connu depuis 1298, était, en les comptant dans l'ordre circulaire du Quercy, et allant du centre à l'ouest, au nord, à l'est et au sud, la 9e de ces 14 circonscriptions ecclésiastiques. Il comprenait la bordure orientale du Haut-Quercy. Il est remarquable que tous ces chefs-lieux d'archiprêtré, sauf St-Cyr la Popie, ont gardé leur nom payen, alors qu'au XIe siècle le pieux vocable donné aux localités par l'Eglise fit tomber en tant d'endroits l'ancien nom local, comme à Lenziacus devenu St-Denis, près Martel, (cartulaire de Beaulieu), etc. C'est que ces bourgades avaient déjà du relief par elles-mêmes, croyons-nous, soit à cause de leur forte assiette, facile à défendre;

Cahors, Cajarc, Luzech ; soit à titre de centres druidiques (Gignac, Salviac, racine sylva, selve, pays de forets), où la religion chrétienne avait à s'implanter énergiquement pour y serrer de plus près la superstition ; soit encore en raison de leur position sur un sol riant et fertile, très propre à grouper de nombreuses *villas* gallo-romaines.

Ces 14 sièges d'archiprêtres existèrent tels dès 1488 au moins et ont persisté jusqu'à la Révolution.

Voici les églises paroissiales et chapelles de l'archiprêtré de Figeac :

Cet archiprêtré était, comme tous les autres, à la collation de l'évêque de Cahors : archipresbiteratus B. Mariae de Podio Figeaci, cum annexâ rectoria S. Petri de Moleriis prope Terrou, ad coll. episcopi Cad. vers 1500. En l'assemblée du clergé du 4 avril 1588, il fut imposé pour 20 écus ; et celui de Tregua (Thégra) pour 95 ; celui de Cajarc pour 12 ; l'évêque 450 écus.

1º Le prieuré-cure de N.-D. du Puy.

2º Ecclesia de Molieras, (placée par un seul de nos pouillés sur 5, en l'archiprêtré de Tégra) unita est prioratui de Figeaco, alias archipresb., ut dicit antiqua pancarta. On l'a désignée ci-dessus sous le nom de St-Pierre de Molières près Terrou, pour la distinguer du prieuré régulier, non conventuel, N.-D. de Molières de Francoulès, (archiprêtré de Cahors), lequel Molières dépendait de l'abbaye de La Couronne, ordre de St-Augustin, près Angoulême ; tandis que la cure de ce Francoulès (autrement nommé *Molières*, pour une raison qui nous échappe en ce moment) était sous le vocable de St Firmin.

Quant à notre *Molières*, jadis Moulhières, du canton de Lacapelle-Marival, il a encore une fontaine dédiée à « Sainct Peyré », connue sous ce nom dès 1465. En 1409, l'abbesse de Leyme avait pleine justice dans ce bourg dont l'église était la forteresse principale. (Titres de la collection de M. Greil, qui possède un vieux terrier de cette châtellenie, plus tard dépendante d'Aynac).

On s'y réfugiait donc, détail qu'on imagine à peine aujourd'hui, avec ses bestiaux et provisions, femmes et enfants, pêle-mêle, durant les guerres.

D'après l'inventaire des archives de la Haute-Garonne, un

arrêt d'août 1624 du parlement de Toulouse, maintient Flotard de Turenne, baron d'Aynac, comme entier justicier de Molières, en vertu d'actes produits de 1363, 1599 en paréage avec les religieuses de Leyme, celles-ci par cession, en 1294, de Barascon de Thémines. Elles y jouissaient encore d'autres droits ayant appartenu à Jean de Rosiers, bourgeois de Figeac, énumérés en l hommage par lui rendu le 1er mars 1363 à Gisbert d'Aynac. La cour prescrit de plus que les abbesses hommageront Molières aux seigneurs d'Aynac, et que Jean Paramelle, archiprêtre de Figeac, recteur décimateur de Molières, pourra démolir les fortifications élevées sur l'Eglise. Turenne, par contre, est relaxé de l'obligation 1° de nourrir et d'entretenir les soldats du fort de Molières, 2° de rétablir la chapelle que les religieuses de Leyme disaient avoir été démolie par lui. Henri de Cardaillac et Louis de Lévy, comtes de Bieule et barons de Cardaillac sont condamnés aux dépens envers Turenne.

Les Cardaillac cédèrent vers 1365 leur co-seigneurie de Molière au seigneur d'Aynac. En 1394, — s'il faut se fier à ce détail, vraisemblable, d'une généalogie manuscrite de la maison de *Lagarde de Saignes*, qui figure parmi les archives de l'hospice de St-Céré. — Guillaume de Turenne se reconnut vassal du vicomte de Turenne pour ses « châteaux de Saint-Genest, vulgo le Peiratel, de Molières et de sa part du château d'Aynac. » La phrase ainsi construite ferait croire au lecteur que la maison forte du Peiratel était peut-être dans Molières, plutôt que dans Aynac, sûrement dédié cependant à St-Geniès et qui a très bien pu avoir en son enceinte le repaire de Saint-Genest contigu avec le château laïque d'Aynac.

Vers 1430, noble de Ste-Croix habitait ce Molières. En 1772, Jean de Lagarde est qualifié, dans un acte de la mairie de Figeac, comte de Saignes, seigneur de Parlan, Reilhac, *Molières*, lieutenant-colonel du régiment de Bourgogne. — L'église avait une vicairie dite de Théron, du nom de son fondateur, qui l'avait établie, en 1739, en l'une des chapelles, à charge par lui de la rebâtir, mais avec réserve d'y placer ses banc et sépulture. (Papiers communiqués par M. l'abbé Rouquié, aumônier de Leyme).

Un mémoire ms. de la généralité de Montauban (archives de

Cahors), dressé, en 1699, au point de vue fiscal porte pour Molières : seigneur principal : J^n de Turenne, s^r d'Aynac ; qui y perçoit 1000 livres de revenu et relève de la vicomté de Turenne. L'abbesse de Leyme en tire 1000 livres de rentes directes. La dîme à « l'onzième gerbe, est au curé, dépendant de Cahors. On y compte 60 feux », (taillables). 100 belluques ou bellugues (racine : *bleu*, bluette, petit feu de pauvre) font alors un *feu*, quotité difficile à évaluer, faute de notions suffisantes sur ce terme destiné à faciliter le partage des sommes à imposer par élections et par communauté d'habitants.

Il faut savoir et noter avec soin, que l'élection de Figeac (*élection*, ensemble de paroisses, qui, — au rebours des *pays d'états*, laissés plus libres de se cotiser, — subissait le bloc de la taille royale, sauf à le subdiviser selon l'arbitrage de gens d'abord *élus* ad hoc); comprenait, en 1744, deux parties : 1° celle dont les impositions étaient administrées selon le régime des autres élections de la province. 2° celle qui dépendait autrefois de la vicomté de Turenne (pays d'états annuels votant à son gré ses propres subsides au vicomte, par assises politiques tenues à Martel, St-Céré, etc.) et qui avait conservé des privilèges. Le roi acheta bien la vicomté, en 1738, pour annexer ce petit royaume singulier au sien, mais il dut garder des ménagements pour ces populations inaccoutumées au joug. A notre sentiment, ce privilège de quasi exemption d'impôts remontait, pour cette contrée riveraine de la Dordogne, aux invasions normandes dont elles étaient la compensation et le salaire de défense. Une 3° partie, bien que la pièce classée à Cahors sous la cote 960, série C, ne le dise pas expressément, se bornant à nous le laisser deviner, embrassait les collectes *limitrophes* de la vicomté, plus assujettie que les paroisses *viscomtines*, mais moins taxées cependant que les premières.

Molière, donc, vicontain dans le vieux temps, puis rattaché plus ou moins au Quercy royal, nous parait avoir vécu dans ce régime mixte d'adoucissement. Le document précité, de 1744, en parle comme suit : Terroir moins étendu de 1/2 que celui de la paroisse de Terrou : bien meilleur. Il n'y a presque rien en friche. Le revenu est en châtaignes et chanvre. Du seigle suffisamment, beaucoup de fourrage, point de vin, un peu de millet, comerce en bestiaux, toiles, bestiaux à corne, cochons, vendus aux foires de carême et de mai, à St-Céré ; et de La Bastide (du H^t-Mont), à l'Ascension. Molière a 450 communians, et sa Xme vaut 1000 livres.

On nous pardonnera cette disgression destinée à tirer de l'obscurité cette modeste bourgade, qui eut son rôle ecclésiastique, et à éclaircir un peu l'énigme de nos anciennes divisions administratives. Ajoutez un tiers en sus au chiffre des communiants pour avoir le total des *âmes*, pour employer un heureux mot, beaucoup trop remplacé aujourd'hui par l'expression d'habitants.

3e L'église S. Petri de *Lentillac*, cum annexâ S. Martini de Caumont, à la collation de l'évêque, 1500. Ailleurs cette paroisse est dite Lentillac prope Sabedelum, près Sabadel, dont le radical nom (tiré de *sapa,* suc, sève, bien mieux que de *cepa,* poireau sauvage) accuse un sol pauvre et laissé en friche et en bois. Il s'agit de Lentillac près Lauzès ou du causse, patron S. P^{ro} ès-liens ; ainsi démêlé de Lentillac près Figeac, au même archiprêtré, et de Lentillac près St-Céré, sans parler de l'ex-prévôté de Lentihac (paroisse d'Ussac), membre d'Uzerche, au diocèse de Limoges.

Nous ne pouvons identifier présentement l'annexe de St-Martin, qui fut au voisinage immédiat et même dans le périmètre paroissial de son église matrice ; elle fut distincte à fortiori de St-Martin-de-Vers (archiprêtré de Cahors), et de Nadilhac qui eut pareil vocable.

Dès 1789, ce Lentilhac (qui, lui, mieux que ses deux autres concurrents, était pourvu d'un prieur en 1760) est appelé : Lentillac-du-Causse. On rattache ce nom généralement au nom d'un propriétaire romain Lentulus. 1458-1563 cette terre fut aux Hébrard de St-Sulpice, comme nous l'apprend leur généalogie, vraie dans ses grandes lignes, en dépit des grossières erreurs qu'y a semées des deux mains, sans s'en apercevoir, l'honnête M. Bourousse de Lafore.

4° Ecclesia S. Mauricii (ailleurs S. M. de Anglarisio, *St-Maurice* en l'Anglarès, petite subdivision territoriale ayant alors, 1146, pour chef-lieu Anglars, revenant étymologiquement à lieu resserré, montagneux) ; cum annexâ capellæ

B. Mariæ de Merlivallo 1146, autrement Marivallis, (vallée du merle ? val du *marais*, mieux que val de Marie). Après avoir toutes deux dépendu de Figeac à la 1re date, elles étaient, vers 1500, à la collation de l'évêque. Toujours accolées en 1744, elles formaient deux communautés financières avec 800 communians et une dîme valant 2200 livres, argent.

La Capelle est égale en étendue à Prendeignes, mais en meilleur terrain de châtaigneraies aussi, et de causse, tandis que St-Maurice, deux fois plus grand en superficie, toute « de châtaignal », ne récolte que du seigle, et n'avait point comme l'annexe l'avantage d'une foire par mois et de deux marchés par semaine. Les foires de novembre et décembre étaient surtout importantes pour les porcs, les bestiaux à corne et les toiles, « dont on faisait à Figeac un très grand comerce ; mais depuis qu'on a voulu en introduire la marque ; depuis que M. Lavergne a transporté son négoce à Lacapelle-Marival et que Me Guibert est allé demeurer à Capdenac. Figeac est borné à la vente de 16,000 pièces de toile. Des commissionnaires les achètent pour le compte de marchands du Languedoc et de la basse Guyenne.

Cette entreprise [c'est le langage du subdélégué de Figeac, ruminé à son tour par l'intendant, (archi-préfet, si l'on veut) de Montauban], cette entreprise de la marque des toiles occasionna des émeutes et beaucoup de troubles parmi les paysans de St-Céré et de Sousceyrac. Le résultat de cette loi bursale fut d'envoyer quelques-uns de ces malheureux aux galères. Figeac n'a pas de comerce de laines. 60 quintaux seulement y sont achetés par les marchands de Rodez. »

Châtellenie puis baronnie des Cardaillac 1471, 1605; Lacapelle, en 1756, était marquisat aux mains de Joseph de Vareix (originaire des environs de Meilhards, Corrèze), maréchal de camp des armées du roy ; et 1779 à messire de Montet de la Molière, du Haut Limousin. — St-Maurice, en 1541, avait rang de prieuré, d'après M. l'abbé Rouquié, qui a signalé au public quelques chapellenies du doyenné de Lacapelle.

5e L'église S.-Martini de Cambolito, jadis à la présentation de l'abbé de Figeac. — En 1766, la baronie de *Camboulit* avec ses dépendances de Boussac et Cambes relève du susdit abbé ;

lequel reçut hommage le 2 novembre 1679, étant assis sur un fauteuil au coing du g^d autel de l'égl. St-Sauveur, de la part d'Ant^ne Cassanhes, conseiller du roi, vice-sénéchal de Quercy, nue tête, mains jointes, sans espée, esperons ni pistolets, pour son château et repaire de La Guache (aujourd'hui à M. Louis Mage, de Lantuéjoul) etc. et pour 15 sestiers de froment de rente sur les villages et fiefs del Vern, Malvinesques etc., sis en la châtellenie de Camboulit.

Le 21 février 1743, l'abbé, décimateur et prieur de Cambolit présenta à la dite cure St-Martin et pour sa succursale de St-Clément, à l'évêque de Cahors qui institua ensuite et nomma le sujet. Les frais de levée de la dîme comprenaient le salaire : 1° du garde-sol (lou sol del deyme est connu presque partout encore), 2° du tire-gerbes, 3° du porte-gerbes, 4° des dépiqueurs etc.

Arrêtons-nous, car il faudrait nommer ici les de Latour, les Lascazes, les Delfau, les Guary, les de Colomb, les Arnaldy de St-Montels (Boussac), etc.. détailler à Camboulit les Barry de Claviez, de l'Estevie, del Pont, et., rayonnant autour du fort.

6° Le prieuré S^ti-Namphasii de *Livernone* à la présentation de l'abbé de Figeac, puis du prévôt de Montsalvy, en h^te Auvergne (Cantal). Le 7 février 1678, noble Bertrand de Bouysset de La Salle (famille originaire de Vic en Carladés, (Cantal), sieur de la Cepière était prieur de Livernon. Viazac, actuellement Viézac, fut en 1633 le siège d'une juridiction, et par conséquent petite seigneurie. — possédée 1744 par Me J^n Thinières, avocat, juge ordinaire d'Assier, habitant en son domaine de Viazac. Cette jolie résidence appartient à M. Paul Vayssié, avocat, de Figeac.

On trouve, en 1675, Mr Me J^n Delpon, juge d'Assier, conseiller du roi, et son procureur, 1675-1699, en l'élection de Figeac, demeurant à Rueyres. 1724, Sr Raymond Delpon, habitant de Livernon.

L'an 3, le citoyen J^h Moyzen, de la c^ne de Durbans, possède ici le domaine nommé de la Terre, vaste ferme extrêmement boisée dont est maintenant propriétaire M. Ernest Miramon, du château de la Salle. Quant à Livernon, il relevait du roi, était rattaché à Assier féodalement, valait 1500 liv. au duc d'Uzès, son seigneur temporel, 1744, et avait 75 feux et un notaire royal.

7° *Lauresses*, patron St Vincent, à la présentation de l'abbé de Figeac, qui, en 1699, en est prieur et y prend de dîme chaque 11e gerbe de tous les grains, ce qui vaut 1800 livres, argent, 160 charges de seigle. Ecclesia de Laurensorum ad coll. epi, *valet*, c'est-à-dire, n'est point parmi les exemptes de l'impôt des décimes ecclésiastiques, Modo, (vers 1520) est de mensà abb. Figaci. Capellanus (le congruiste) dictæ eccl. de Laurensorum ad present. abb. Fig. Un autre pouillé, 1561, d'accord avec M. Combarieu, lui donne pour patron St Laurent, encore fêté le 10 août. On peut tout concilier en attribuant ce vocable à la cure et le premier saint au prieuré.

En 1690, on y trouve 180 feux ; 2 notaires. Ils étaient extrêmement multipliés autrefois, cumulant le plus souvent avec ces fonctions celles de *procureurs* (avoués), celles de juges ou *lieutenants* de juges (suppléants) dans les petites juridictions voisines, et parfois la profession d'aubergistes, faisant les actes au rabais, mais en somme à peu de frais. Les co-seigneurs étaient alors : le commandeur de Latronquière qui y avait des rentes. Le sr de Ste-Colombe qui y en levait aussi pour 100 livres, en justice. L'abbé d'Aurillac, 200 livres de rentes, et le sr de La Piere 100 liv.

(Série C. n° 960.) Communauté de 600 communians ; d'1/3 moins étendue, mais avec même terrain que St-Cirgues. Beaucoup de seigle et bon. Chanvre ; sarrasin. Les 2/3 en châtaignal. Ressources : toile, cochons, vendus aux foires de Parlan 20 avril, de St Constant, 8 décembre ; N.-D. de Mars ; 11 juin. Ils ont permis de pactiser (permission de payer à termes) et c'est pourquoi on indique les dates où la bourse est moins dégarnie, — vers 1760.

Signalons-y le château de La Vayssette, habité, le 4 septembre 1743, par les de Brossinhac de St-Mamet et leur mère, veuve Toinette de Delpuech ; — le repaire de Montussac, 1554, à noble Jean de Montussac ; — le village seigneurial de la Vabre, 1781, puisqu'il avait un « ordinaire » — le fief de Laborie, etc., — enfin les lieux suivants portant des noms de saints : le terroir de *St-Félix*, près Las Crotz, 1634, où le commandeur avait des rentes à la mesure de Figeac, autre preuve de l'influence ici de notre abbaye ; et le mansus (ailleurs village, 1785) de *Sancta Maria*, 1500, confrontatus cum mansis del Perier et dal Tayssonier. Ce dernier mot (taisson, blaireau), comme La Vabre (chêne), accuse les bois.

8° *Assier*, de Assiero, en latin, membre de commanderie dont dépendait le vicaire perpétuel de St-Pierre d'Assier à la nomination de Malte. Décimateur v. 1760, le curé et l'obituaire, et le duc d'Uzès pour 2/3. Ce dernier relevait du roi et y avait 4500 livres de revenu. 115 feux. 800 habitans ; 400 bêtes à laine. Bon causse. Froment, chanvre, beaucoup de bois, fourrage en abondance, excédant les besoins. Il y a cadastre de 1684 ; foires en may et juin pour brebis ; décembre pour cochons. Le taillable (impôt royal) s'étend plus loin que le dimaire (impôt curial) de la paroisse, soit, sur Issepts. Le dimaire comprend cependant des terres de Sounac. On y dîme le bled d'hiver, les agneaux et laine, mais non les menus grains ni le chanvre et le foin ; 700 communians.

A une date qui se place probablement en 1540, Jacques dit *Galiot* (pour Jacquillot) de Ginouliac, (papiers Greil) chevalier de l'ordre du roi, grand escuier et maitre de l'artillerie de France, seigneur d'Acier (1), Grèzes, Ginoulhiac, Reliaguet, Lunegarde, Baussac, donne au roi le dénombrement de la terre d'Ascier et de La Garnie (St-Médard, près Issepts), toutes 2 relevant à homage de l'abbé de Figeac, à la charge par le nommant de fere garnir à ses despans ung homme armé et monté à cheval soufflzament pour aller en cas de nécessité pour le dit s^r abbé en la guerre ou exercice du roy, etc.

Item plus il nomme le *prieuré de Peyro*, joignent au dit Assier, que consiste en domaine acquis de l'abbé et chapitre de N. D. Daulbedon, ordre de G^d Mont (G^d mont en H^t Limousin).

Item etc., les autres seigneuries de Livernon, du Bourg, en pariage avec le prieur du dit, dépendant d'Aurillac ; de Grèzes,

---

(1) On sait le vieux dicton, par nous remanié :
« A seigneur d'acier, cheval de paille, cheval **de bataille !**
» Nourri de poussier, vêtu de ferraille. »

etc., avec les herbages de Lugosso et Fargues (Le Ligoussou, c^{ne} de Grèzes).

Le 18 septembre 1788, monseigneur F^{ois} Emmanuel, duc d'Uzès, cédait à titre d'inféodation noble à messire J^n Gabriel Murat, seigneur de Montay, conseiller du roy en la cour des aides de Montpellier, habitant d'Assier, le dit fief d'Assier, consistant 1° en la *tour* ronde appelée *de l'épée* (La tour de Moïse était au nord du château). 2° le domaine noble du Bousquet. 3° des parcelles près la tour de Maroc (Assier) et le Vialan. 4° le pré noble de Seyroles. 5° la terre de St-Quintain, etc.

28 décembre 1672, l'évêque confirme à M° Jacques de Murat s^r de Montay, conseiller au présidial de Caors, la jouissance de sa chapelle St-Michel en l'église d'Assier. (Titres authentiques à nous communiqués par la famille Murat).

9° *Feycelles*. Dépend de l'abbé de Figeac qui nomme le curé et lui donne 1/3 des dîmes. 80 feux. Mme de Vignolles en est dame et jouit de 1500 liv. de revenu y compris Frontenat, en 1699. (1636 Marguerite de Balaguier, dame de Montsallés, Ambairac, Faicelles, etc.)

10° *Caniac*. Ecclesia S. Martini de Caniaco, ailleurs de Cannihaco, ad présent. abbatis Marsiliaci. M. Longnon a mal lu et identifié à faux avec Banhac, patron St Pierre 1616. — En 1699 Canhiat rapportait 2500 liv. au duc d'Uzès, son seigneur, et relevait du roi. Le chapitre de Marcillac sur le Célé dîmait et avait la nomination du curé. Le prieuré avait été uni à sa mense. 100 feux ; 4 notaires ; 1 sergent (huissier) royal.

Vers 1775, « il y a une verrerie qui a cessé faute de bois. 800 hab. 6 foires. 130 chevaux. On élève des poulins d'espèce pas belle. 120 bêtes à corne ; 2200 bêtes à laine. Il y avait une chapelle de la Becado avec vicairie chaque samedi, à patronage laïque. »

11° *La Bastide du Haut mont*, eccl. B. Mariæ Bastidæ del Mon, ad present. abb. Marsiliaci ; ailleurs dal Mon, pro alto Monte, et dépendant de l'abbaye de Maurs (Cantal), de Mauris, de Maurcio. Cette dernière version est seule vraie, car en 1760 Maurs avait la haute justice (droit de pendre etc, *jus gladii*) sur La Bastide du Haut Mont. De même en remontant en 1699. l'abbé de Maurs en est seigneur et y prend 200 liv.; plus chaque 11ᵉ gerbe est à lui, et il nomme le curé. 80 feux. Autres seigneurs en la paroisse : le cᵗᵉ de Clermont pour 200 livres de rentes et le sʳ de Naucases pour 100. — En 1664, honorable Benoît Renac, bourgeois, demeurait en son bouriage de Baires ; remplacé dès 1682, dans ce même hameau de Barres par Guilᵐᵉ de Renac, sieur de Grouvezet. — Petite communauté, mauvais pays quoique un peu amélioré depuis quelque temps par le travail assidu des habitants. (XVIIIᵉ s.) Seigle, bled noir. Ni chataignes, ni vin ; mauvais pacage. 150 comuniants. La dime, 400 liv.

12° Balaguier.

13° *Carayac*, sous le vocable de St-Etienne. Cette cure était tenue, le 2 octobre 1791, par Jean-Jacques Segui, originaire de Bullac (Boussac), ci devant vicaire du Vigan, élu intrus le 21 septembre, puis soi-disant institué par Mʳ d'Anglars, évêque constitutionnel, selon une pièce signée Plantade, 1ᵉʳ vicaire épiscopal, le 30 septembre (Titres de la mairie de Carayac).

Le 20 juillet 1326, cette église fut unie, dit Mʳ Lacabane, au couvent d'Espagnac, pour remédier à la pénurie de ces dames.

En 1671 Guilᵐᵉ Espinasse, prêtre recteur de Carayac, résigna à Mᵉ Alexandre Destroa, diacre, neveu de Gabriel Destroa, prêtre et chanoine de St-Sauveur de F. — Le 21 avril 1725, Mʳ Mᵉ Raymond Day, de Figeac, prêtre, était prieur de Carayac et en 1752, Pʳᵉ Day en est dit prieur-curé. On y comptait, vers 1760, 28 familles et 240 habitants.

14° Ste-Eulalie d'Espagnac, à la présentation de la prieure d'Espagnac.

15° St-Barthélemy de Théminettes, avec son annexe de St-Martial de Rudelle.

16° Et sans autres détails, pour faire court, l'église de la Bastide St-Etienne de Soyris (Baptiste de Segris, en latin) avec son annexe de la Bastide Ste-Catherine de Fortanier.

18° St-Laurent de Corn.

19° N.-D. de la Capelle *dans* Figeac, prieuré.

20° L'église St-Julien de Lunegarde, à la présentation de l'abbé de Marcillac. — Il est désolant de ne pouvoir ici ouvrir une parenthèse, ne fût-ce que pour mentionner la concession, au 2 octobre 1442, par noble Ramond Bernard de Gaulejac, seigneur de Lunegarde, de franchises à ce bourg, semblables à celles de La Bastide et de Reilhac. M. l'abbé Ayroles, un digne et modeste érudit, de St-Céré, nous a donné connaissance de ce fait, et conserve, avec beaucoup d'autres titres précieux d'histoire provinciale qu'il a sauvés du déluge, c'est-à-dire du feu des cuisinières, du balai, du chiffonnier et du pilon, et pis encore du mépris des sots, une copie entière de ces curieux privilèges latins.

21° St-Martin de Lunan.

22° St-Etienne de Sonac, à la présentation de la prieure des Maltaises de l'Hôpital-Beaulieu.

23° N.-D. de La Batude, dépendant de Fons.

24° Marcillac et les divers offices de cette abbaye.

25° St-Georges de Linac, à la présentation du chapitre d'Aurillac.

26° St-Jean de Boussac.

27° St-Thomas, *dans* Figeac.

28° St-Martin, *idem*.

29° Le prieuré-cure de St-Vincent de Felzins, avec son annexe Ste-Madeleine de Guirande, de *Anguirando*, à la jonction en effet de plusieurs ruisselets ; car notre s^{te} baignée de larmes, qui dût ici remplacer une nymphe, semble avoir eu le patronage de bien des lieux marécageux et fort trempés de sources, sans insister sur nos conjectures dont les preuves nous mèneraient hors du sujet. Ad collationem episcopi.

30° St-Hilaire de Relhiac.

31° St-Simond (Sti-Sigismundi).

32° N.-D. de Prendeignes.

33° St-Saturnin de Camburat, à la collation de l'évêque.

33° St-Sernin de Brengues, à laquelle l'abbé de Marcillac présentait.

34° St-Méard près Figeac (c^{ne} d'Issepts).

35° La cure de St-Cirgues, qui dépend de St-Géraud d'Aurillac et vaut 700 livres, d'après un pouillé de cette abbaye, d'environ 1753, qui nous a été communiqué en mai dernier par M. le baron Delzons, conseiller de préfecture à Aurillac. Le prieuré de St-Cirgues était un des membres unis à l'abbaye. Titulaire, M. Thuillier, *(teulière)* de Figeac, pourvu par résignation.

36° St-Michel de Mont-Redon, avec l'annexe N.-D. de Postans, à la présentation du prieur de Montredon.

37° L'église St-Martin d'Anglars.

38° St-Pierre de La Capelle-Banhiac. Cure dépendant du susdit St-Géraud, et valant 1000 livres au moins; titulaire M. Vayrou, v. 1753, par résignation de son frère, en sa faveur. Titulaire actuel, M. Souquières, pourvu par l'abbé de Maurs. Cette cure était donc en contestation entre ces deux abbés.

39° Le prieuré-cure de St-Georges-lès-Figeac avec l'annexe de St-Dyonisii, erreur pour Daonis, St-Dau, c^{ne} de Figeac.

40° 41° Fons, prieuré — et Figeac, abbaye.

42° St-Sernin du Bourg, « prieuré que M. de Barral, abbé d'Aurillac, a conféré à M. de la Bastie son frère, actuellement abbé de St-Géraud et évesque de Troyes. Il est affermé, charges paiées 1500 liv. Le titulaire actuel, l'abbé Leblond, clerc du diocèse de Venise, a résigné à l'abbé Leblond, son neveu, demeurant à St-Sulpice. »

43° La vicairie perpétuelle N.-D. de la Capelle, à Figeac.

44° St-Denis-lès-Lissac et son annexe Ste-Geneviève de Lissac.

45° St-Julien du Montet, en laquelle paroisse demeurait, le 6 janvier 1724, noble P^{re} J^n de Fauverges, seigneur de Siran, en son château dudit Siran.

46° St-Perdoux.

47° St-Pierre de Fourmagnac.

48° St-Martial de Mialet, dépendant du prieuré de Fons et qui temporellement fut aux de Gascq (Philippe), 1639, vassaux des Cardaillac.

49° Sti-Hilarii d'Estialone, à la présentation de l'abbé de Maurs. C'est aujourd'hui St-Hilaire-les-Bessonies.

50° St-Etienne de Vic, où les Lentilhac fondèrent un couvent de filles à propos desquelles nous voudrions pouvoir donner par analyse une enquête intéressante sur ce patronage et le mode de nomination de la supérieure de ces nobles filles.

52° Prioratus-curatus S. Crucis cum annexa Sti-Bruxii, (de St-Bressou) à la collation de l'évêque de Cahors.

53° La vicairie perpétuelle St-André de Fons.

54° Celle de St-J^n-Baptiste de Capdenac, dépendant du prieur de Capdenac, qui à son tour était membre du susdit St-Géraud, et donnait 1000 liv. de revenus. Titulaire Jean-Paul de Gua, prêtre du diocèse de Carcassonne, résidant à Paris, v. 1753.

55° N.-D. de Livinhac, (auj. Livinhac-le-Bas, petite paroisse en la c^{ne} de St-Julien d'Ampare Aveyron).

56° 57° La vicairie perpétuelle de St-Jean, *dans* Marcilhac, et la cure de St-Sulpice, toutes deux à la présentation de l'abbé de Marcilhac.

58° La cure St-Laurent de Reyrevignes, de veteribus vineis (probablement pour arrière-vignes ou dernières vignes, retro vineis) dépendant de Fons.

59° St-Gilles de Quissac, ad collat. episcopi.

60° St-Laurent d'Issepts.

61° St-Jean-de-Mirabel (belle vue en effet) ou lou frech, très venteux, par le fait ; à présentation de l'abbé de Ste-Foi de Conques.

62° St-Pierre de Planioles.

63° Ecclesia S. Joannis de S. Columba cum annexa S. Africæ, collateur, l'évêque. Ste-Frie est maintenant un simple village de Ste-Colombe. En 1746, Alexis Latapie était prieur de Ste-Colombe, qui, en 1785, est qualifié prieuré-cure — dîmé, en 1699, par l'abbé de Maurs qui y nommait.

« Le 6e may 1670, à Figeac, par devant Ramond Cérède, n^{re} royal, Me J^n de Benaven, ageant de messire Jacques de Guasquet de Paramelle, seigneur *dudit*, (c'est-à-dire, de cet ancien castel baronial de Paramelle presque rasé qui ne dresse plus qu'un pan de donjon sur le pittoresque ravin de St-Cirgues), et seigneur de Ste-Colombe (pour laquelle terre il relevait du roi) a exposé que ledit seigneur, depuis le décès de feu noble Etienne de Guasquet, son père, a payé annuellement à MM. les consulz de Figeac, ou aux questeurs des pauvres d'icelle ville, 66 livres, 13 soulz, 8 deniers, pour les léguats faits par feu Etienne de Paramelle aux pauvres de Ste-Colombe et de *ses autres paroisses* (où il avait des biens), etc. Dès 1746, on y trouve Me Jean Mage, notaire, dont les descendants fixés aujourd'hui principalement à Figeac, ont encore des propriétés importantes au lieu d'origine.

64° St-Etienne de Béduer.

65° St-Pierre d'Haute-rive, *alias*, autrement dit de Béduer, prieuré-cure, dont le titulaire est ailleurs désigné ainsi : le prieur recteur de St-Pierre de la h^{te} paroisse, aliàs *de venis*... En 1772, on trouve Mathieu de Bramaric d'Hte-Rive. Rionac-le-Haut fut un fief noble.

66° St-Martin (ailleurs St-Maurice) de Cambes.

67° St-Laurent de Blars, congruiste dépendant de l'abbé de Marcilhac.

68° St-Felicis de Felzins ; on veut dire St-Félix *près* Felzins.

69° La cure N.-D. de Gréalou, dépendant de Cahors, comptant 70 feux (taillables) en 1699, dîmée par le curé ; ayant pour seigneur le s^r de Lentillac qui était hommager du roi et en tirait 2000 livres, y compris Ste-Neboule.

70° Ste-Apollonie ou Ste-Marie de Ginouliac, à la présentation de la prieure d'Espagnac. C'est un village d'Espédaillac. Le mémoire fiscal de 1699, l'appelle Ginolhac-del-Bos, et lui donne pour seigneur le duc d'Uzès à qui ce lieu vaut 1000 livres, relevant du roi. « Il y a seulement un feu gay : la maison du duc. Décimateurs : l'abbesse d'Espagnac pour 2/3 et le curé 1/3.

71° St-Meard de Nicorbi, dépendant de Maurs. Il est dit prieuré-cnre en 1789. Nous avons relevé, au 4 juillet 1676 noble Philippe de Boissieux, s^r de Nicorbi, habitant de St-Cirq-la-Popie. Il y avait sur ce territoire le château de Laborie, appartenant, 7 mars 1694, à Dlle Hélix (Élise) de Fauverges, *famme* à noble Paul de Verniol, sieur de La Borie. Comme cette expression femme à un tel, (nos paysannes disent encore *nouostr'hommé*, etc.) peint bien l'union, de même que les termes anciens *relicte*, *délaissée* pour veuve, et quantité d'autres mots charmants exprimant un tout autre état de mœurs que le nôtre ! Nicourby, en latin, *de nido corvino*. Les corbeaux abondent, en effet, dans ces bois.

72° N.-D. et Ste-Cécile de Sénalhac, près La Tronquière, ayant dépendu de Moissac et de Figeac. Actuellement on n'y fait point de fête votive ; Ste Cécile en est la patronne. St Roch est patron secondaire. L'église contient les chapelles *N.-D.* et *St-Joseph*. Un hameau de 3 habitants porte le nom de la Madeleine.

Le 16ᵉ juin 1664, Mᵉ Guion (Guy) Pʳᵉ Boneville, *prêtre* (car il aurait pu être religieux et desservant, comme jadis) docteur en S*t*e théologie (Tulle avait de même en sa banlieue le domaine monacal appelé de S*t*e leçon, où les pères allaient dire leurs heures), commandeur (directeur) de l'hospital de Figeac, recteur de l'église parochielle Ste-Cécilye de Sénalhiac et de Reyrevinhies.

73° Éclesia de Sabadelo-prope-Figeacum, dépendant de Figeac ; car en 1711, l'abbé nommait à cette cure St Martial, Mathieu Pomel, prêtre. Le 4 novembre 1748, Mᵉ Jⁿ Mage, avocat, habitait La Borie : et avait en 1739 les fiefs 1° d'Alsabec (La Batude), — deux noms revenant à bois, voyez Batutum, Du Cange, — 2° de Nadal (St-Maurice). Citons ici, à l'honneur de cette famille, l'arrêté du 22 vendémiaire an 7 du directoire exécutif qui destitue le citoyen Mage, agent de la cⁿᵉ de Sabadel, et ordonne son incarcération à la maison d'arrêt de Figeac. (Nous avons aussi la liste navrante des prêtres du Rouergue écroués à Figeac), pour avoir favorisé l'évasion d'un prêtre réfractaire (*Delor*) qu'une colonne mobile était venue prendre. Il se sauva par une fenêtre, en y attachant un drap de lit.

74° La cure St-Julien de Cardaillac, à la présentation du prieur du même bourg.

75° Ste-Madeleine de la Rivière, cⁿᵉ de Faycelles.

76° St-Cristophe de Viazac.

77° Le prieuré St-Martin de Sauliac avec son annexe de Ste-Croix de Liauzu, dépendant de Marcilhac qui en était encore seigneur, même temporel, l'an 1699. Le sʳ Méja, juge de Marcilhac, était à la même date seigneur de Liauzu, et cela par suite de l'aliénation de cette partie du temporel de l'abbaye sus indiquée (faite sans doute un siècle avant).

Le château de Giniès appartenait au sʳ de Souliol, qui y avait 1000 liv. de revenu. — 60 feux.

78° Le prieuré St-Pierre de Toirac (1244) avec son annexe de St-Jacques.

79° St-Pierre de Terrou.

Enfin les prieurés de Lissac, Espagnac, Meyrignac et St-Martin de Canhac, avec l'église de Fourmagnac, l'abbaye de Leyme et les 2 chapelles d'Armailly, plus celle de la Maged [..].

On voit combien était étendu l'archiprêtré de N.-D. du Puy de Figeac.

SOMMAIRE : § 1ᵉʳ Prieurs ou curés et vicaires. § 2ᵒ Obituaires. § 3ᵉ Confréries. § 4ᵉ Chapellenies. § 5ᵒ Topographie de la paroisse. § 6ᵉ Séminaire.

§ 1ᵉʳ *Prieurs de N.-D. du Puy*, en nous bornant à quelques noms. — 1666. Fᵒⁱˢ Belet, recteur du Puy. — De 1671 au moins, jusqu'en 1699 au moins, chéry (dans le Christ) et honoré Mʳ messire Anthoine de Laborie, docteur en sᵗᵒ théologie, prêtre et prieur de N.-D. du Puy. Un acte du 5ᵉ juin 1683 nous apprend qu'il était fils de défunte dˡˡᵉ de Sages (particule alors souvent donnée aux femmes, même de laboureurs, par galanterie du notaire), laquelle avait une métairie à La Rivière (Chanteix, Corrèze). Il avait pour frère Alexandre de Laborie, seigneur de Murel, près Martel, conseiller à la cour des aides de Montauban.

Jean Théron, dʳ en théol., ancien curé de Siran, est dit dans une minute du 8 janvier 1724 de l'étude de Mᵉ Mauran, nʳᵉ à Meyrignac-Lentour, héritier de Jacques Théron, dʳ en théol., archiprêtre de Figeac et Molières son annexe. — Messire Molinier était ici prieur-curé dès 1753, et encore au 19 avril 1773. — Mathieu Froment dès 1778 au moins, jusqu'au 3 mars 1791 au moins. — Mais dès le 31 octobre 1791 nous voyons apparaître le citoyen Calmels curé, encore soi-disant curé au 17 septembre 1792, du temps de l'évêque intrus *J. Danglars episcopus divisionis Oldi*, dont nous avons sous les yeux les armes et la signature, ailleurs francisée évêque *du département du Lot*, ayant le citoyen Dunoyer pour vicaire épiscopal. *Oldi* est une forme mal vieillie et mal latinisée de notre vieux fleuve celtique Oltis, Lot, l'Olt.

Quelques *vicaires* maintenant : Pʳᵉ Rouget 1696-1698; Fᵒⁱˢ Brassac 1701; Jⁿ Grangé 1705; Causse 1770; Allanche 1775; Bresson 1786. — *Sacristains* : 1711 Bories. Nous avons bien noté en 1517 « Stephano Yffernet, tintinerio à Figeac, mais ce dût être un fabricant de ces charmantes clochettes à mouton, plutôt qu'un carillonneur.

Le 7 may 1791, Pʳᵉ Paul Delshens, officier municipal et Jⁿ Jʰ

La Flèche, procureur de la c^{ne}, firent l'inventaire des ornemens, vases sacrés etc. et trouvent en la sacristie : 2 calices avec patènes, 1 g^d ostensoir, 2 ciboires, 1 g^d, un p^t ; la croix pour les processions, 2 p^{tes} croix pour les offrandes, 1 encensoir, un cul de lampe, le tout en argent.

Chasubles : 6 en damas; 4 en satin; 2 en taffetas ; 1 noire, de soye ; 1 noire, de voile.

Dalmatiques : 3 en satin ; 3 de damas ; 2 en calemandre noire. 1 *pluvial* de damas violet; rochet en satin cramoisi, galon en argent, et 6 autres en damas, laine ou soye ; 6 aubes, 1 écharpe, 2 voiles, 10 amicts, 82 purificatoires ; l'étole pastorale à 2 faces satin broché en argent et damas violet garni de galon et frange en argent fin. (Nous voudrions pouvoir donner *in extenso* cet inventaire).

19 vieux registres antérieurs à 1668 et 12 de 1668 à 1784. 2 vieilles pièces de tapisserie. — 5 vieilles *n'apes* (sic) appartenant à la *chapelle souterraine*, ainsi que divers objets aussi décrits.

Une autre pièce donne le poids en argent des vases sacrés et cremière ci-dessus, 13 février 1793, et cela pour le pillage général qui en fut fait à Figeac, par ordre maçonnique. Nous avons de plus le récépissé signé Loubet, directeur de la monnaie de Toulouse, délivré à Jalenques, 14 mars 1793, de 309 marcs 2 onces 3 deniers, plus une croix d'or, poids des pièces d'argenterie de diverses églises ici détaillées du district de Figeac.

§ 2º. *Obituaires*. — En outre de ses vicaires, le prieur curé était puissamment assisté pour le ministère paroissial par ses prêtres communalistes ou obituaires. C'est ainsi que dès le 25 mars 1465 Antoine Gisbert, de La Fargue (Camburac), de mandato nobilis Gaillardy de Asserio (d'Assier) domicelli habitatoris de Cardaillaco, oraculo unius vocis ibidem sibi facto, reconnaît et confesse tenir en perpétuelle pagésie de discrets hommes messires les prêtres des obits, de l'église de la bienheureuse Marie du Puy de Figeac, représentés par Gerald Deguo et Barthelemy Laurens, prêtres et préchantans les dits obits, le manse de La Broue (Camburac) etc. En 1559 les prêtres du Puy (obituaires) Antoine Baldic et J^n Ardenne ont des rentes affectées à ces messes, en fondalité, sur Poutisse, Bressol, des maisons ou pièces de terre au f^g du Pin. Leur sindic : Guy Bardolin a la directe, comme tel, sur Puy de Cort (St-Dau) et sur Marsal etc. En 1765 ils en ont sur le tènement du Fau, vers Camburat. On les désigne sous l'épithète de prêtres du Puy : « 1678-79. L. Redon, prêtre du Puy. » L. Caniac. — 1754. Rouzet et Vaissié, etc.

§ 3e. *Confréries du Puy.* — 1° Vers 1469, Gérald de l'Hospital et Gérald Dupuy, baillis et confrères Corporis. — Dite aussi du Corps 1469 (du Christ); del cor de Dieu 1559.

2° De sant Jacme dal Puech 1469 — ayant chapellenie 1559; persistant comme confrérie d'hommes 1559, 1617, 1700. — Le 17e aoust 1700, sieur Jacques Maurel, marchand fermier (donc sous-fermier) du s^r Salsy de la Daurande en (thl?) aussy fermier du droit des marques des chapeaux des eslections de Figeac et Caors, délaisse pour 3 ans et 4 mois et 1/2, aux sieurs J^n Cantarel et Nadal Cabriés m^{ds} chapeliers et baillis de la frérie monseigneur St-Jacques, faisans tant pour eux que pour les autres chapeliers de Figeac, le droit (d'impôt royal perçu lors de l'apposition) des marques de tous les chapeaux de laine quy seront fabriqués par eux ou leurs garsons durans 3 ans 4 mois 1/2, concistant ledit droit à 2 sols 6 deniers pour chescun chapeau. Le prix de ferme est de 245 livres par an.

Le 1er septembre 1694, P^{re} Ayraud, notaire apostolique de la ville et diocèse de Caors (c'est-à-dire préposé à la réception des actes ecclésiastiques) se déclare requis d'avoir à se transporter à Figeac pour mettre F^{ois} Born, curé de St-Martin de Figeac, en possession de son office de chapelain de la confrérie St-Jacques en l'église du Puy, auquel les bailles d'icelle doivent le nommer.

Au 3 mars 1789, les 14 maîtres chapeliers de Figeac (nous regrettons de ne pouvoir donner l'acte intégral) composant la corporation ou confrérie St-Jacques, convoqués en l'hôtel de ville par le lieutenant général, nomment F^{ois} Salgues, l'un d'eux, pour concourir à la rédaction de leur cayer et doléances, ainsi qu'à l'élection des députés chargés de porter ce cayer à l'assemblée qui sera tenue par le juge mage lieut¹ général, le 11 mars.

3° La cofreyria St-Nycolau del Puech. 1559.

4° Celle de Nostra Dona dal Puech, en 1559.

5° Celle de St-Miquel 1559.

6° De St-Joseph 1789 pour les *maîtres* menuisiers au nombre de 8, et les 4 m^{es} maçons ; 3 tourneurs ; 7 charpentiers ; 1 potier de terre, 1 sabotier et 2 tuiliers, assemblés pour leurs doléances comme dessus. On voit que la liberté, le vote et les remontrances ne sont pas nouveaux chez nous. Nous aimerions à donner les noms de ces artisans, persuadé que leurs métiers sont pour la plupart tenus encore par leurs descendants. Elle avait aussi des confréresses.

4° De sanct Estropy del Puech 1559, bien dotée ainsi que les précédentes.

5° De St-Crépin dès 1559. Nous avons du 3 mars 1789 semblable délibération de ces confrères, en tout 17 m^{es} cordonniers, qui, ainsi groupés en corporation, se sentent les coudes, traitent de leurs intérêts gravement et avec poids, sans calembour, expriment enfin librement leurs vœux, le tranchet à la main, sans perdre haleine... ni se mettre enpeine de discourir *ultra crepidam*.

La confrérie du St-Sacrement, comprenant hommes et femmes 1697 et 1741, et faisant sans doute double emploi avec notre n° 1er.

7° Celle des pénitents bleus, existant en 1697. Voyez la plaquette de M. l'abbé Bonaventure Massabie, curé actuel du Puy, sur cette pieuse et ancienne association encore florissante, quoiqu'elle n'ait plus comme autrefois des familles de tout rang parmi ses membres.

Citons quelques autres œuvres de cette église si importante, et où nous trouvons en 1559 l'*autar magne* de N.-D. 1559 (le g^d autel) ; la chapelle de la présentation 1692. — *Lo plat de la roda* (bassin qu'on faisait courir pour tenir allumée une roue de cire) et *lo plat de espregatori* (du purgatoire) 1559 ; les cimetières des *anges*, où un enfant de 5 ans trouva place en 1742 : de St-Céré 1559, etc.

Le 28 avril 1543, d'après un acte patois, un habitant del mas de Gobia (Prendemias) a vendu à mossen Johan Carreyro, curé dudit Prendeignes, una pessa de terra. (On avait raison d'écrire, étymologiquement en tout cas, *pessa* et non *pesso*, quoique la prononciation de ce temps dût être sensiblement la même qu'au nôtre, car la voyelle finale actuelle dans cabro (chèvre), cabalo (jument), ne sonne pas franchement o ; il nous manque une lettre composée *ea* pour rendre ce son, plus rapproché à la vérité de l'o que de l'a) ; setuada en las apertenensas del mas de Gobia, e un prat al fach (diminutif habituellement du manse) de la Gobia, confrontant à la beala (ruisselet, ravin) del Cung, et qui était de la fondalité *dels paures* de la gleysa de Nostra-Dama del Puech de Figeac. Reçu Cabridens, n^{re} royal de Figeac. (Étude de l'obligeant Me Lavergne, n^{ro} à St-Cirgues).

En 1692 « on fait les voûtes de l'église. » Ce ne dut être qu'un travail partiel. — Le 17 mars 1719, noble F^{ois} de Lostanges de Felsins teste « et veut son corps estre apporté et inumé dans l'égl. N.-D. du Pui. — Le 26 août 1741 c'était Dlle Elizabet de Vernial, épouse de Me P^{re} Gualieu, n^{re}, habitant de Figeac, et qui y demandait sépulture ès tumbeaux de ses prédécesseurs. Elle léguait 5 liv. à la confr. du S. Sacrement à charge pour les confrères d'assister à son enterrement avec les 4 flambeaux ; plus 5 à la congrégation des femmes et 20 aux pauvres honteux ; et 5 sols (disposition qui s'explique par le droit romain) à Me Louis Vernial, prêtre, son frère.

§ 4e *Chapellenies du Puy.* — 1° de La *Geneste*, ayant existé au moins dès 1450.

2° De *Grasset*, dès 1452. Fondée par Jean Grasset, et qui ayant vaqué depuis longues années par suite de contestations entre les obituaires du Puy et le recteur de N.-D. de la chapelle de Figeac, lesquels en avaient les uns et les autres la collation et entière disposition, fut enfin réglée entre eux et soumise à leur collation alternative. Cette solution intervint le 8e janvier 1671, devant notaire, entre F^{ois} de Bellet, prêtre recteur de N.-D. de la Chapelle et les prêtres obituaires du Puy : J^n Pinquié, Bertrand Laborie, Jacq. Turalure, Nicolas Bessière, Pol de Boutaric, F^{ois} Fontanel, et Louis Redon, et Laborie, prieur du Puy.

3º *del Cor de Dieu*, 1454.

4º dite *dama sansalve* ? 1462.

5º *Del Cros* ; « Michel de Cabrespinas, prêtre à Figeac, 1469 et chapelain de cette vicairie fondée jadis par le marchand de Figeac, Jean Delcros. »

En 1461, nous la trouvons desservie par Guy Bardolin, prêtre, recteur de Planholles et dotée sur le territoire de La Fon de Francoal (paroch. S. Stephani de Bedorio).

6º de *Las Fargues*. Déjà en 1469, Etienne Perrin, prêtre, et Jacques de Bonajust, bailles et confrères de St-Jacques du Puy, ont le patronage de cette vicairie ou commission de messes fréquentes, desservie par Jean de l'Hospital, avec Barthélemy Laurens pour co-chapelain, 1469. Elle avait été jadis fondée par le sr Jn Las Fargues, et on la desservait alors à l'autel des SS. Pierre et Paul.

7º de *Mazières*, bien pourvue de revenus avant 1469, mentionnée en 1531. « Le 25e mars 1677, Mr Me Guilheaume Gari, prêtre de Figeac, vicaire de Cambayrac, ayant reçu provision d'icelle par l'illustrissime et révérendissime évesque baron et conte de Cahors, le 4 may en prit possession par mandataire au devant du grand autel » du Puy, en le baizant. Les autres formalités furent l'aspersion, son de la cloche, bailh et retour des provisions ; c'est-à-dire prêt manuel et retrait du titre.

8º *De Roques*, jadis fondée par Pierre Roque, prêtre de Figeac, d'après un titre de 1469, et ayant pour chapelain à cette date, Jean Bessié, payé au moyen de rentes directes sur le Mas del Vezi (Lissac) — et sur le tènement de Costerousse où soulait avoir le village (détruit) de ce nom confrontant au ruisseau de Bourlande et au chemin du Cassan à Viazac, 1711. Pierre de Cumbes, chapelain 1578, en même temps *commandeur* del Gresel. Elle fut confisquée de ses biens en 1791.

9º *Del Port de Combes*, 1679 ; et remontant à environ 1430, car un acte de 1479 porte : *domno Alrico del Cayro, presbytero Figiaci, capellano capellaniæ olim fondatæ per discretum magistrum Joannis (sic) Cumbas notarium regium Figiaci* et sa femme honnête Marguerite del Port, défunts, à l'autel des apôtres Pierre et Paul, dotée de rentes sur le territoire de Riols (Toyrac). — En 1679, la collation est faite par le prieur du Puy, mais contestée par le sieur Lacoste, régent et conseiller aux aides de Cahors. Elle est en la chapelle Saint-Hiérosme.

10º D'*Arguilh*. Le 10 mai 1532, en la ville *royale* (à cause du paréage du roi et de l'abbé) de Figeac, et *in operatorio* de Mᵉ Pierre Combes, bachelier ès droits, et greffier de la ville et viguerie de Figeac et de son ressort, Déodat Peyrières, de Béduer reconnait tenir en pagésie perpétuelle, de noble homme Mᵉ Guillaume Tubières, bachelier ès lois, de Figeac, et cela comme chapelain d'Arguil, une terre à Campost de Béduer, sous la rente d'une pène de froment, les quatres faisant le quarton de Figeac, etc. présent *Joanne Florenx, licenciato*. (Papiers de mesdames Lacam). 1671, Fᵒⁱˢ Rouzet, vicaire de St-Daou, y est nommé par le doyen Jⁿ Destroa et Denize de Bramaric, compatrons, avec noble Jilibert de Legibus.

11º De *St-Jacme* del Puech 1552.

12º Peut-être la même qu'au nº 11, de *Manhiac* ou del *Maniac-Goudal*, à laquelle 3 chapelliers et bailhes de la confrérie de St-Jacques, nommèrent et installèrent, 27 julhet 1748, Mʳ Mᵉ Jⁿ Laborie, prêtre, natif de Figeac et vicaire de Grèzes, en remplacement de feu Mᵉ Pierre Mercadié, prêtre et curé de La Batude.

13º D'*Anglars* sive de Massip, 1682.

14º De *La Garrigue*, fournissant, à Figeac, une maison, 1574, affectée elz cappelas de la Guarrigua. Pierre Ducros en prend possession au mᵉ autel, par démission de Jacques Turalure, 15 octobre 1694 ; dotée de biens à Etampes (Figeac).

15º En 1560, Bertrand Vaysse est titulaire de celle dite *de Meynials*, à l'autel St-Jacques. Existante 1694. Patrons : les 2 bailles de la frérie St-Jacques. Chapelain : Fᵒⁱˢ Born, successeur d'Hugues Coudé.

16º Pʳᵉ Ray est patron, 1560, de la vicairie fondée jadis à l'autel de Mauri ou Maioris (*sic*) par dame Marguerite *Del Mas*.

17º D'*Auguié*. Par testament mystique du 14 octobre 1680 ; Mᵉ Jⁿ Auguié, prêtre, prieur curé de St-Simon, fonda une chapellenie desservable en l'église N.-D. du Puy, pour laquelle il légua une chasuble blanche d'étamine et 1 calice, 1 maison etc. sise à la Valade (Faycelles) ; prescrivant qu'il y serait conféré par F^ois Auguié son frère et ses descendants mâles, et à défaut par le prieur et la communauté des prêtres du Puy et 2 consuls de Figeac.

Cette vicairie dite de St-J^n b^te et de St-J^n l'évangéliste, ou *des deux St-Jean*, était d'une messe des morts par semaine et de 4 messes. Peu avant 1780, F^ois de Born la préchantait. J^n J^h Sol, clerc tonsuré, habitant Figeac, la dispute en 1780 à Me J^n F^ois de Bons, prêtre, né le 13 septembre 1754, aumônier de l'hôpital St-Jacques de Figeac, y habitant. (Titres de l'hospice, provenant de Mmes Lacam, héritières de ce Debons, probablement le même (en tout cas son proche parent) que l'auteur des « Annales de Figeac ». Vers 1770, s^r J^n P^re Teullié, clerc tonsuré, né en 1749, fils baptismal de l'église du Puy, sollicite cette vicairie auprès du prieur du Puy.

18° De *La Fabrie*, sive *d'Astorg-Jean*, 1559, 1610. — 11 aoust 1694 Me Geraud Poumarède, prêtre d'Espalion en Rouergue, aggrégé au Séminaire de Figeac, en est nommé vicaire à l'autel du St Sacrement, par les confrères dudit St Sacrement, savoir : Ant^ne de La Borie, prieur du Puy, messire P^re Blesson, receveur des tailles, prieur de la confrérie du S. Sac^t. de l'autel, messire Pierre Niel, conseiller en l'élection, sous-prieur ; F^ois Born, curé de St-Martin, sacristain et J^n Dousel, secrétaire, tous bailes et patrons.

19° *De Pomel*, 1749, 1791. Acquittée à l'autel par le s^r Maisonneuve, prieur de Vic.

20° 10 mars 1752, Mr Me Antoine Destroa, conseiller du roy et lieutenant général de police de la ville de Figeac, y habitant, patron et collateur ordinaire des chapellenies de *Jourda*, de *Lestroa* et de *La Sartre*, fondées et desserviables en l'égl. du Puy et hôtel (*sic*) St-Michel, et de celles de Las Jeunies et d'Auriac en l'égl. St-André de Fons, vacantes par décès de noble Bertrand Benoît de Colomb, curé de Beauregard, les a donné, collé et conféré à messire J^n J^h de Colomb, prêtre, curé de St-Fœlix. Acte reçu Grand, n^re r. (royal) apostolique, à Figeac. — En 1775, Mr de Colomb payait en la communauté de Figeac 25 livres, 5 sols 10 deniers d'impôt pour les chapellenies d'Auriac et de la Sartre, et 43 liv. 11 s. 9 d. pour celle de Teysseyre.

Ce n'est pas tout, car nous avons noté de plus, mais sans savoir encore à quelle église de Figeac il faut les attribuer, les vicairies suivantes :

1648, Etienne Vilhès, chapelain *del Bos*. — Géraud Lacalm en 1578.

1748. Noble J. B. Raymond de La Porte, chapelain de celle *de St-Jean*, entretenue par des rentes sur le fief de la Roumiguière (Triaulou).

La vicairie *de Cairols*, avec un domaine au Grial, au nord de Figeac. 1790.

Celle *de Conegut* vers 1791.

19 avril 1748. Marc-Antoine Gualieu, prieur de St-Affre et chapelain *de Fages*. — Connue dès 1615.

1559. Capelania de Estadieu.

1615. De *Barsen*.

Id. De la *Trinité*.

De *Dalegre*, — *Del Cayro*, — de *La broa*, et de Mr Jean Malaret — et de *Morlhio* — et de *Boyé*.

1739. Raymond Soulié, prêtre et évangélistaire de St-Sauveur, chapelain de Malaret. — 1469 Barthélemy Laurens, chapelain de celle de *Mathieu Serre*, à Figeac. — 1582. Durand del Caner ? titulaire de celle *d'Arnal*, établie avant 1468 par Guilhen Arnal. — Vicairies en outre : d'el Bruel 1695.

D'Armand Lafon 1562 — du milieu del casco.

1452. — De La *Jouenia* 1451, fondée jadis par Jacques jeune (sic), de Fons, avec rentes vers Planholles. — De *Malby*, 1644, desservie par Jean Bruel. — De Ferrié 1610 ou Perié ? 1779.

Un terrier communal de 1559 révèle celles de monsen (M^r) Peyre *Tornamyra* ; de Mr Jean *Descols* ; de la *Guiliaumia* ; de la *Darsa* ; del *Rastel* ; de la *Trelha* ; de Matieu *Savy* ; de *Prayssac* ; de *Brenguié* (racine *Béranger*, nom fréquent ici autrefois) ; de la *Moulhière* 1686.

En 1612, les vicairies de *Lesparre* sive (ou) de *Gary*, ou de Seguié ; de Bernard *La Gleye* ; de *Frontenac* ; de *Peuchimé* ; de *Trioulou* ; de *Braze* dès 1580 ; de Cartié 1559.

En 1559, de *Guamar* ; de Johana *Bastida* ; de al *Bruguié* ; de St-*Bibia* (Vivien) ; de *Griallo* ; de Mondeba *Lafon* ; de An-

glares; de la *Combrada*; de Mᵉ Jean *las Fargas*, dite de *St-Jacques*.

En 1610 de Mᵉ Etienne de *Lom*; de *Cramaric*; de *Cinq Albres*; d'*Albussac*; de Garatia ou *Baratia*.

Vers 1559 et 1679 d'*Issolié*; d'à *Vialars* 1454; de l'*Ort* 1779; de *Grava*, vers 1540; de Dorde Coviolz 1610; de *Vidailhac* 1790; Bernard de Vic presbitero officianti cappellaniam olim relictam et institutam, est-il dit en une pièce du 10 avril 1335, per Ramundum de *Lospital*, burgensem Figiaci ; 1553 de Guirauda de *Lospital*.

1610. Celles de *Rouzières*; *Salinié, Tréganhou*, de *Bras*; Bernard *Monbrun*; de *Morgues*; de la *Belia*.

Et enfin, vers 1760, de Gaspard *Jamme*.

Nous avons tenu à être ici aussi complet que possible pour donner une idée de l'extrême souci qui hantait nos pères de se libérer par là de l'affreux purgatoire, trop oublié de nos jours. Et que d'absoutes prescrites sur le *corps même*; de vèpres ou litanies fondées; d'affiliations *in extremis* aux ordres religieux ! Ce chapelet de services funèbres que nous venons d'égrener longuement pourra sembler peu intéressant, surtout pour les lecteurs étrangers à la région de Figeac; mais il a la valeur d'un document historique et nous fournit à tous un haut enseignement.

§ 5° *Topographie de la paroisse*. — Elle comprenait en ville notamment la rue Cavialle, en outre des abords de l'église.

Dans la banlieue, c'étaient, les villages de la Baladie, en 1671 ; — la Baratye ; — le domaine de Batalié, 1745 ; — le tènement d'el Bournazel, dépendant de Caussanil ;

Les villages de Calumel 1600 ; — de Caubinet 1741 ; — de la Curie, dont le *repaire* (castel) appartenait, l'an 2, à Bernard Laval, cultivateur.

De La Déganie 1718, avec ses terroirs de la Peyrade, Vignes Grandes; Leyge, naturellement près du Cellé. — Dourne ; — de Dournet, 1748, près Roussilhie ; — de Fages.

De Las Pairounios, où M. Vaissié a une métairie, 25 août 1763. — De Pannefé (*vole-foin*; sujet aux maraudeurs de la ville) 1671 ; Panafé 1789. Dès 1689, Jean Descamps, marchand, y habitait. — La Pergue 1750, au moins ; — El Poutier 1682; — de Potysse, provenant de *potare, impotarc*, (terrains à plants greffés, taillés).

Les villages encore de La Roussilhe (petite roche) 1515, comprenant 1745 un domaine du s' Cabridens (*dent de chèvre*, un sobriquet d'abord tiré d'une particularité physique, puis devenu un nom, même assez repandu naguère encore comme l'attestent les inscriptions funèbres de notre cimetière. — La Rouzieres (revenant à marais, *rauze*; notre *chemin des roses*, ne devant en rien, lui aussi, cette poétique appellation, à ses odorantes bordures d'églantiers, mais à son assiette fort souvent bourbeuse.

Citons encore Tombebiau 1718 (*tombe-bœuf)*, c'est le vulgaire, la masse des gens qui crée les noms et les accomode à son humeur, à ses craintes ou ses espérances; exemples : Soupe-tard, Passe-vite, Prends-te-garde, Piale-pinson, Trugodina (où le dîner tarde à venir, etc.). — La Vayssière 1745, sol productif en baies ; — le hameau du Vignoble-de-Tombebieau, etc.

§ 6°. *Le Séminaire.* — Recourons encore à notre procédé rigoureux, un peu sec, si l'on veut, mais sûr, du pied à pied et du pouce à pouce en histoire, c'est-à-dire à la reconstitution des faits locaux par voie de titres authentiques, laissant à d'autres le soin de se complaire en grandes phrases et d'embellir d'une brillante broderie, leur imagination aidant, le trop souple tissu de leurs récits *personnels,* offerts béatement au public moderne si sceptique cependant.

« L'an 1690 et le 1ᵉʳ mars, dans le Séminaire de Figeac (fondé le 23 novembre 1670 (papiers de M. Greil), étant assemblés en corps de communauté, Mʳˢ Mᵉˢ Antoine de Laborie, prieur de N.-D. du Puy et supérieur dudit Séminaire, Antoine Nevolhy, prêtre curé de St-George ; Exupère de Blanchefort, prieur de N.-D. de la Capelle ; Géraud Pomarède, prêtre et directeur du Séminaire, faisant la plus grande et saine partie de la communauté du Séminaire, les autres absents, a été proposé par le supérieur que Mᵉ Jⁿ Ramond, natif de la ville de Caylux-de-Bonette, en Quercy, résident audit Séminaire depuis longtemps, a fait connoitre qu'il désiroit de tout son cœur d'être receu dans la présente communauté du Séminaire où il s'est comporté avec édification, et qu'il est présentement en aage compétant pour être promeu aux ordres sacrés, et que pour cet effet il luy est besoin d'un titre clérical de revenu annuel de 100 livres, conformément aux constitutions de l'église, les biens de ses parents n'étant suffisants... »

Bref, la communauté lui constitue ce titre qu'elle assigne sur la somme de 800 liv. que M^{rs} les consuls de Figeac payent annuellement au Séminaire pour les gages des régents du collége des études de la présente ville, à la charge par Ramond d'être régent à telles classes ou faire les fonctions ou exercices que la dite communauté trouvera à propos.

A quoy Ramond se soumet, et de vivre en la communauté conformément aux réglements et constitutions d'icelle comme il a cy devant fait. — Reçu Grand n^{re}, témoins J^n Gensac, souz diacre et P^{re} Rossignol acolythe, résidents au Séminaire.

A la même date la situation financière du Séminaire était fort précaire ; ses nombreux créanciers le menaçaient d'une saisie générale. Le susdit de Laborie avait souscrit pour cet établissement par lui cautionné, une obligation de 3000 liv. le 19 décembre 1678, au s^r de Lacoste, prêtre ; une autre de 900 liv. au 19 septembre 1689 en faveur du s^s Baduel, curé de Bournazel (Aveyron). Tout n'était pas roses encore dans cette utile pépinière de défricheurs d'âmes ! Nevolhi, sindic, autorisé par délibérations, dût même vendre alors à réméré audit prieur Laborie, créancier aussi de l'établissement pour 30,000 liv. depuis 1683, les rentes et fiefs de Mazarguil (Lauresses) consistant en 22 sestiers de seigle, etc., de rente et cela, moyennant 2500 liv.

Le Séminaire avait reçu Mazarguil de Mlle de Puymerle. Il engagea de plus au prieur sa vigne de Marsal (près Figeac), de la contenance de 200 journées à fossoyer.

Venons à une pièce plus substantielle, au testament mystique fort édifiant d'Anthoine de Laborie prieur du Puy et supérieur du sémin. du 7 décembre 1690.

« Estant dans une tres bonne sancté de corps et tres parfaite liberté d'esprit, considérant que les surprises de la mort sont fort ordinaires surtout dans ce tems dans lequel il y a beaucoup des maladies dans cette ville et qu'elles (les surprises) ne me seroint pas pardonnables à moy qui ay si souvent presché aux autres de s'en garentir, reconnoissant que je dois rendre compte à Dieu de tous les biens qu'il ma (m'a) fait tomber entre les mains, soit ecclésiastiques (les biens) ou patrimonial, et mesmes de celuy que plusieurs personnes charitables m'ont confié comme un dépost trés considérable.

» Pour cét effect, estant devant le très St Sacrement de l'autel, j'ay demandé les lumières etc..., invoqué mon bon ange, mon patron, etc... Je déclare 1° que mon inclination seroit d'estre enterré en quelque coin du cimetiere de la paroisse, mais parce que les messieurs du Sém. ont déjà fait choix de sépulture, s'ils veulent me faire la grâce de me recevoir avec eux, après ma mort comme ils m'y ont souffert pendant la vie, je les laisse en liberté de disposer de mon corps...

» Je les prie très instamment de ne manquer pas de me secourir de leurs prières, que je leur demande comme estant un plus grand pécheur qu'ils ne scauroint se figurer...

(Il demande messe durant l'année le lundy et le jeudy à l'autel privilégié, et une par jour pendant l'an...)

» Je donne à l'église de Rattiel dont j'ay esté curé 50 liv. pour estre employées à quelque chose qui soit plustost d'ornement que de nécessité ; — à l'égl. du Puy 300 liv. que MM. les marguiliés empruntèrent à M. Pugnet (son prête-nom, dont 200 ont été payées à sa décharge à M. de La Gasquie).

» Je lègue 20 livr. aux dames religieuses de Ste-Claire..., 40, à l'égl. de Nadalhac-le-Rouge à prendre sur M. Monmaur, curé de Moissac (apparemment pour Meissac (Corrèze), où habita cette famille, qui en eut coseigneurie), mon débiteur, d'une pension qu'il me payoit estant curé de Nadalhac.

» Je donne une pistole à la congrégation : des artisans — des vignerons — des femmes — des filles — des pénitens ; une pistole à chacune (10 fr.), les priant de continuer avec ferveur leurs exercices après ma mort et de prier Dieu pour moy. (Suivons-le, fût-ce à piste rompue, dans ce véridique exposé de son zélé et fructueux ministère).

» Je donne aux D^{lles} de l'école chrétiennes (*sic*) 150 liv. qui avaient esté empruntées pour la réparation de la maison où elles logent, que j'ay acquitées, et toutes les réparations que j'ay faites à très grands frais. Je leur donne aussi la maison voicine que j'ay achetée de Meric Fourgous, qui est jointe à la leur, et qui confronte du septentrion avec la maison que les d^{lles} de Fraust ont achetées de Mr Boutaric, président en l'élection, du midy avec la maison donnée aux dites d^{lles} (de l'école) par feu Me Boutaric prestre, et du couchant avec la rue qui va du Puy au Claus.

» Je veux néanmoins que si les dites d^{lles} venoint à cesser de faire les escolles, que la dite maison et les 150 fr. reviennent a mes héritiers bas nommés.

» Je prie mes parents de ne trouver pas mauvais... (ces legs, etc., et de se contenter du témoignage d'affection... Il confirme le traité avec son frère, à condition de ne rien demander à Mr Sages, auquel frère le testateur laissa 58 ou 60 écus en alant prendre possession de la cure de Busclon ? Il n'avait d'ailleurs pris ny in'erest ni capital de sa légitime...)

» Je donne à Mlle de La Borie, v^{ve} de feu Mr de Malvinie (près Creïsse ; un Lachièze plutôt qu'un de Boutières, croyons-nous) lieutenant particulier au siège de Martel, 200 liv. à prendre sur la vente future de ma maiterie, ce que je fais par des raisons de piété (*familiale*) pour Mme du Roc, (de Rouge) ma sœur, la priant de se contenter de 1000 liv. que je luy ay donné en faveur de son mariage avec M. du Roc...

» Je fais mes héritiers le séminaire de Phigeac (*sic*) de tous mes biens, a condition... de les employer à l'éducation pour l'état ecclésiastique d'autant des pauvres enfants que mes dits biens en pourront nourrir, suivant *les intentions de Mr Bonal*.

» Je déclare que les advences que j'ay faites pour les batiments, subsistenses du sém. ou pour planter la vigne et batir la maison de Marsal, montant 30,000 liv. ne proviennent pas de mon seul bien patrimonial ou ecclésiastique, mais qu'il y a de très considérables sommes qui viennent *dalieurs* (francisation strictement orthographique *d'aliorsum*), et entrautres de d^{lle} de Lagarde, de qui j'ay receu des grosses sommes avec permission de les employer (au mieux, après le sémin. bâti, à élever les ecclésiastiq. pauvres).

» Je veux que pour autant de 100 liv. de revenu de mes biens, autant de pauvres soient élevés, et que mesme s'il y a des personnes qui puissent payer demy pension, qu'on les prenne, et aplique à d'autres ce qu'on aura épargné sur celuy cy afin que le nombre de ceux qu'on élèvera dans la maison y soit plus grand. Je prie tous ceux qui seront dans l'institut de se souvenir que son esprit est d'élever des pauvres pour le service des cures de la campagne ; qu'ainsi nous devons tous entrer dans l'esprit de M*r Bonal, nostre fondateur*, qui vouloit que l'on se tint à ce qu'il y a de plus bas ; qu'on ne pensat à s'élever par les richesses ny par les fonctions éclatantes, qu'on vécut en pauvres dans le sémin. si on avoit esté pauvre avant d'y entrer. Il l'a pratiqué pendant sa vie et l'un de ses plus considérés disciples ma dit après sa mort, que nous serions perdus dès que nous deviendrions riches et scavants, et que l'institut périra dès lors.

» Je prie donc ceux qui viendront en cette maison après nous, de se tenir dans l'état que le fondateur a désiré, et que J.-C. et ses apostres ont pratiqué, c'est-à-dire dans la pauvreté et les bassesses, évitant les richesses coe (comme) le poison de l'esprit du christianisme et de l'état ecclési. et surtout des com^tés, mais plus que de toutes de la nostre ; or l'on ne deviendra jamais riche, si à mesure qu'on augmente en bien, on augmente la despense, augmentant le nombre des pauvres qu'on élèvera.

» Je prie donc non seulement M^rs les supérieurs qui seront en charge après ma mort, de tenir la main à l'exécution de cette disposition, sans l'observation de laquelle, que j'espère, j'aurois peine à donner à la maison le bien que Dieu m'a mis en main. Je prie meme Mgr de Caors d'employer son authorité (comme le vêtement des mots étant demeuré plus latin, garde plus de saveur !) pour cela, et les dits supérieurs de l'en solliciter, de quoy je charge les dits supérieurs et leur conscience autant que je puis, parce que il (Mgr) est éloigné.

» Je prie Mr Boutaric, ancien archidiacre du chapitre de St-Sauveur, d'avoir la bonté d'etre exécuteur de mon testament, sur tout pour cet article qui est le plus important de tous, l'asseurant (contraction d'asseguérant) que quoiqu'il ayt témoigné beaucoup de zele pour le sém. il luy sera plus utile par la que par les fondations qu'il a fait. Je prié aussi M^{rs} de La Coste, ancien curé de Calveyrac, et Mr Puniet, ancien curé de St-Vincent et de Parnac, qui m'ont fait la grace de s'unir à moy pour ce grand ouvrage, et qui m'y aident tous les jours très avantageusement, de se joindre à M. Boutaric pour exécuter le présent testament..., cassant tous autres s'ils ne contiennent *Kyrie eleison*...

Et parce que Mlle Marguerite de Cussonnel (famille qui eut le fief de Lalo, au nom significatif *de alodo,* c^{ne} de Cardaillac) et la Fleurette (prénom venant de Ste-Fleur) de La Caze ont consommé leur santé en m'aidant dans l'établissement des écoles, des retraittes, des congrégations (le ministère pastoral au Puy trouve aussi de nos jours de précieux auxiliaires dans un noyau de fidèles paroissiennes), je veux, qu'en reconnoissance, mes heretiers les secourent et les appuyent (mot charmant !) dans tous leurs besoins, et d'autant que je me suis chargé par le traitté fait avec l'hospital (de Figeac) d'acquitter une obligation de 50 écus consentie par feu M^r Du Cros, chanoine, et Malaville, procureur, en faveur d'Anne de Marcigny, dont la Fleurette est heretiere, pendant sa vie, je veux que le logement et 50 liv. par an soient données à Flurette, et... je luy affecte une des chambres de la maison qui m'a été baillée par la ville et que j'ay fait réparer, située devant la maison de Mlle de Puy Merle..., près la maison de Mauran.

» ...J'ai signé ce testament (en 4 pages) que j'avais commencé il y a longtemps. — Controllé à Figeac, 31 octobre 1609, signé, Vilhiés. »

Le 21 may 1691, ledit testateur, aussi en bonne santé, présenta ce testament cachetté de 10 cachets de cire d'Espagne, au notaire Pomel, en présence de J^n J^h Dumont, curé de St-Thomas, F^{ois} Born, curé de St-Martin, J^n Gaudé et P^{re} Ferrières, prêtres, F^{ois} d'*Hébrard de St-Félix,* Guillaume Dumas, diacre, P^{re} Laumon et P^{re} Fontanel, prêtres, tous résidens à Figeac.

Après décès du dit prieur Laborie, ce testament fut ouvert le 28 octobre 1692, devant les 2 mêmes curés, à la requête de Géraud Pomarède, prêtre du dit sémin., en présence de noble Joseph-Ignace de La Chèze, écuyer, seigneur de Briance (dont la famille aujourd'hui appelée *de Briance*, en effet, habite encore le château de ce nom, paroisse de Gluges), habitant de Martel, et noble Joseph François de La Gorce, lieutenant au régiment d'infanterie d'Anjou, neveux du défunt, représentant leurs mères.

Copie collationnée sur double feuille timbrée de 2 sols de la généralité de Montauban. Signée Pomel, n^{re} royal.

Le 23 avril 1676 Anthoine de Laborie, prieur du Puy et supérieur du Séminaire, et Ant. Nevolhi, prêtre et économe dudit Sém. donnent à prix fait à F^{ois} Galut et P^{re} Cassaignade, « m^{es} mascons de Figeac, scavoir est, à construire un bastiment pour la construction du Sém. qui est désia commancé despuis le commencement de novembre dernier dans le fossé de ville et entre la tour appellée de *Ste Lauze*, et une autre tour quy sert à presant de pigeonier proche la porte de la ville appellée de Momviguié, concistant ledit bastiment à faire les 4 murailles mestresses, de 4 pans despaisseur jusques à la 3e estache (étage) incluzivement, et au-dessus, de 3 pans, dans lesquelles seront faictz les jours abatus (soupiraux) pour la cave, armoires, portes, fenestres, cheminées, etc., et à bastir les voultes etc. moy^t 45 souls la cane tant plein que vide », mais matériaux fournis aux dits Galut, dont quittance de 100 liv. par anticipation. Reçu Grand, n^{re}.

Le 4 août 1694, suivant acte dressé en forme de disposition dernière, Marguerite de Cussonel de Lalo, *déclare*, en qualité d'héritière et d'exécutrice de la volonté de Jeanne de Fraust de Puymerle, (laquelle fit le 13 octobre 1692 son testament mystique scellé de ses armes : *de... au cerf passant*, et au premier, surmonté *d'un soleil accosté de 2 étoiles*, et mourut le 6 mai 1693), et attendu que M^r de La Garde, frère de Jeanne, étant embarrassé dans beaucoup d'affaires conteste ce testament,

« 1° Que l'intention de Jeanne, après quelques legs de flambeaux de cire à diverses congrégations, et un legs aux dames de miséricorde et un autre de 10 livres aux filles qui par l'ordre de Mr Laborie, prieur du Puy, ont soin des pauvres et des malades,

a été que son bien fût employé quelque peu à marier des pauvres filles en danger de se perdre.

2° Que 100 liv., sa maison et jardin, fussent donnés aux D[lles] des écoles chrétiennes de Figeac, pour le revenu les ayder à faire 6 retraites par an de femmes et filles, et les congrégations tous les dimanches et festes ; mais avec défense d'élever la maison, pour empêcher les désordres qui pourraient arriver sy de la maison on pouvait regarder sur la terrasse du Sémin.

3° Et que le surplus de son hérédité, présumé d'environ 6000 liv. fut affecté à ellever 3 jeunes gens pauvres au dit Sémin. à l'esprit et estat ecclésiastique, etc. » Reçu Grand, n[re].

Ce n'est point là le seul témoignage des admirables sentiments de cette famille, car voici, au 12e novembre 1695, noble André de Cussonel, habitant de Figeac, « lequel sachant le pieux et louable dessein que noble Marc Anthoine de C. acolithe, son fils, et de deffuncte d[lle] Anne de Lacombe, sa femme, a de se faire promouvoir aux ordres sacrés, et qu'à ces fins et pour satisfaire aux ordonnances de Mgr de Caors il luy est besoin d'un tiltre clérical du reveneu de 100 liv. net, lui donne à ce titre sa maison rue de Monfairié, lui provenant de noble Marc Anthoine de Cussonel son père, confrontant à maison des h[rs] de M[e] F[ois] Tournemyre, advocat, et de noble Henri Victor de Cardalhiac, seigneur de Seyriniac », (Lunan ; le château de Seyrignac est actuellement possédé et habité par M. Henri de Salles, gendre de M. de Gironde, et cela à titre patrimonial). Il lui donne, en outre, un pred et isle, au terroir des Prats-Jouyous, sive del Compeyré (Figeac).

Cette constitution de dot clćricale fut publiée 3 fois, sans opposition, à la messe paroissiale, ainsi que l'atteste, le 10e décembre 1695 J[n] Mathieu Sourdès, prêtre du Sémin. et vicaire du Puy. Elle fut aussi insinuée au greffe de l'official de Caors ; signé Tardieu, greffier, le 17e du même mois.

Le 22 octobre 1722, M[e] J[n] Calvel prêtre, agit comme sindic du Sémin. et y demeurant. Le supérieur en était Jean Molinier, au 23 fév. 1773, ayant pour assistant son frère F[ois] Molinier, prêtre, prieur curé du Puy, tous deux exécuteurs testamentaires de Me Géraud Campagnac, curé de Lissac, ✝ le 21 janv. 1773, **après avoir par testament d'octobre 1762 pris pour héritière « la confrairie de la Miséricorde, établie en la paroisse du Puy,** c'est-à-dire les pauvres que la dite confrairie a soin d'assister. »

Grâce à l'obligeance de M. H. L. Ser, greffier du tribunal civil de Figeac, qui, en sa qualité de membre actif de la *Société des Études du Lot*, pour l'ancienne section de Figeac, a beaucoup facilité ces recherches historiques sur notre ville, et collectionné de son côté de précieux titres sur Capdenac, nous voyons le même Jean Molinier encore en charge le 22 avril 1774.

Mrs Jean Alanche et Jean-Louis Canferan, vicaires du Puy, 31 et 35 ans, déposent moyennant serment presté, la main mise sur la poitrine, relativement au dépouillement des fonds appartenant aux pauvres de la Miséricorde, que F^{ois} Molinier ✝ le 6 avril 1774, comme prieur curé du Puy, se trouve supérieur de la Miséricorde et qu'il est ainsi détenteur des titres et argent de la ditte confrérie, et dépositaire de divers testaments comme ayant la confiance de plusieurs personnes de la ville.

Le dit jour 6 avril, Balthazard Guary, seigneur de La Gache (terre et castel, aujourd'hui en la possession de M. Louis Mage, de Lantuejoul), procureur du roi en la sénéchaussée de Figeac, et P^{re} Lagentie, conseiller au même siège, apposèrent les scellés en la chambre mortuaire au Sémin. et aussi en la maison « achettée par le défunt pour la faction des boullions des pauvres de la Miséricorde ». Nous n'avons à signaler de l'ameublement, qu'un lit *à la romaine* où est le corps, garni de serge coleur jaune ; une cheze de nuit (pour les basses œuvres évidemment) etc., laissés en la garde de M. Me Fréjaville, sindic du Sémin.

Et dans l'autre maison où se fait le dit boullion, « avons trouvé Agnès Rayssac et sa sœur chargées de faire les boullions aux pauvres de la Misé. Rien de particulier dans ces chambres où elles couchent, ni pour ce mobilier ou effets, très ordinaires, et peu considérables, affectés au soulagement des malades.

L'inventaire de la chambre du curé énumère : en une petite bourse 39 sols, avec un billiet qui anonce que cet argent appartient à M. Rataboul, chapelain de Pomel (c'est là un nom de lieu, et par contre de personne, assez fréquent, provenant de terrains boisés hantés par le renard, *rodo*, rôder en se dissimulant, *rata* et *coulp*, de *vulpes*). Plus 4 liv. 10 sols et 1 liard appart^t à la lampe du St Sacrement, suivant la déclaration y jointe, et une déclaration du 13 décembre 1772 signée de feu M° Molinier portant debte de 30 fr. en faveur de la lampe. Le tout trouvé en une p^te bourse, cottée n° 7.

Plus un plat d'étain aux armes du Sémin., — un mémoire de payement par le défunt F^ois à la décharge du sieur André son frère — sa perruque presque neuve. En sa biblioth. relevons : le *florens santu* (s) couvert en parchemin ; les *status et règlements du diocèse de Cahors* ; les *gasconismes* corrigés, 1 vol. in 8° etc., en une g^de tabagie de fer blanc : 1 bource de cuir et l'autre de toile, et nous avons reconeu par les papiers y annexés que c'estoit un dépôt, etc.

En la salle du Sémin. du Puy, le 9 septembre 1775, J^n Molinier, supérieur, presente à justice 1 regist. couvert de parchemin et de 143 feulliets, dont 11 et 1/2 écrits et contenant différentes délibérations et l'ouverture des titres de la Miséric. le tout signé par les administrateurs nommés par M. l'évêque de Caors, la 1re desdites délib. dattée du 20 may 1774 et la dernière du 8 may 1775. Le dit Jean expose que le 9e aoust 1774, lors de la confection de l'inventaire de l'œuvre, il a déclaré à MM. les administrateurs avoir en main 729 liv. 4 s. 9 den. dont la recepte du livre journal du curé du Puy surpace la dépanse qui sert aux besoins journaliers des pauvres. Il a retiré les titres, papiers, livre de recepte et de dépance que le malade lui a indiqué et recomandé de porter à l'évêque qui les demandoit par sa lettre du 29 mars 1774 par lui présentement représentée à justice. Mais il a déclaré ne pouvoir encore se départir 1° de l'acte constitutif de 360 liv. en dacte du 19 may 1769 consenti par Mr de Larnagol pour la dottation de 3 fillies de la charitté au capital de 9000 liv. sous signat. privées.

2° D'un autre acte constitutif s. s. privé du 7 aoust 1766 pour la rente de 125 liv. consenti par les MM. du Sémin. de Caors en faveur de la Miséric. pour la dottation de 3 sœurs au capital de 3000 l.

3° Du prêt de 3000 li. s. s. privé par le sindic du Sémin. de Caors en faveur de lui J. Molinier, destinées à fournir aux frais de l'establissement des dittes 3 sœurs de St Vincent de Pole, vulgairement sœurs grizes, lettres patentes, voyages et trousseau des sœurs.

4º Ni, enfin, d'un dépôt de 700 liv. à lui confié par le même étab‍ᵗ, attendu que Mlle de La Porte qui leur a remis à son frère et à lui les susdites 15,700 liv. pour cet étab‍ᵗ de 3 filles de St Vincent, à l'exclusion de tout autre institut, réclame par acte ces 15,700 liv. et les actes qui les établissent, parce qu'elle voit que sa fondation est contreditte et n'aura point son exécuttion.

Bref, en cette affaire où le supérieur était visé et incriminé, le 22   1774, furent aussi entendues les pieuses laïques désignées plus haut : Agnès et Marie Rayssac, filles à Géraud, mᵉ chapellier du fg du Pin, âgées de 34 et 27 ans. Jean Tourtonde, clerc tonsuré, régent au Sémin. du Puy, 22 ans, déposa aussi avec Margᵗᵉ Marthe Grimal de Tregat (Thégra) sœur de la charitté et instruct chrét. de Nevers, 48 ans, habit. à l'hôpital général St-Jacq. du fg d'Aujou, et d'autres figeacois.

L'enregistrement du 11 mai 1789 au greffe de la sénéchaussée (tribunal) de Figeac, du testament du 4 octobre 1785 de dame Fᵒⁱˢᵉ Dorothée Cabridens, nous révèle la teneur ci-après résumée des admirables générosités posthumes de cette riche veuve et héritière du sʳ Géraud Gualieu, greffier en chef au bureau de l'élection de Figeac :

1º Je veux sépulture en mon tombeau de l'égl. de Grialou si je meurs à Figeac ; mais en l'égl. du Pajon [Arpajon, près Aurillac], si je décède au Pajon, ma demeure.

2º Je lègue 400 liv. aux pauvres de la paroisse du Puy, à distribuer également par le curé et ses 3 vicaires ; — plus, 100 liv. aux pauvres de la ville ; — plus 75 fr. à répartir aux pauvres, par chacun des principaux habitants des villages de Pégourié, d'el Cayré, Puyclavel et Védrune (Grialou).

Je lègue à l'égl. parˡˡᵉ N.-D. d'Aurillac mon St-Esprit en diamants — pour orner l'ostensoir… — 60 fr. et ses gages à ma fille de service ; — 100 liv. par an à perpét. pour l'entretien d'un régent qui aura soin d'enseigner la jeunesse de Grialou et de l'instruire particulᵗ des vérités de la relig.

Je lègue à tous mes fermiers d'Auv. et Quercy 1/3 du prix de ferme de l'an de mon †; et à mes métayers 1/3 du produit net.

Je lègue aux pauvres de l'hopit. gˡ. St-Jacq. de Fig. le revenu de la terre de Grialou de l'an d'après mon † et celui de l'année suiv. aux pauvres de l'œuvre de la misér. de Fig.

Et 4500 liv. à la vénér. sup^{re} du *Bon Pasteur* de Fig. à charge de nourrir et entret. à perpét. 2 pauvres orphelines prises dans la ville, depuis l'âge de 6 ans jusqu'à 9 ans, et qu'elle pourra néanmoins occuper au travail pour son compte.

Je donne 1200 l. aux lazaristes de Fig. pour 1 mission ou des retraites aux différents états, dans la ville, à la venüe du 1er jubilé ordinaire ou de grâce ; plus 300 fr. pour faire une † en fer qui sera plantée vis-à-vis le portal de l'égl. du Puy, à l'endroit où était ancien^t une † de bois ; autres 1200 fr. pour mission à Aurillac et 300 pour plantation de croix ; plus à la conf^{ie} du S. Sacr^t du Puy 1 ornem^t en dauphine avec 1 galon en or fin, composé de 3 chappes, 1 chasuble, 2 dalmat. les manip. les étol. le voile et la bourse.

2e classe des legs. Et pour remplir les pieux desseins qui m'ont été communiqués par fû (feu) Me Cabridens, mon frère, avant son décès, je lègue à la miséric. d'Aurillac, œuvre administrée par des pieuses dames et dont la marq^{se} de Fontange est la sup^{re}, 80,000 liv , à la charge néanmoins que les administrateurs de l'œuvre seront tenus de payer annuel^t et à perpétuité aux frères Macédons de l'école chrét. établis à Aurill. la pension et rente annuelle que mon dit fû frère s'étoit obligé de leur payer par les actes passés avec eux et les consuls et communautés d'Aur. sans laquelle condition je n'aurois légué à la ditte œuvre que 60,000 liv.; qu'il soit employé le revenu de 20,000 pour assister MM. les prêtres de la ville et c^{té} d'Aur. qui seront dans le besoin, et encore les autres prêtres des envir. si le revenu des 20,000 peut le comporter ; et que le revenu des 40,000 l. soulage le surplus des pauvres que la ditte œuvre a coutume d'assister, mais avec retour des 80,000 liv. à mon hérit^r en cas d'union de la miséric. à un hôpital.

Je crée une rente perpét. de 600 liv. pour entret. et nourrit. de 2 sœurs grises de S. Vinc^t de P. qui commencera d'être payable lorsqu'elles seront établies à Auril. Mon h^r pourra s'en racheter en payant 12,000 liv.

Plus, je lègue à titre de fondation, au g^d Sémin. de Caors, 12,000 l. quitte de touts fraix, et qui sera placée solidement par MM les prestres de la congrég. de la mission direct[rs] du Sém. pour le revenu en être employé à y nourrir gratuit[t] et à perp. et pendant le temps de probation ordinaire et accoutumée que les séminaristes sont obligés de demeurer annuell[t] au Sém. 2 clers originaires de la ville et com[té] de Figeac, aspirant prochain[t] aux s[ts] ordres, et ce jusques à ce qu'ils soint promus à la pretrise, et à choisir parmi mes parents dans le besoin, et à défaut dans le voisinage et diocèse. Chacun de ses prêtres celebrera pour mon âme 1 messe par an sa vie durant, priant MM. les direct[rs] de leur communiquer mes intentions et Mgr d'accepter à perp[té] la nomination et présent[n] à ces places.

Même fondation au g[d] Sém. de St-Flour, moy[t] autres 12,000 l. pour 2 clercs orig. d'Auril.

3º classe des legs : 2000 l. au Sémin. de MM. les prêtres de la congrég. de la mission de Fig. en augmentation des fonds servant à l'entretien de 2 placistes fondés par feu Mre Balthazard de Boutaric, anc[n] archid. de Fig.

Je lègue au s[r] Gineste, ayné, d'Auril. fils de Marg[te] Larguèze, le fief de Ceypral, dépend[t] du prince de Monaco ; à Marg[te] leur sœur et fille, un diamant de valeur de 2000 liv. — autres legs aux Largueze et aux filles Capelle.

Je lègue au fils ayné de dame Marg[te] Dufau, épouse du sieur Jausion, c[ller] au sénéchal de Fig. 1/2 des domaines de Cantemerle et Dalués, tels qu'ils ont été achetés de M[e] de Colomb et de la dame Tournemire, son épouse, plus la pièce de La Combe d'Aurat de füe ma g[d] tante d[lle] Toinette Cabridens ; et l'autre 1/2 à Balthazard, J[h] et Marie Jausions, leurs autres enfants.

Je lègue à Guion, J[n], F[ois], F[oise], Marg[te], Louise et Dominique Lacurie, tous 7, enfants de füe d[lle] Barbe Perault, 3000 et 2000 liv. à chacun ; etc., plus 6000 l. et mon domaine de la paroisse de Faycelles à la fille du s[r] Cayla, lieut[t] assesseur criminel au sénéch. de Fig. petite fille à füe d[lle] J[ne] Cabridens, au fils du dit Caila et à lui susdit Cayla, que je fais mon exécuteur et charge de vendre pour payer les legs, 1º mes meubles de Figeac et du Pajon, 2º mon fief de Claviés, 3º mes domaines de Faillitou et la Bathassière, 4º mes biens d'Auvergne.

Je fais h[r] universel le fils ayné de s[r] Ant[ne] Capelle, avocat, de St-Constans, mon neveu.

Elle mourut vers le 19 janvier 1789, à Aurillac et son test¹ fut ouvert le 27 janvier.

Un tableau des pensionnaires ecclésiastiques sur la Nation, en l'an VI signale parmi les *doctrinaires* : Jⁿ Fᵒⁱˢ Lezeret, né le 1ᵉʳ janvier 1734, ayant joui d'un traitement de 225 fr. pendant le 1ᵉʳ quartier de l'an II. Mais porté mort sur ledit état et touchant de plus 1000 fr. par an ; sur production par lui faite d'un certificat de résidence et d'une déclaration de non rétractation de serment. Les mentions sont pareilles à peu près pour les autres pensionnés.

Voici cette liste de l'an VI (1798), qui ne comprend que les domiciliés dans la commune de Figeac, disposée en 11 colonnes sous les rubriques : « noms, prénoms ; date de naissance ; domicile actuel ; dernière qualité d'après laquelle leur pension a été fixée ; traitement, secours ou pension dont ils ont joui pendant le 1ᵉʳ quartier de l'an 2 ; leurs pensions d'après les lois de la même année ; déduction d'après les successions par eux recueillies ; restant net du montant de chaque pension, par année ; nombre et nature des pièces justificatives », (en général serment de liberté, égalité etc., comme dessus) et enfin *observations* (faites dans ce genre : il avait fourni lors des précédents tableaux) ; elle est arrêtée à 36000 fr. 34 le 12 thermidor an VI par les adminʳˢ de Figeac.

Curés : Jʰ Calmels † ; — né 1ᵉʳ mars 1754 ; domicile, Figeac ; — curé, 200 fr., 800 fr., 800 fr., certificats etc.

Jⁿ, Laborie † (dès l'an VI) ; — né 30 juin 1720.

Jⁿ-Antⁿᵉ, Desplats † ; né 24 juin 1755.

Jⁿ, Tournemire † ; né 7 novembre 1732.

Guilᵐᵉ, Perdrix, né 30 juillet 1762.

Antⁿᵉ, Rey † (biffé) ; né 20 fév. 1766.

Jⁿ, Tourtonde † ; né 10 novembre 1752.

Fᵒⁱˢ-Jʰ Conté † ; né 14 avr. 1730.

Jⁿ, Lezeret † ; né 12 janvier 1764. On n'indique pas leurs cures.

Vicaires : Jacques Chalon † ; né 10 avril 1769. 200 fr., 800 fr. Antoine, Cayla, né 9 août 1767.

Vicaires régents : Pʳᵉ Vilhiés, † ; né 13 juin 1745. 200 fr., 800 fr.

Noël-Guil^me Pradelle, †; né 21 décembre 1769.

Récollets : Comme il n'est pas certain, quoique cela soit fort présumable, que les religieux qui vont suivre appartinssent aux couvents de Figeac, nous avons trouvé plus sûr de maintenir ici leurs noms que de les donner en traitant de leurs maisons.

Dominique-J^h Balestié, †; né 18 mars 1748. 175 fr., 700 fr.

Antoine Houradou, †; né 16 avril 1749.

Capucins : F^ois Delshens (Obiit); né 24 janv. 1727, 200 fr., 800 fr.

Antoine Rouzet, né 7 mars 1766.

Frères lazaristes : F^ois, Capus, né 23 juil. 1740 pension 700 f.

Carme : F^ois, Pontié, †; né 12 juin 1765 (ou 7) 700 fr.

Augustin : J^n, Domergues, †; né 10 août 1768. 700 fr.

Prébandier : J^n, Laborie, † le 3 mars 1815; né 19 janvier 1729. 200 fr.

Bénéficier : Mathurin, Auguié, né 14 fév. 1745. 800 fr.

Id. et grand vicaire : F^ois, Hugues, Lostanges, †; né 21 janv. 1753. 800 fr.

Chanoine régulier : Louis, Guary, †; né 21 janv. 1744. 700 fr.

Chanoines : Jacp. Anne, Chivaille, †; né 15 octobre 1756. 200 fr. 800 fr.

Antoine Lafon, †; né 16 mai 1744.

Jacobin : J^n-P^ie Lezeret, †; né 30 avr. 1762. 700 fr.

Doyen : Alexis, Latapie, †; né 31 décembre 1727. 1000 fr.

Doyen de Castelnau (-de-Bretenoux, apparemment), J^n-Ant^ne Houradou, †; né 22 novembre 1726. 1000 fr.

Religieuses : Marguerite Vaissié, †; née 15 mars 1749. 700 f.

Ursule, Lostanges, née 22 septembre 1748.

Antoinette-Félicité Falret, †; née 9 octobre 1739.

J^ne Bladviel, †; née 3 juin 1732.

Marie-Rose d'Auglanat, 16 juin 1734.

Pour supp. (léer ?) N. (de) Lentilhac-Sédiére (Corrèze) morte.

Thérèse-Félicité, Fontanel, †; née 31 mars 1760.

Mirepoises : Perrette, Prat, morte; née 22 juil. 1724. 700 fr.

Pour supp. Cath^ne Bazile, 30 juil. 1738.

Louise Pontié, †; née 28 fév. 1746.

Sœurs Mirepoises : Anne, Moussié, † ; née 16 octobre 1730. 466 fr. 67 c.

Marie Delvern, † ; née 14 avril 1738.

Bernarde Lascouailles, morte ; née 20 novembre 1723.

Sœurs de la Charité : Rose, Perdrix, 9 novembre 1768. 125 fr., 500 fr.

Magdelaine, Rispal, † ; née 8 janv. 1740.

Marie-Marthe Delort Trezet, † ; née 8 septembre 1728.

Marie, Ferrieu, 4 mai 1768.

J^{ne} Scholastique, Vernial, † à Rodez ; née 19 juil. 1747.

Cécile-Rose Teullié, 4 juil. 1756.

J^{ne} Delort, 2 juin 1772.

Françoise, Vialars, 31 janv. 1750.

Marie-J^{ne} Pelras, 20 mai 1756.

Ant^{tte} Peraut, † ; née 29 novembre 1740.

Marg^{te}-Clotilde Gach, née 2 juin 1766. Sœur de Nevers. 500 f. A prêté serment de Liberté et d'Égalité.

Marie-Marg^{te} Maynard, née 18 août 1763, ex relig^{se} de St-Bernard, à Espanhac.

Claude-Augustine Desplas, ex recolette, née 18 fév. 1759.

J^{n}-Louis Lostanges né 5 fév. 1752 ; †.

Le Séminaire fut transformé en prison durant la révolution, ainsi que le prouve une lettre du 26 germinal, 2e année républ^{ne} de l'agent national Cas, près le district de Figeac, aux maire et officiers municipaux de la même ville, tendant à y faire placer à l'hôpital, et sur la relation de Guary, officier de santé, le citoyen Carayol, prêtre reclus dans la maison de reclusion du ci-devant Séminaire, et qui avait « l'esprit aliéné ».

Au 29 janvier 1807, le maire de Figeac exposait ce qui suit au préfet Bailhy : Depuis longtemps les habitants gémissaient de la privation d'instruction publique dans cette ville, lorsque le conseil municipal, se rendant à leurs vœux, délibéra le 21 germinal an 11 qu'une école secondaire serait établie aux frais de la commune, dans le local du cy-devant collège.

Cette délibération, d'après votre avis, fut autorisée par arrêté du gouvern^t du 3 messidor même année.

Le collège avait servi de cazerne à la troupe et à des prisonniers de guerre, et fut dégradé au point qu'il tombait en ruine.

Devenu ainsi propriété communale, il fut selon délibération des années 11 et 13 l'objet de réparations considérables, assorti de loges pour les pensionnaires, meublé de bancs, tables, chaires.

Ce mémoire justificatif continue : Au mois de ventôse, an 11, an moment où je fus appellé aux honorables fonctions de maire (mars 1803), les ressources de la ville étaient d'environ 9000 f., savoir 6000 f. en revenu annuel et 3000 en créances actives. Dès l'an 12, je portai ces revenus à 19,000 f., y compris l'octroi.

Avec le secours de 6165 f. 20 que vous accordâtes et nos excédants de recettes sur les dépenses, je hâtai l'adjudication des devis et l'école fut ouverte au mois de brumaire an 13. Il fut dépensé 17,146 f. 92, sur la caisse municipale, l'an 12; 13 et 14. Le surplus fut avancé par les actionnaires de l'école, car la ville n'ayant pas de moyens suffisants pour se charger de l'administration intérieure de l'école, le conseil municipal la céda pour 10 ans à une société d'actionnaires, par délib. du 13 messidor an 12, mais la c^{ne} s'obligeant à réparer le local.

Ceci dit, laissons le maire se débattre contre ceux qui l'avaient accusé de « quelques interversions de fonds ».

Les lazaristes furent dépossédés de leurs domaines de Marsal et de celui de St-Denis. Déjà les 26 et 27 mars 1792 un attroupement de 150 pillards avait saccagé leur bien de Las Fargues (St-Jean-de-Mirabel), emportant les planches, voire les fenêtres, portes, fers, même les poutres et chevrons. Le tribunal criminel du Lot, au 18 octobre 1792, vu l'acte d'accusation dressé par le directeur du jury du tribunal du district de Figeac, condamna 2 femmes contumaces à 9 ans de réclusion, et 2 paysans de Bagnac à l'exposition durant 6 heures à Figeac, pour pillage et dévastation du cy-devant château de Las-Fargues, joui par les prêtres de la mission.

Leur pauvre mobilier de ville fut adjugé le 18e novembre 1792, devant J^n Lascombes, membre du directoire, assisté de Nivet, sec^{re} et en la présence de Raynal et Sourdés, offic^{rs} municipaux. L'enchère s'élevait à 1761 f. 5 s. Parmi les acquéreurs dont quelques-uns sans doute en vue de rendre ou à titre de prête-noms, nous trouvons 2 de nos curés. Le citoyen Champolion acheta un fauteuil 2 liv. 8 sols. *Flotard* (prénom probabl. dérivé de Frotaire) Maynard, un buffet et une farinière, la citoyenne Cayla, une boisure de portail avec ses attributs 33 li. ; un lit, à *Baldou*, etc. (1).

Ce dernier nom nous remet en mémoire le menu ci-après, servi par son homonyme, le vatel figeacois, vers 1713, (*plutôt que v. 1676*).

Repas donné par MM. les consuls de Capdenac (parmi lesquels N. de Sales) au duc d'Uzès, leur seigneur (Jean-Charles de Crussol), fourni par le sr Baldou, fils, habitant de Figeac :

Au dîné :

Bouilli, et 2 potages, un au choux et l'autre à la reine (coût) 6 livres.

ENTRÉES

Un pâté chaud de lapereau, garni de riz de veau, 4 liv. 10 s.

1 plat de grenadins *(petits fricandeaux)* à la chicorée, 2 liv. 8 sols.

2 poulardes à la reine, 3 l.

2 canards aux choux, 2 l. 8 s.

1 rot de vis *(quid ?)* de mouton aux aricots, 4 l.

Des tendrons de veau au blanc, 1 l. 10 s.

1 fricassée de poulets à l'espagnole, 1 l. 10 s.

HORS D'ŒUVRE

Des oreilles de veau à l'italienne, 2 l. 8 s.

(1) Ces meubles avaient été inventoriés le 11e octobre 1792 par François Hugues Lostanges, maire, Lacaze, procureur de la cne etc. Teullié, secre greffier, avec la présence de Salgues, supérieur, et Maniol, prêtres. La biblioth. a env. 3000 volumes in-fo in-4/o, in-8/o et in-12/o dont la 1/2 sont couverts de parchemin et les autres en bazanne. Aux archives, sont 2 armoires des titres de propriété et autres actes — 3 lits dans l'infirmerie ; pte chambre à côté des commodités, 1 pt lit etc., pte chambre au corridor à main gauche, 1 lit etc.; autre chambre au fond du corridor et autre à côté ; le bouge à côté ; cave, 12 barriques, 9 poinçons et un d'1 charge, 3 barriquots, 2 vlles comportes fermées etc. — Dans l'autre parti de cave au portal de Monvignié, 2 bancs. — Dans un 1 pt grenier voûté, 1 auge de pierre pour tenir l'huile. — *Chapelle* : 1 ornement noir en pane, 1 de velours et 6 de diffes couleurs. — Le missel cadurcien et cayer pour les morts, 1 missel romain... 1 devant d'autel de velours. Dans le cimetière, 1 croix de fer. Nous sommes montés à la salle qui servoit de pensionnat : 20 bois de lit, 11 palhasses. — En 4 chambres plusieurs longues tables. — Au galetas, une quantité d'aricots et de millet que les prêtres ont déclaré vouloir en faire compte à la nation — réfectoire, 5 tables, 7 bancs, 1 gd Christ. — Office — cuisine — dépense — écurie — hangar — lescivier et chambre à coté — four — pte cour — salon à manger et salle de compagnie. Rien que de fort ordinaire dans ces divers endroits.

Des p^ts pâtés à la cardinalle, 1 l. 10 s.
Cervelle de veau à l'anglaise, 1 l. 5 s.
Des quies *(queues)* de mouton au gratin, 1 l. 10 s.
Une marinade de poulets, 1 l. 10 s.
Plus pour sauchisse et boudins, 1 l. 4 s.
Cotelettes de veau en papiliotes, 1 l. 4 s.
Plus raves, 2 assietes, 2 sols *(apparemment pour radis)*.
Plus pour grivelettes, 15 sols *(des grives ?)*.
Rissoles, 1 liv. *(pâte frite garnie de viande hachée)*.

ROTI

Pour un canard, 1 liv. 4 s.
3 perdreaux, 3 l.
Cailles, 1 l. 10 s.
1 dindon, 2 l.
8 citrons à salade, 1 l. 12 s.
2 salades de jardin, 8 sols.
1   id.   aux œufs, 4 s.

ENTRE-METS FROIDS

1 paté froid de perdraux garni de truffes, 15 l.
1 jambon de Bayonne (prix) 15 liv.
2 gateaux de Savoye, 10 l.
Une crocande (patisserie sèche et sucrée encore en usage sous ce nom, en Limousin), 3 l.
Une tourtre aux amandes, 4 liv.
1   id.   aux pesches ou pavies, 4 l.
1 gateau à la creme, 5 l.
2 cremes, 2 l.
1 tête de cochon glacée, 4 l.
Des gobelets à pate d'amande, 2 l.
Petits choux glacés, 2 l.

DINÉ DE LA PETITE TABLE

Bouilli, ou 1 potage à la reine, 1 l. 16 s.
Pigeons à la tartare, 1 l.
Langues de mouton aux fines herbes, 1 l. 4 s.
Cotelettes de mouton au jus, 1 l.
Saucisse et boudin, 15 sols.
Marinade de poulets, 1 l. 10 s.

Rotty

1 levrau, 1 l. 10 s.
2 perdraux, 2 l.
Plus des tours, 1 l. 4 s.
1 pièce de veau, 1 l. 5 s.
Salade, 6 s.

Pour le soupé

1 paté chaud de pigeons feuilleté, 4 l. 10 s.
1 fricassée de poulets à l'espagnole, 2 l.
1 longe de veau, 5 l.
1 quartier de mouton au couly, 4 l.
1 dindon roti, 2 l.
2 poulardes roties, 1 l. 10 s.
Cervelle de veau aux p^ts oignons, 1 l.
1 poitrine de veau aux truffes, 2 l. 8 s.

Entre-mets chauds

Foye gras, 12 sols.
1 ragout de truffes, 1 l.
Pieds de cochon, 1 l. 12 s.
Marinade d'artichaux, 1 l.
Ragout de ris de veau, 1 l. 4 s.
1 langue de cochon, 6 s.
Œufs au jus, 12 s.

Dessert

Biscuits, 2 l. 8 s.
Machepain, 4 l.
Amandes à la perline (selon la prononciation sucrée de Capdenac, pour à la Praslin, pralines), 3 l.
Gauffres, 1 l. 4 s.
4 compotes, 4 l.
Tourons (gâteaux ronds ?) 2 l. 8 s.
Amandes à la roche, 2 l. 10 s.
Macquerons (macarons), 3 l.
Machepains au soquolat, 3 l.
Confitures de Clermont (-Ferrand, d'abricots etc.), 3 l.
Caffé, 20 tasces, 6 l.
Pain de la taple, *sic* pour table, (coût) 10 l.
Chandelle, 18 s.

Vin de la dépense, 1 l. 7 s.
Pain bif (bis) 1 l. 5 s.
2 pains, autrement panions, 14 s.
Truffes vertes, 4 sols.
Etc.   Total 283 liv. — Réduit à 240 liv.

D[lles] DES ÉCOLES CHRÉTIENNES

L'an 1671 et le 13e juing, à Figeac..., Mr Me Pol de Boutaric, prêtre de la dite ville, « dezirant donner lieu à toute sorte de filhes de quelle condition et estat qu'elles soint, d'honorer, prier et servir le bon Dieu, et pour cest effaict bailler et concéder ung lieu propre et comode, — tant pour la demeure des filhes régentes, quy seront à ces fins destinées, comme elles le sont dhores et désia, et quy sont : demoiselles Margueritte de Cussonnel de Lalo, Louize de Viguier, Marg[te] de Capval, Marg[te] de Bonneville, Flourette de Lacaze et Anne de Marcinhes, — que pour en recepvoir d'autres quy seront en vollonté de c'y placer, et pour y faire des classes pour eslever et instruire à l'amour et craincte de Dieu toutes celles quy vouldront y aller, soit par la lecteure des bons libres que aultrement,

Donne... aus dictes d[lles] régentes et à celles quy leur succéderont..., une sienne maison (patrimoniale), pacteu (pour patus) et jardin... assis en la ville et lieu appellé *al Claux*, en laquelle elles habitent présantement. Il se réserve : 1º qu'elles continueront de fere les escolles aux jeunes filhes, sellon l'ordre quy leur sera marqué par l'évesque. 2º le retour du bien donné, au cas où elles « dézisteraient à faire les escolles des petittes filhes. 3º que ce droit passera au supérieur que mgr de Caors establira en la communeauté des prebtres du Puy ou à celluy qu'il choizira pour le pt séminaire establi à F. 4º Qu'elles régentes, ne puissent sans sa participation où des susdits, admettre dans leur com[té], d'autres filhes, ny les associer, ny mesmes en renvoyer aulcunes. En cas de contestation, l'évesque en décidera en desnier ressort, partyes présantes ou appellées.

Et pour plus g[de] force, les partyes veullent que la donacion soit insignuée et authorizée èz cours royalles de Figeac, nommant à cest effaict les 2 plus enciens procureurs postullans en icelles, l'ung pour requérir, et l'autre pour consantir à la dite insignacion.

Faict en présence de MM. Mes Guilhaume d'Eydon et Louys Redon prêtres à Figeac. Reçu G^d n^{re}.

Par acte du dernier juin, an susdit, le même concède plus étendu le droit pour l'évêque d'envoyer en sa maison telles filhes qu'il voudra, déclairant qu'il n'a donné sa maison qu'à fin de servir aux desseins que le dit évèque a de fere faire des escolles de filhes.

Nous avons copie au crayon d'une délibération que tout fait supposer authentique. Elle s'exprime ainsi : Du 20° décembre 1678, nous étant assemblés en conseil de ville, « a été représenté par M. Vilhés, avocat, et 2° consul, que les écoles chrétiennes ayant été établies dans cette ville depuis quelques années, on avait reconnu qu'elles ont été très utiles et avantageuses, les jeunes filles de la ville y ayant été bien élevées et instruites, si bien qu'il seroit à souhaiter que ces écoles chrétiennes subsistassent pour toujours, mais comme l'établissement seul ne suffît pas pour cela et qu'il est nécessaire d'en poursuivre l'authorisation auprès de sa majesté et de nos seigneurs de son conseil (d'état), les filles qui font les dites écoles ont fait parler à MM. les consuls pour faire connaître leur désir à la communauté (des habitants) et savoir si elle agrée l'établissement qui a été fait des dites écoles, et si elle veut consentir qu'il soit autorisé.

Bref le conseil délibère et autorise cet établissement à obtenir toutes lettres patentes, arrets, ou provisions pour raison de ce requises, sans que néanmoins la comm^{té} soit obligée de contribuer à présent ou à l'avenir aux frais d'autorisation ou d'entretenement des filles régentes.

— Elles avaient pour supérieure, le 12 juin 1714, d^{lle} Marie Pepin ; et au 31 janv^r 1774 et 9 septembre 1775 m^{lle} de Saisset. En cette dernière année m^{lle} Vialatte était sa subordonnée et en 1734 Cécile de Colomb était d^{lle} de l'école chrét^{ne}.

L'inventaire révolutionnaire déja mentionné, du 10 octobre 1792, en présence de Louise Latapie sup^{re} (70 ans) et des autres d^{lles}, mentionne qu'elle a représenté les comptes de régie des biens de leur maison, en un registre, depuis 1747 jusques à ce jour, où la recette actuelle est arrêtée à 610 liv. 16 sols et la dépense à 1056 liv. 19 s. 4 den. mais elles doivent de plus 92 l. à Bru, apoticaire de Figeac pour drogue et médicamens fournis aux mi*ll*epoises.

Les revenus consistent en créances sur particuliers, plus en 4 setiers seigle et 2 gélines de rente foncière sur le village de la Pourseille (Prendeigne) établis par titre du 12 août 1784, et affermées moy^t 64 l. plus quelques parcelles à Figeac et 1 dom^{ne} à Lunan, le tout du revenu de 1213 liv. 13 s, compris leurs impositions qui sont de 300 liv.

Leur chapelle ; — le pensionnat (4 lits dont 1 à tombeau, 1 v^x coffre, 3 v^{lles} chèzes de bois, 1 g^{de} table avec deux bancs) — le lessivier, — la cave (2 p^{tes} barriques) — le réfectoire — le clocher avec sa p^{te} cloche, — tout cela est fort modeste.

La c^{té} comprend Magdeleine Lentilhac, 80 ans, 6 mois ; J^{ne} Milhet, agée de 47 ans ; Rose Magé, 41 ans ; Aimée Lanoue, 43 ; Susanne Verninac, 39 ; Marie Gualieu 30 ; Toinette Castanié, 32 ans ; Marie Castanié, 30 ans, les 2 sœurs ; Bernade Lascouailles, sœur de service agrégée, 67 ; Marie J^{ne} Delvern, 55 ans. Elles déclarent avoir porté une dot de 3000 liv. chacune.

L'an 9, l'enseignement reprit de façon ou d'autre au collège, — et aux mirepoises par une association de filles, — et le culte était rétabli. Une 2e fiche parmi nos extraits porte cependant qu'en l'an XI (1802-1803) la maison communale des ci devant d^{lles} de l'école chrét^{ne} ou mirepoises fut rouverte pour deux d'entre elles.

XIII. — *Notre-Dame de la Capelle*

Cette vieille paroisse de Figeac comprenait notamment les hameaux ou écarts suivants, (néanmoins qualifiés pompeusement de *villages*, selon l'usage méridional étendu jusqu'en Limousin) : de Baures, ailleurs Beaure ou Beures 1744 ; — de Cabanou 1745,52 ; — d'Estadieu, 1719 ; — de La Farrayrie 1620 ; — de Filsac 1669, 1724. — Le domaine des religieuses de Londieu 1669 ; — La Morne, 1743. — Lou Single, habité au 9 mai 1736 par Ant^{ne} Buisson, ancien lieutenant dans le régiment de Condé – infanterie ; — Les Prajouls, où demeurait son frère, bourgeois aussi de Capdenac. — Village de Viaucros ? etc. et de plus nombre de maisons de la ville.

Cette paroisse, en 1726, manquait de « caminade », puisqu'au 24 juillet la ville paya « 20 liv. pour le louage du presbitaire ». Son cimetière était contigu à la dite église N. D. On y enterra le 7 fév. 1784, noble Jean-Mercure de Turenne d'Aynac, ancien capitaine d'infant. au régᵗ de Brissac, chevalier de St Louis, † le 6, à 71 ans. Dès 1775, les voûtes et le lambris de l'église appelaient une réfection. Elle servit de *temple décadaire*. En l'an IX, le conseil autorise la municipalité à demander au corps législatif la concession de ce temple (souillé) pour le démolir, et en vue d'aboutir et accéder après cela de la place Haute à la maison Galieu.

Prieurs-curés : Sans reprendre aux origines, puisque le lecteur peut se reporter au pouillé ci-dessus de l'abbaye, mentionnons : l'existence de l'église N. D. encore en 1392, ayant en 1481 et 1491 pour « *recteur* (1) Aymeric Durand ». — En 1491 Gui Durand, sans doute son parent. — Après 1550 ? n. Turenne ; — 1578, Jⁿ Arnal. — Une pièce de 1618 parle de « feu Pʳᵉ Nicolas. — En 1619 Guilᵐᵉ Capval était recteur. Les suivants se qualifient modestement curés. Celui de 1624 plaidait au parlement de Toulouse, [série H. n° 439 invent. d'archiv. de la Hte-Garonne.]

Cependant « monsieur messire François de Bellet, prêtre et *prieur* de l'esglise parroissielle Nostre Dame de La Chapelle de la ville de Figeac », est témoin, le 27ᵉ d'aoust 1678 d'un acte par lequel Mᵉ Anthoine de Vignes, advocat et garde-scel royal de la dite ville, confesse avoir receu de Anthoine Fᵒⁱˢ de Corn, seigneur d'Empare, de Lieucam, 800 livres en lesquelles il se seroit obligé envers le sieur Vignes, et pour laquelle d'Ampare auroit consenti vante à rente constituée de 50 livres en faveur de Vignes, le 2ᵉ febv. 1676. Le payement est fait « en pistolles d'Espagne, louis *dorn* et d'argent et bonne monnoye. » (2).

---

(1) *Rector* (par opposition à *capellanus* simple curé *congruiste*), nous avons observé cette nuance dans les vieux titres marquant préférablement, le curé *primitif*, le prieur-curé.
(2) Ampara signifia écluse, digne (du Cange) et c'est bien le cas pour ce

Le même Belet, dit feu dès 1718, exerce encore sa charge en 1685. — De 1690 à 1724 au moins, nous trouvons le bénéfice aux mains de noble Exupère de Blanchefort de Pause [g. g. 36 archiv. de Brive, et *passim*]. Le 14 mars 1724, il avait le château et le domaine de St-Dau ou St-Daus. A l'occasion d'une misérable prise d'eau pour l'arrosement de sa prairie, les papiers de Mr Gauzens, nous le montrent en vive dispute messéante et en procès avec d^{lle} (peu) Angélique (il est vrai) de Bramaric, veuve de noble Antoine de Gimel, sieur de Paluel, en Sarladais. Ce Gimel, alors peu fortuné, descendait, comme nous l'ont appris les titres, du marquis de Seilhac (dont les ancêtres eurent alliance avec les d'Aymerique, seigneurs postérieurs de Paluel, et gens de robe de Sarlat) descendait, disions-nous, vers le XVe siècle, par voie irrégulière, mais à peu près reconnue et dotée de biens selon l'usage du temps, des barons de Gimel, près Tulle. Seuls de cette grande race, les de Gimel-Paluel semblent aujourd'hui représentés à Paris.

Passons au curé Me Jean Turenne, en même temps (19 octobre 1747) vicaire forain de l'évêque de Cahors en la Congrégation de Figeac. Le 26e juin 1751, « en qualitté (on prononçait donc le *t* avec intensité), de patron de la chapélenie de Teyssère, il conféra à Mr Me Joseph Vidalin, prêtre vicaire de la dite par. N. D., natif d'Aurilhac, dioc. de St-Flour, la dite chapelle de Teyssère, deservìable dans la dite égl. de la Capelle de Fig. vacante par décès de Mr Me O. Bruel, prêtre, cydevant titulaire. En présence d'Ant^{ne} Négrié, huissier du sénéchal de F. y habitant etc. Reçu Grand notaire *apostolique* (c'est-à-dire ayant pouvoirs spéciaux de recevoir les actes d'église).

A la date du 15 mai 1775, Jean Vilhiés de Giron, comme curé de la Chapelle, obtient sentence du dit sénéchal (tribunal) reconnaissant son droit curial d'administrer et enterrer (même)

---

vieux château, assis sur la Diège, tout à portée aussi des débordements du Lot, commune de St-Julien-d'Ampare (Aveyron). Le clocher de Liencamp perce l'horizon sur la hauteur voisine.

Nos émigrants d'Auvergne, Haut-Quercy et Limousin, rapportaient d'Espagne, ce pays de l'or et du commerce, durant les temps qui suivirent la découverte de l'Amérique, force numéraire qu'on va vainement chercher aujourd'hui à Paris.

les bénéficiers du chapitre qui sont sur sa paroisse. L'an 1781 et le 30ᵉ septembre certifie je Jʰ Vival, huissier royal receu au sénéch. de F. y résident, soussigné, à la requette de Marianne Dalquier [racine, *al*, article roman et *Quier*, tas de pierres, chier, dans les pays où on chuinte (Creuse), Chiron en Angoumois et Berry] fille à Jean Dalquier, habit. de Fig. etc., a esté dit et dénoncé à Mᵉ Vilhiés, curé de N.-D. et à Mᵉ Pancou, curé de St-Thomas, que la requérante demeure instruite que Pʳᵉ Foussard, jardinier de cette ville, est à la veille de se marier à Françoize Des Plas, de Figeac, paroisse de La Capelle, quoique le dit Foussard eut déjà pris des engagements avec la requérante, et de tels engagements, qu'il y déjà (des gages) de la progéniture, et que le même Foussard l'a encore (gravidaverit) sous la promesse de célébrer de jour à autre le mariage, et d'autant que les engagements respectifs forment des liens véritablement canoniques; pour cet effet, la requérante déclare qu'elle est formellement opposante à la publication des bans et célébration du mariage des dits Foussard et Fᵒⁱˢᵉ, protestant de tout ce que de fait et de droit (pour ne rien omettre) peut être protesté, en cas (où) il seroit passé outre, au préjudice du présent, non signé de la requérante pour ne scavoir, de ce requise, et à cet effet ai baillé copie aux dits curés etc. à 7 h. 1/4 du matin. En foi de ce : signé Vival. Controllé, etc., à 22 sols 6 deniers, signé Marty.

Sur l'attestation du même Vilhiés de Giron, curé, et par ordre de Louis-Marie de Nicolay, évêque, signé Lacoste, vicaire général et de Calmette, secrétaire, il est donné dispense de 2 bans de mariage sur 3, le 22 septembre 1789 à Etⁿᵒ Pouget et Marguerite Gauzens, ses paroissiens.

Le dit Jⁿ Jʰ Vilhiés est encore curé en 1791. Pourtant au 7 may 1791 le sʳ Lacurie, curé de N. D. de La Cap. présente à Pʳᵉ Paul Delzhens officier municipal et à Jⁿ Jʰ Laflèche, procureur de la cⁿᵉ de F. assistés de Teulié, secrétaire-greffier-adjoint qui viennent les inventorier, les ornements, vases sacrés meubles et effets de son égl. et sacristie, savoir,

En *argent* : 2 calices avec patènes ; 1 ostensoir avec 6 pierres ; 2 croix, 1 grande à procession et 1 pᵗᵉ à offrande ; 2 ciboires (gᵈ et pᵗ) ; 1 encensoir et navette ; gᵈᵉ lampe.

17 chasubles, dont 3 en tafetas, 3 en damas avec dentelle d'argent ; 1 en satinade ; 1 en satin ; 3 en soye, parmi lesquelles 1 de soye fil sablé argent, vieille, compléte, sans bourse ; 4 en camelot ; 6 dalmatiques ; 2 écharpes dont 1 en damas fleuri, doublée de tafetas, avec frange en or faux pour la bénéd. du St Sacr^t. ; 4 pluviaux, dont 1 de voile noir et 1 de camelot moiré galon faux, et le 3º de damas blanc, frange or faux ; un devant d'autel pour parer la chaire, de satin font bleu ; 3 étoles dont 1 de satin violette, dentelle en argent, 1 de satin gris de lin, dentelle d'argent, et 1 g^{de} pastorale à 2 faces, l'une violet, l'autre glacée en or ; g^{des} pièces de tapisserie dans l'égl.

6 aubes avec 6 cordons et 6 amicts ; 4 napes très longues pour le g^d autel, linge de Flandre ; 8 autres napes pour le même autel ; et 3 pour l'autel de la chapelle St-Joseph et 2 pour celle de Ste Anne et 1 pour couvrir le tableau de l'*hotel* St-Joseph ; 3 lavabos ; 6 corporaux, 4 pales, 4 paquets de purificatoires ou manuterges ; 1 g^{de} nappe à comunion et 1 p^{te} ; 2 amicts et 2 cordons pour aubes ; 3 tapis pour les autels ; des denteles pour parer le tabernacle lors de la bénédiction et 4 p^{ts} bouquets pour orner le tabernacle, et 1 p^{te} glace en argent.

1 cuvette de cuivre aux fonds baptismaux, les crémieres en étain ; l'aspersoir, en cuivre.

1 messel cadurcien, 1 romain, 1 vespéral et 1 graduel cadurcien ; 1 cayer pour les messes des morts, autre cayer romain, 2 antiphonaires romains, 1 p^t rituel romain.

4 registres (de catholicité) et 7 cayers, de 1639 à 1700 ; de 1664 à 1667 ; de 1668 à 1729 ; de 1730 à 1736, 1737 à 75 et 75 à ce jour, tous paraphés par de Laporte, conseiller.

2 armoires fermant à clef ; 1 gde boite et 6 bouquets artificiels, 1 g^{de} sonnette, 1 plat d'étain mauvais, 2 prie Dieu, 1 g^d vestiaire à 4 ouvrant et 2 tiroirs, avec 1 tableau par dessus ; 1 p^t cadre d'un St Jean, argent ; 1 boite pour tenir les hosties, 2 chaises garnies (rembourrées ?).

L'état dressé le 2 fév^r, an 2 de la Rép. par les commissaires Delshens et Miret, et les officiers municipaux Cérède et P. Savy, spécifient le poids de l'argenterie et ajoutent 2 couronnes d'argent d'une vierge, pesant 13 onces 1/4 ; 1 sonnette en vermeil 8 onces ; burettes et plateau de vermeil, 1 livre 8 onces et

1/2. La g^{de} † d'argent pèse 3 liv. 15 onces et 3/4 ; la p^{te} à offrandes pèse 8 onces et 1/2 ; la lampe, 4 liv. 2 onces et 1/2, etc.

Enfin, le 7e jour 1792 « Jean Danglars, par la miséricorde de Dieu et dans la comunion (sic) du St-Siège apostolique, évêque du dép^t du Lot, vu le certificat de bans de mariage des nommés Laborie et Marie Labardie, paroissiens de la Capelle, délivré par Mr Perdrix, curé de la dite par. etc. dispensons d'autre publication etc. Signé, Danglars, pro secrétaire, et scellé en cire rouge de ses armes : écu ovale à son chiffre entrelacé J. D.? surmonté d'une croix latine entre la crosse et la mitre. Le 2 janvier, même année, M. Perdix enchérissait contre M. Sourdès et se faisait adjuger à 5 fr. « les chèses qui sont au cœur (appartenant aux sœurs) du ci-dev^t couvent de Ste-Claire », et cela par devant les administrateurs du directoire.

5 mars 1792, les qualités d'un jugement pour les sieurs Laborie, Calmels et Perdrix, curés de St-Martin, du Puy et de N. D. de la Capelle, et Bousquet, curé de St-Thomas, demandeurs contre le s^r Vilhiès homme de loi, héritier de feu s^r Vilhiès, son oncle, curé de Lacapelle, et contre les s^{rs} Froment et Pancou, prêtres de Figeac, demandent au tribunal de rescinder l'accord fait entre eux le 29 octobre précédent. Cet accord portait sur la remise que devaient faire les défendeurs à nos curés, de 24,241 livres 14 sols, 8 deniers, pour reste de la somme de 26,335 liv. 4 s. 6 den. remise aux défendeurs par d^{lle} Cassandre Lacarrière, héritière du s^r Lacarrière, son frère ; destinée à la fondation faite par testament de feu s^r Pierre Caumont, † au Mexique. Le tribunal, alors composé de Brugous, juge, Delroux, suppléant et Gach, homme de loi, condamna Froment, Pancou et Vilhiés à verser la somme aux 4 curés, chargés d'acquitter la fondation.

Vicaires de Lacapelle : 1697 P^{re} Sounillac ; 1765 P^{re} Cajarc, 29 ans ; 1786-1790 Gui Lacurie. Négligeons les autres.

Chapellenies de N.-D. de La Cap. : 1469 P^{re} Saletas, clerc de Fig. et chapelain chantant et desservant la chapellenie de la quête des défunts existant déjà en 1462 — 1533 la chapellenie d'Auriac possède 1 pré à La Pergue (Figeac) près le chemin du dit à Voxal (Bouxal).

Par acte reçu Grand n^{ro} en date du 24 octobre 1699, M^e F^{ois}

Boyer, prêtre de Fig. procureur (mandataire) de Mʳ Mᵉ Jⁿ de Pause, sieur de La Boysonade, prêtre et curé de St-Pʳᵉ de Panens, dioc. d'Alby, prend possession de la chapelenie de l'Opital déservable dans l'égl. de N. D. de la Cap. sur collation d'Exupère de Bl. curé susdit et du r. p. Ambroise Jausions, guardien des cordeliers de F. patron d'icelle chapelle du 14ᵉ octobre et attendu le décès de Philip Canhiac, prêtre de Fig. dernier et pésible poceseur de cette chap. fondée par Ramond de L'ospital, bourgeois et Géraude, sa fame.

Communautés de prêtres obituaires. Le brevet de leurs titres, rédigé en 1775 contient les reconnaissances de rentes qui leur furent faites par divers tenanciers, dès le XVIᵉ s. au minimum. En effet, le 17 juillet 1503 noble Bernard de Capdenac, coseigneur dudit, et combaron (baron en partie) de Felzins, vend à ces prêtres 1 setier de froment de rente sur le village de Roques (Camburac). Ils y en avaient acheté autant, le pénultième janvier 1500 de noble Jean Maffré (des Maffre de Castelnau-de-Bretenoux, croyons-nous,) seigneur de Camburac. Nous leur voyons aussi des rentes nombreuses en la paroisse de Lissac, noble Bernard de Marcillac, seigneur de Capdenac et de la Bastide en Rouergue, pour lui et pour nobles Elizabe*ch* de Verduyan et Bernard de Marsilhac, ses femme et fils, cède par échange du 18 mars 1522 des rentes sur Mouret (Lissac) à Mᵉˢ Forton Gaillardis et Bernard Bufanhie, prêtres et syndics des prêtres de N. D. de la Cap. et il en reçut d'autres sur Mouret, leur provenant du don de noble Raimond de Bouissou, seigneur dudit et de Fargues ; signé Pierre Ampelli, nʳᵉ de Figeac.

En 1578, Mathieu Sordès et Pʳᵉ Blancher étaient prêtres de cette église. La dite communauté levait des rentes formant ainsi la dotation immobilière destinée à la faire subsister, 1ᵒ sur le terroir d'Auteval confrontant en 1779 au ruisseau de Planiolles et à bois qui fut de noble Jean de Leige, sʳ de Puiblanc (près le Pournel) et à béale (ravin où coule un filet d'eau) de Corbribes. 2ᵒ sur diverses maisons de notre ville. 3ʳ sur la Condamine de Congoulens (Lissac) grevant sʳ Raymond Rouzet, bourgeois, et noble Philippe Fleurens (1779).

4ᵒ Sur Armand de Durfort, seigneur cᵗᵉ de Clermont, habitant de Figeac, 1779, à cause de son terroir de la Fon de Laigue (Figeac) près les Miates.

5° Sur un *fief*, composé de maison, grange et basse-cour, au quartier de l'Estang, gache du Pin, (acquis le 23 févr 1781 par le sr Pradairols), confrontant à la maison de Jn Vilhiés curé susdit, et qui a été de la chapellenie d'Issoulié, à l'église de La Capelle, à la rue tendant de cette église à celle du Puy et à rue allant de la dite rue au quartier de l'Estang, de même que ce fief avait été reconnu, l'an 1449, à M° Bessières, ouvrier de l'église de La Capelle, etc. » On voit que *l'œuvre* ou *fabrique* avec gestion contrôlée par les fidèles, n'est pas nouvelle !

XIV. — *St-Thomas.*

Un accord entre particuliers mentionne ainsi l'église Saint-Thomas au xvᵉ siècle. Il s'agit d'une maison vendue le 9 novembre 1407, située *infra* villam, DANS la ville, *in gachia*, dans le *quartier de* GUET Montisferrerii, et confrontant cum carreria tendente versus ecclesiam. *Sancti Thome* Figiaci. Siège d'un prieuré en 1561, au moins, cette paroisse, notamment, comprenait en 1788, partie du faubourg d'Aujou ; et en 1774 le domaine des Miates, possédé et habité par Marguerite Day, 64 ans, épouse du sr Jn Jh Vignes, bourgeois. Nous y voyons pour recteurs Guisbert Puech 1620 et 1644 ; le sieur Pancou 1768 et 1773 ; etc. Après la Révolution, l'église ayant disparu, le service paroissial fut porté dans la chapelle, aujourd'hui église des Carmes, au faubourg de ce nom.

Refuge ou maison de piété.

Cet établissement *du Bon-Pasteur* est desservi en 1714, au « 1er de feurier, par sœurs Jeanne de Cabridens supérieure, Catherine Solome, Françoise Domergue, Guillemette Dousou, Jne Delort, Jne de Bagas ?, Margueritte Denoist, Toinette Massip, Jne Bourdelle et Perrette de Cabridens, toutes sœurs agrégées à la dite maison de piété ». Par la quittance de 500 livres qu'elles donnent devant Grand, nre, à Catherine Lacombe, du vill. del Poux (Livinhac) à présant habitante de Figeac, elles promettent moyennant ce de la nourrir, entretenir et habiller en santé et maladie dans la maison et communauté comme elles font actuellement ; lui reconnaissant cette somme sur 2 chenaviers qu'elles ont au tènement de Las Miates, de 12 quartons, et s'obligeant de lui payer 250 liv. si elle les quitte, mais 500 liv. si elles la renvoient.

Il leur fut légué selon testament du 21e, ouvert le 26e septembre 1724, 1367 liv. 6 sols à prendre sur Antoine Salingarde, bourgeois de Toyrac, par la pieuse libéralité de P^{re} Vilhès, greffier en la lieutenance générale de Figeac. Le même demandait sépulture en l'église du Puy, donnant 50 l. à ses obituaires, chargés ainsi que le vicaire Loficial d'y célébrer une messe quotidienne un an durant pour son àme, moyennant la rente de 20 livres, au capital de 400 liv. dû par les procureurs de la ville. Il légua encore 50 liv. à nos capucins ; autant aux pauvres honteux ; 300 liv. à chacune des 5 filles natives de la ville qui voudront y prendre l'habit de Ste Claire ; et ordonna le payement à la confrérie du St Sacrement du Puy, de 62 l. dues par son père ancien baille d'icelle et greffier. Il se dit ayant droit sur une créance, à cause de F^{ois} Dufau du Monteil, cessionnaire à son tour de F^{ois} Dufau, av^t et heritier de son père Me Jean Dufau avocat, lequel vivait au 6 décembre 1690. Dem^{lle} Marie-Toinette Delsiriès était supérieure, en 1761, 10 décembre. La maison avait en 1759 et 1793 un domaine à La Boudie, (Fourmagnac), et se vit confisquer celui de Panaphé dont les brebis ou agneaux bèlants furent mis aux criées l'an 2. Déjà ces pauvres filles avaient subi, le 12 octobre 1792, l'inventaire chez elles, sinistre avant-coureur de l'encouragement National qui bientôt allait être donné à la prostitution, par la prime décernée aux filles-mères à défaut de couronne de rosière... à la fleur d'oranger. Quelques misérables ustensiles dans la cuisine, un métier à ourdir, divers débris de tour à filer dans leur chambre de correction (des filles perdues) dont le plancher est à peine assujetti, l'indispensable aussi dans la petite chapelle ; trois titres de rentes constituées, l'un de 45 l. au capital de 1200 l. et les autres donnant 4 et 8 l. de revenu. Voilà ce qu'y trouvèrent F. H. Lostanges, maire, les 2 Sourdès, et autres officiers municipaux.

La communauté comprenait : J^{ne} Amadieu, supérieure, 52

ans. — Toinette Galabert, 70 ans. — Les autres terribles conspiratrices étaient Cath. Lavastrou (un nom corrézien), âgée de 54 ans, Marg. Grandou, 53, Rose Marre, 55. Ayant pour *affiliées* : Marie Griffoul, 42 ans et Elizab. Talamat, 55. J'allais oublier un « sopha » aristocratique, en leur maison de Panafé, prêté par Mʳ Bonet.

Un 2ᵉ inventaire plus détaillé de Jacques Delbrel, membre de l'administration du district, du 20 brumaire, 3ᵉ année républicaine, énumère en la maison du ci-devant *Bon Pasteur*, au fg d'Anjou, 11 charges de vin dans 2 caves, un grenier avec 4 loges à grains, 2 cours, le chœur bas, la fourniol, le jardin avec ses 12 piquets supportant les treilles (sans compter, par bonheur, les grains de raisins !), le grand portail donnant dans la ruelle qui conduit aus ci-devant Cordeliers, le lescivier, un puits à chaîne de fer, la ci-devant boutique, une autre encore, la boulangerie, le reffectoire, un petit salon, les prisons, 2 cuisines, 9 chambres, 1 galetas, la salle, le bouge, le chœur du milieu, 2 pᵗˢ cachots, et la chapelle avec son autel à tombeau. Tout cela n'en est pas moins pauvre, et enlevé civiquement à ces dames, puisque nous y trouvons comme fermiers adjudicataires, par enchère du 21 brumaire courant, 2 citoyens aubergistes et le cordonnier Gentel.

XV. — *St-Martin*

Bien avant 1468, Bertrand Varasa y avait fondé une chapellenie en la chapelle Ste-Marie. Un acte de 1559 ajoute ceci : En l'égl. St-Mart. et au fg de Figeac, Pierre Cantaloba recteur d icelle a dit que la vicairie jadis fondée par Gérald del Puech, autrement Miquel, desservie en la dite égl. en la chapelle de St-Cirice, était vacante par la mort de Guydon Blader du Vineres? et d'Anglars, paroisse dudit, chanoine de Figeac. Pierre Delsahuc, chanoine, en investit donc Gérald Nieuccel, prieur de St-Georges et St-Daon, le menant dans ce but en la chapelle St-Cirice de la dite église St-M. Il y eut pour curés : 1705 Mʳ Mᵉ Fᵒⁱˢ Born même dès 1695, ayant des rentes sur la Malaudie ; — et la directe sur Batalhié, acquise des de Viguier. En 1722 Mʳ Sourdès occupait le poste ; tenu l'an 1777 par J^n La Borie, 48 ans. Cela résulte pour ce dernier de l'attestation qu'il fournit au sénéchal de F. « moyennant serment presté, sa main mise *sur sa poitrine*, (en vertu de sa communion quotidienne) tandis que P^{re} Chablat, n^{re} de Cardalhiac et Jean Tabournel, avocat au siège de Figeac, prêtent serment *sur les s^{ts} évangiles*. Ils affirment donc connaître le s^r P^{re} Lescure, praticien pourveu de l'office de notaire royal de Coumiac, et cela depuis quelques années, qu'il est de bonne vie et mœurs, faisant profession de la religion catholique, apostolique et romaine, n'ayant jamais ouyt dire qu'il ayt commis chose qui méritat réprehention, et a signé avec Belvezé greffier et Raymond Dufau, seigneur de Broussolles, lieutenant général. En ce temps là le premier juif venu n'eût pas même été admis au rôle de concierge, loin de laisser salir les fonctions de préfet à tel ou tel *rastaquouère*. Tout circoncis qui avait tâté jadis de la main la moindre denrée du marché, était tenu de la garder au prix courant comme chose souillée et orde. Dans les lieux à péage, le juif et le bohème payaient audessus du tarif ; pour compenser le droit de naturalisation, on prenait par l'endroit sensible cette race non moins déicide aujourd'hui sous le couvert du tablier à verroterie maçonnique !

Par les soins de cette poignée d'usuriers interlopes et sans patrie, la chaire a été supplantée par le journal, il n'est que temps de s'en apercevoir ! l'église et ses fêtes par le cabaret, la cavalcade et les concours orphéoniques. L'église St-Martin devint ainsi, au siècle dernier, l'asile des montreurs de bêtes, la remise et l'auberge actuelle du *Pont d'or*, autour de laquelle grimace une rangée de vieux modillons. Cette paroisse englobait le village de la Dausse, le hameau du Vignoble-*de-l'éguille*, 1792, à cause de cette sorte d'obélisque, sans doute destiné avec l'aiguille de la côte de Lissac, seuls subsistants parmi les quatre qui enserraient Figeac, à limiter les franchises de la ville. Herbemol domaine en 1777 du s^r Dumond de Sournac, était de St-Martin, ainsi que Barrou, demeure du s^r Flotard Dulaurens, bourgeois ; et le domaine de la Toulsane. Quelques noms de paroissiens encore : sieur Louis Fages, bourgeois au vil. de Bassignac (St-Mar.) vend le 15 juillet 1789 à Me Dominique Bladviel, avocat (fils de feu Me Raymond) habitant en son *repaire* de Tremons (St-M.) une chataîgneraie par lui acquise de Me Maurandy, avt, le 9 courant, au terroir d'Ogriol, dépendant d'Etampe, près le chin de la Tour Nègre à Figeac. [Titres de Mr Gardes, en cet ancien castel de Trémons.] Le dit Dominique demeurait 18 ans auparavant en son vignoble de la Cassaniole (St-Martin), lequel village de La Cassaniole était mi-partie (la portion prieurale du moins, croyons-nous), c'est-à-dire rattachée au clocher de Faycelles pour quelques maisons. Sr Jn Fois Rossignol, sieur d'Etampes (St-Martin), était capitaine d'infanterie, le 18 may 1722. En 1771, sr Fois Jh de Rossignol, bourgeois de Fgc. 41 ans, séjourne tantôt en notre ville, tantôt *en sa maison* au vill. d'Etampes, où nous trouvons noble Louis d'Estampe sr de Roussigniol, par une inversion sans doute fautive d'un clerc de notaire ; car Etampes a dû être une petite seigneurie. Nous en avons plusieurs indices en outre des mots soulignés, *sa maison*, au sens de maison noble, maison forte. Nous avons lu d'O Shéa un charmant livre sur LA MAISON BASQUE. Anne d'Etampes, fille à Louis et à dlle Cath. Dulaurens, naquit le 15 mars 1785. Tampes, (*sic*) Jacq. Rossignol était né le 18 avril précédent ; et Jne Rossignol Detempes le 17 décembre 1786, tenue par Raymond Detampes son frère et Jno Cantaloube sa proche parente.

XVI. — *St-Georges*

A mi-chemin entre St-Dau et Figeac. Cette église fut détruite, vers 1848, lors de la construction de la route de Cahors qui n'en a laissé que la fontaine du même vocable. En 1558, Pre de Sahuc ? chanoine de Fig., est prieur de St-Georges et son annexe de St-Daou. La même année, il investit de son office de prieur Jean Raynié, prêtre de Fig.

En 1657 Jn de Las Places, habitait le moulin de St-Geor. (juridiction de Fig.) assis près l'église de St-Geor. et le chemin de Fig. à Camboulit. Les autres lieux habités de cette petite paroisse, tour à tour matrice ou annexe de St-Dau, furent :
1º le fief del Causse de *Carlusset*, (un mot qui revient à petit château) ou las Cambres signifiant *les voûtes*, maisons basses.
2º le domaine de la Morne, 1776 ; 3º celui de Caniac, apparte-

nant l'année suivante à Mr Baduel, m^d de Fig. 4º la Vilieyrie. 5º la métairie de la Pecatie ou mieux de la Peintre, à M. Delbourg, médecin, 1758 ; et celle de M. d'Auglenat à St-Georges, etc. Mr de Laporte, sieur de Nayrac, en 1696 était au service (du roi). Noble J.B. Raymond de Laporte, de Figeac, autrement désigné l'abbé de Laporte, demandait judiciairement en 1758-1761 à un travailleur de St-Ge. le délaissement d'un pré aux appartenances de St-Georges confrontant du levant avec pré de d^{lle} Catherine de Laporte, du midy avec le canal de Cele, du couchant avec l'égl. de St-G. et du septentrion avec chem^{in} de Fig. à St-Dau. Il nous en est resté au m^{in} situé un peu en amont, sous Nayrac, l'appellation ancienne de m^{in} de Laporte. Les ponts et les moulins troquèrent toujours facilement leur nom originaire contre ceux de leurs détenteurs ou constructeurs successifs. La remarque vaut la peine d'être faite.

St-Dau

Au siècle dernier, cette cure desservait les villages de Longuet, de Lacroux, de La Bijounie, de Moulenac, de Puy-de-Corn qui passe pour avoir eu une chapelle au voisinage d'une vigne où M. Gauzens nous a montré de très vieilles sépultures dans des auges de pierre. Joignons-y le domaine de la Roubertie, le Mas del Sol, le Mas de Balestié, le m^{in} de Merdanson, ailleurs de Merlenson, dont un habitant reçut l'inhumation à Béduer, mais pour cause d'inondation, en 1748. Le village de St-Cirgues, auprès duquel les terroirs de Las Canals, la Grilière et les tènements « jadis village de Canhiac » et de La Font Vialane, reconnus en 1480 au chapitre de Fig. Quatorze ans auparavant, religieux frère Ramund Bonau était prieur Sancti Daonis. J^n Longpui en fut curé en 1751 ; et Bergougougnous en 1754 ; Lagane en 1771 ; ailleurs Lugant en 1772. J^n Castanié y était vicaire en 1695. Au XVIIIe siècle, les vicaires changeaient fréquemment de poste, car il y en avait dans la plupart des paroisses, et c'étaient eux qui tenaient habituellement les registres de catholicité. Nous trouvons l'appellation de *Ceint d'eau* dès 1792, en vue de faire oublier le s^t abbé Daon. Le petit bourg, sans être tout à fait au confluent du Drauzou dans le

Célé, est parfois, au printemps, serré de près à l'ouest par la vaste nappe de leurs eaux limoneuses en rupture de lit.

Noble Exupère de Blanchefort de Pause, curé de Lacapelle-de-Fig. à l'occasion de son domaine de St-Dau, dans son procès contre d[lle] Angélique de Bramaric, veuve de noble Antoine de Gimel sieur de Paluel, près Sarlat, fit entendre J[h] Sourdès s[r] de la Barreyrie, bourgeois à St-Deau. Il déposa le 14 mars 1724, devant Pierre de Palhasse, écuyer, lieut[t] gl. en la sénéch. de Fig. que la dite demoiselle proféra contre le curé des injures atroces, pour avoir interrompu le coulant de la fontaine de leurs prés, l'appelant « *fripon, coquin, le tuteyant* et lui disant qu'il n'étoit pas joly qu'il eut voulù tondre avec un couteau une brebis qu'il avoit trouvée dans son bien, et qu'il prit garde qu'on ne fît pas comme à Lunan, dont on l'avoit chassé. » La d[lle] prétendoit que le dit Blanchefort « se prenant à son valet et le tenant à la boutonnière luy dit plusieurs fois avec de grandes secousses : *petit drole, petit fripon,* qu'il vous en souvienne que ce petit drôle entre dans mon bien ! Je te rangeray. Il vaudroit mieux que tu feusses auprès de ton père — et toi à ta paroisse », répartit le valet, le tutoyant, etc.

Ce Gimel descendait de noble Guillaume de Gunelh (Gimel) dit de Paluel, vivant en 1558, mais plus récemment de d[lle] Perrette de Laborie, dite en 1703 v[ve] de noble J[n] de Gimel s[r] de Paluel qui mourut à St-Dau après 1695, laissant 2 enfants. Au 21 juillet 1788, la dame Cérède était pareillement v[ve] de noble Jacques de Gimel de Paluel, ancien command[t] du bat[on] de Fig[e], chevailler de St-Louis. Un écusson marque la porte d'entrée de la modeste gentilhommière close de hauts murs. Tout autre est le château de St-Dau, massif, imposant, encore crénelé, adossé à la corniche rocheuse qui borde le plateau abrupt. Il appartient, comme autrefois, à la famille Guary, qui l'a restauré partiellement et a bastionné la porte par d'élégants pavillons, d'où la vue, gracieusement bornée d'un côté par le viaduc, s'étend de l'autre jusqu'à la bourgade de Béduer étagée à plaisir le long de la colline opposée. M. Guary ne sauva, dit-on, son château, en 1793, qu'en payant *de son côté*, pour qu'ils s'y employassent mollement, les ouvriers requis par la municipalité pour le démolir. L'entrée de la chapelle domestique en arrière de l'édifice porte sur un cartouche renaissance l'inscription connue : *Inquirentibus Dominum, non deficient omnia bona*. Le 9 avril 1750, collation fut faite par le s^r F^{ois} Guary, de la chapelenie déserviable en l'église de St-Deau, devant Grand, n^{re}.

Lundieu

L'abbaye des filles *Luminis Dei* avait en 1619 directe et rentes sur l'Ourtou (Cardaillac); une métairie à Herbemol et une à Londieu près Figeac, 1702, et les bois : 1° de Listour, de 16 arpents, 66 perches, touchant au Célé. 2° de la Jourdanie, 16 arpents, 14 perches, confrontant au bois de Me P^{re} Lofficial, curé de St-Martin, l'an 1752, et à leurs autres biens ou à la propriété des Clarisses [B. 64, archiv. de l'Aveyron, maitrise de Rodez]. Notre état des biens n'est pas limitatif.

Joignons quelques prieures : 1468 dame J^{ne} de Jolia, prieuresse du moustier de Lundieu ? de la ville de Fig. — 9 août 1592, Madeleine de Mirambel [greffe de Figeac]. — 13 avril 1649, dame Dezirée de Chaucenejoul (apparemment de Cressensac). — 1er décembre 1664, F^{oise} de Palhasse, à la tête de 6 professes. — 9 juillet 1681, Marie d'Hugounou. — 16 juillet 1722, Antoinette de Périeres. — En 1789, J^{ne} Vayssié s'y trouvait comme simple religieuse. [Reg. d'ét. civil de Livernon.]

Clarisses

Biens : en 1752. Un domaine à Clavelou, dont dépend un bois de 6 arpents, 38 perches confrontant aux terres de Londieu et à bois des dominicains. — Au 1er janv. 1793, le domaine ci-devant de Ste-Claire appartient au citoyen Faral, (peut-être leur prête-nom, comme il arriva parfois).

Clarisses de 1701 : sœur F^{oise} de Daynac, *abbesse*. Sr J^{ne} du Triaulou, *vicaire*. Sr Gab^{lle} de Garrigues, Sr Cécile de Born et F^{oise} de Barié, *discrettes*, ainsi que Annette de Borelly.

Sœurs : F^{oise} de Bras (prob. de la branche des Gasquet d'Altillac, Corrèze). Izabeau *de* Dufour (particule de surérogation ridicule au lieu de Du Four). F^{oise} *de* Dufau. Clémante de

St-Géry. Thérèze de Jausions. Jeanne et Louise de Cance, Madeleine d'Aymeric (de Sarlat ?) dot, 1500 liv.

Carmes

Le manuscrit vol. 125 du fonds Doat à la bibl. nat. mentionne des eschanges à la date du 5 septembre entre le doyen de l'abbaye de Fig. et les pères carmes dudit, de certaines rentes ; et l'extrait des lettres de sauvegarde de Guichard, seigneur d'Ulphe, chevalier, sénéchal de Quercy, en faveur des mêmes carmes, avec les actes du commissaire délégué pour l'exécution. 9 août 1399.

Nous avons relevé chez un chiffonnier de Fig. pour 1469, frères Bertrand Senez ? carme et Bernard del Solier, de l'ordre du carmel de Fig. L'an 1644 F^{oise} de Ginoulhiac de Valhiac, dame viscomtesse de Béduer, dame de Sounac, Corn et Goudou, épouse de haut et puissant J^n Louis de Lostanges, vic^{te} de Béd. b^{on} de Felzinc, Cuzac, Linac, Bouzac, Marqueyssac, fonda une chapelle au couvent de nos carmes, moyennant 130 liv. une fois données. Le R. P. Gervais de St Gabriel agit en 1695 comme leur procureur syndic. Frère Valérien, carme de la communauté de Fig. faisait office de vicaire à Gréalou en 1718, ainsi que frère Augustin en 1762. Enfin nous eûmes pour carmes en 1758 frères Prosper ; et Vincens 1783. Même en retournant le fond du sac, c'est là tout ce que nous avons pu recueillir de maigres fiches éparses sur ces divers couvents.

Revenons sur ce sujet à l'aide de quelques notes d'abord égarées dans le dossier de nos chartes latines relatives à Rocamadour, (que nous publions au *Bulletin de la société historique de la Corrèze, siège à Brive*, où il en a déjà paru une trentaine, disséminées dans le *cartulaire de Tulle* par nous édité). Les grands carmes existaient à Figeac au 31 décembre 1295, au moins [Mss. Lacabane]; tandis que Debons ne les y fait débuter qu'en 1340. Vers cette date, dit-il, p. 148 des *Annales*, un baron de Cardaillac, surnommé Brengues (du nom de cette terre) fonda en cette paroisse un couvent de religieux du Mont-Carmel, dont on aperçoit encore les ruines, et ayant pris l'habit et la besace de cet ordre antique, il obtint de son évêque et parent, Bertrand de Cardaillac, le transfert de sa communauté à Figeac, où il bâtit le cloître, au faubourg d'Aujou, sur l'emplacement de l'église paroissiale St-Thomas, portée en ville à cet effet. Un vieux pouillé de M. Greil confirme cette double fondation per baronem de Brenguis.

La *généalogie* de la maison *Hébrard de St-Sulpice*, pour défigurée qu'elle soit par le défaut absolu de critique de son auteur, M. Bourrousse de Laforc, d'ailleurs méritant, mais qui a ramassé tous les Hébrard possibles, jusqu'à ceux de Veyrinas, près Nexon, (Hᵉ Vᵉ) ! croyant faire œuvre pie à recoller tant de morceaux disparates, cette généalogie, vraie néanmoins dans ses grandes lignes, signale (p. 61) en 1360 un Marquès de Cardaillac, seigneur dudit, Montbrun, Brengues. Nous n'avons pas sous la main la filiation imprimée des Cardaillac, tant on manque cruellement d'outils dans les petites villes !

En 1454, nous savons ici existante la « confrayria de la mayre de Dieu delz carmes ». Puis un titre de 1534 relate au terroir de Picapeyre, une « maison et pigeonier près le cou-
» vent des Carmes, l'ouradou et pactus qu'est devant l'*esglise*
» *des malades* (léproserie), le clos de Pʳᵉ Cayron, bourgeois,
» le chemin sive *coste de Rocamadou* et le pré du couvent
» des Carmes ». Les quelques survivants du massacre que firent de ces religieux les huguenots, 1576, (barbares au point d'enterrer vivants deux carmes jusqu'au col et de les achever en jouant au palet contre leurs têtes en guise de cible), les survivants, disons-nous, obtinrent du chapitre St-Sauveur la cession de la maison du doyen. Ils s'y établirent, missionnaires actifs, convertisseurs de leurs bourreaux, et faisant leurs offices en la chapelle *N.-D. de Pitié*, chapelle qui, dès le 15 novembre 1470, avait une dotation de rentes sur Puechal, etc. (Lissac), au profit des chanoines, encore jouissants en 1722. Les Carmes rebâtirent sur les ruines de leur cloître 5 ou 6 cellules. Le 24ᵉ septembre 1670, Balthesare de Doullet, métayère à Planiolles, de feu François Lacalm, mᵈ de Fig. lègue 5 liv. à l'église desdits pères où elle veut sépulture. Elle fut imitée par noble Marc-Anthoine de Granhiou, sʳ de Camferran, mareschal de camp et armées du roy, qui donna 500 liv. « par testament
» solempne du 4ᵉ d'octobre 1674, houbert (ouvert) leu, publié

» et authorizé devant M⁰ Géraud Cambou, dr ez droitz, juge de
» Béduer où il seroit décédé », laissant pour héritier son neveu, Guabr. Teulyé, bourgoix habᵗ de la ville de Cajarc. Ce dernier, par mandement du 23 Xᵇʳᵉ 1675 délègue aux Carmes le seigneur de Béduer pour même somme, à charge de 12 messes par an, « chacun 1ᵉʳ lundi du mois dans la chapelle du crucifiq de leur église, et que le dit de Campféran auroit faict réparer et meubler ». - Reçu Cérède. Vers cette année on y trouve R. P. Soulacroix, guardien ; Jacques Rodes, custode des custodes (sic) ; Enbroize Jausions, lecteur en théologie ; Germain Rodes, discret, et Bornet ?

Il faut ajouter à l'honneur de Figeac que notre carmel était une maison-mère qui avait dans sa dépendance, entr'autres, le carmel des carmes de St-Antonin de Rouergue, selon un renseignement dû à M. Forestié, l'imprimeur de Montauban, très zélé, comme l'on sait, pour le passé historique de sa région. 1724 vit commencer la construction de l'aile gauche du carmel d'Aujou, par les soins du P. Théophile Vigier, d'Aurillac, l'aile opposée étant due en 1740 au P. Amans Nolorgues, de Conques. Venu lors du chapitre général qui se tint ici en 1736, il y fit graver ces vers, pour l'édification de la postérité, sans se douter qu'ils allaient, un siècle plus tard, faire un sujet quotidien d'ébahissement à pied et à cheval pour la gendarmerie !

<pre>
        Impia gens quondam muros destruxerat istos ;
        Virtus Carmeli struxit, et auxit eos.
</pre>

Le même Amans y était prieur en 1744. Un acte postérieur de 40 ans, dit que le supérieur en est électif et triennal. Au 14 juin 1725, le P. Daniel, syndic des carmes, afferme deux prairies voisines du couvent, 450 fr. par an. Dlle Marianne La Clavière, épouse Guary, teinturier, lègue, 21 avril 1747, aux carmes 60 liv. pour 20 messes et sa sépulture en leur égl. ès tombeaux de ses prédéc. elle laissa 30 liv. aux dames (de la miséric.?) à distrib. aux pauvres. En 1767, il y avait 4 religieux. Enfin, le 23 mai 1783, haut et puissant Hugues de Lostanges, seigneur de Cuzac, cobaron de Felzins, 71 ans, demeurant à Fig., était enterré en la chapelle des carmes dont il était patron, selon concession du 19 juin 1644. Depuis lors, l'église urbaine St-Thomas, au quartier de ce nom, ayant été vendue aux enchères révolutionnaires et démolie, l'église conventuelle suburbaine a repris sa destination de succursale paroissialle.

Augustins

Quant aux ermites, ou mieux chanoines réguliers de Saint-Augustin, Debons, sans être fixé sur leur date d'établissement, (par les consuls apparemment et sur terrain fourni par la ville? à la sollicitation des habitants de cette partie excentrique, de l'est, moins favorisée) se tait de même, faute de les connaître, pour les noms des fondateurs. Cette communauté, datant ici d'environ 1344, fut toujours peu nombreuse, dit-il, même trop peu soucieuse de nous mettre dans le secret de ses origines chez nous, suivant sa remarque aigre, mais d'autant plus légitime que la plupart de ses religieux, nôtres déjà par leur berceau, comme on va le voir, faisaient longue résidence, à l'inverse des dominicains, étrangers, et très vagabonds au sens latin.

Voici d'abord, 26 juin 1431, réunis en chapitre Ramundus Olmeti, prior, Petrus Regis, lector, Pierre de Grèzes, J^n Valence, Raym. Régis, J^n Courbou, P. de Clanis, Géraud Fabre. Ils ont accensé, appensionaverunt, une vigne *herme* (inculte par guerres sans doute) au terroir del Compeyre (Fig.) à Joh. Lestro, ailleurs Lestroa, burgensi Fig. sous la rente d'une émine de vin d'aumône payable le jeudi-saint à la cène. Signé, Sicard (de St-Sicaire, un des SS. Innocents), Pradal, n^{re} *royal* de Fig. — Devant Hugon de Roffet (racine Radulphus) autre bail à Emphytéose de terre à Marsal (Fig.) par les augustins assemblés au réfectoire le 26 mars 1467 : discrets et religieux frères P. (pour P^{re}) Marcilhiac prieur, Hugo Judicis lector, Durandus Yssaly, Estephanus Roset, autre Et. Rouset son neveu, P. Costes, Joh. Capval, Ramun. Cammeilh, J. (pour J^n) Bessieyra, J. Bodet, G. (pour Guill.) Tournier, Déodat Montet et J. Baldi.

16 décembre 1486. Arrentement pour le lieu de las Teulieyras, in barrio del Py, par P. Marcilhiac, viccario conventus pro anno presente et J. Bessieyra in sacra pagina presentato, sindico. — 5 décembre 1517, honor. J. de Naucaze, operarius

S^i Salvat. Fig. certioré du legs fait aux Augustins par Vincent de Chauvet, n^{re} de Fig. d'un bois au territoire de Calmon (Fig.) près le chemin dudit à Sayrignac et aquam Celeris, par testament du 31 mai 1517 investit par tradition du présent instrument en les mains du prieur, les religieux suivants : J. Bancarel prior, J. Boysse, Raym. Négrier, in sacra pagina *presentatus*, Bern. Vacarias, Anth. Tarro (Terrou) Hostacium Rozet (Eustache Rouzet, tous noms portés encore), Guil. Dardena et Guisbertum Calmon, et l'ouvrier s'y fait reconnaître par eux. Reçu Gér. Cabridenx. Suivent les dispositions funèbres du n^{re} qui renonce en latin, au diable ennemi du genre humain et à toutes ses œuvres, déclarant que si (quod absit gratia Dei) ce qu'à Dieu ne plaise ! il changeait de volonté et venait à donner ses biens au diable, il révoque d'avance ce don comme infâme et sans cause, élit sépulture en la nef de leur égl. et tombe de sa feue femme Jacmette (aujourd. Jacquette ou Jacqueline) et veut 30 messes à sa sépulture, payées chacune 15 deniers par prêtre etc. et institue Guil. Chalvet n^{re} son fils.

Relatons en détail aussi la pièce suivante. Elle nous fera mieux connaître, en effet, la haute origine de *La Capelette*, but déjà « ancien de processions populaires pour obtenir de la pluie », d'après Debons, aux termes d'une délibération communale du 28 octobre 1677. Situé sur un petit plateau rocheux d'ingrate silice, à portée des chemins, cet oratoire aura peut-être succédé à une croix officielle de franchise (*decus*), puis aussi de péage, au nord, dans la direction de *la châtaigneraie*, (*lo castanhal*).

Donc, en 1527, le 28e fév. noble P. de l'Albrespy, seign^r dels Herms (dioc. de Rodez), habit. de Fig. vend à prudent P. Huzols, m^d de Fig. une vigne au terroir de Malcamp (dit Puech Rouch, 1700) ès dépend. de Fig. confront. à pré de noble Glaude La Roqua, chenev. de *noble* (notable) J^n Gary, bourgeois, (il y eut cependant des gens de noblesse reçus et se qualifiant *bourgeois* de telle ou telle ville, au sens de *vezi*) ; et cum itinere quo itur de porta de Montferier versus capellam *Nostræ Dominæ de la Perga*, vineâ cappellaniæ de Roqua, et il cède en outre 1 maison in loco de Las Teulieyras, in barrio del Py, (on y fabrique encore tuiles et briques) touchant au g^d Sélé, et cum clauso conventus Augustinorum, à une possession de la chapellenie del Bos et au Petit Célé coulant en la ville, puis dans le g^d Célé. Il y ajoute un four à chaux et brique (lateres et calcem) in eodemmet Barrio de Pinu, confrontant au Petit Célé, audit couvent et cum domo præceptoris monasterii Figiaci. L'investiture est faite par Ramond. Negrerii in S. pag. presentatus, prior conventus ; J. Boyssa etiam in s. p. pres. J. Cussonac, Heustac. Rozet, Guil. Negrier rector, J. Sor, P. de Croso, J. Vilhiés et J. Boms ?

Le 6 juillet suivant, noble Baltazar de Narbonnès, sgr. de Puilaunès (Linac) qui eut pour héritier J^n de Narbonès vers 1550, leur fit vente de 30 cestiers de blé de rente à la mesure de Fig. avec 2 l. argent et 2 gelines en fondalité, moyennant 500 l. — Mais au temps d'Aymericus de Boria, in sac. pag. presentatus, c'est-à-dire le 21 août 1531, « la contagion (peste) » estoit grande à Fig., à cause de quoy, le siège de justice » (tribunal) avoit esté transféré à Plaignolles ». Le 10 octobre le dit Eymeric, et Eust. Rouget in s. pag. lector et subprior, J. Farguetus, P. del Cros, J. Vilhès, J. Filhol, augustins, achétent des rentes al Theron (Figeac, - ce vieux mot de Touron signifie fontaine), et à Marsal, à en Beana, à Troba pauc, al Segalar sive La Peyrieyra, et 1 jardin à La Lauta autrement au Pont del Py ; et une maison rue droite du Pin, confr. au fossé de ville.

Leur chapitre du 3 août 1537 y groupe : Guil. Dardenne gd prieur et claustral, in s. pag. prelector ? Step. Roset lector, G. de Négrier, J. Frahendas *sic* de St-Partem (Aveyron), A. Cabridens, Ramond Molenar, P. Cros. 7e. julh. 1556, dins la claustra... J. Serres, affanayre (manœuvre) paye les lods (droit de mutation) à *frayres* (tantôt *pères*) Ant. Passafon, Guil. Negrié, P. Cros, Ant. Saur, J. Vilhiés, J. Calmelhs, per una seuna maiso pausada en los barry del Pey, conf. an la facharie (tannerie) de Me Frances Alégré, n^{re} (*alacer*, vif, sobriquet puis nom tiré du caractère). Leur église avait alors un autel St Gérome.

26 novembre 1557, J. Vil. (complétez avec les noms ci-dessus) susprieur, G. Neg. sindic, F. (François) Soc, P. Cros, J. Fil. Augusti Cabrid. Ant. Saur, J^n Escrosalhie, J. Mol., J. Caumelz,

Nic Roset, achètent vigne à Conjac (au taillable de Fig.) près celle de Mᵉ Balt. Delmas, licᵉ. — Reçu Ant. des Combes, nʳᵒ à F. — 1ᵉʳ may 1573. Frère Jⁿ Escroz. (et 1578) syndic perçoit les lods et ventes d'une maison à Fig. entre doas aiguas, contigue aux tuilières et le 3 mars 1574, dins la maiso delz cappellas de la Guarrigua, *fra*, sic Johan Filh. syndic agit de même pour une maison conf. an l'aigua petita de Cele.

Saccagé et en partie démoli par les Calvinistes (1576) qui firent dans nos provinces centrales tout le mal possible, surtout aux chartriers, — nous l'affirmons hautement après avoir observé leurs agissements en vingt ans de recherches, chemin faisant vers d'autres travaux de reconstitution topographique du sol limousin, par voie de tènement etc. — ce couvent des augustins était situé au milieu du faubourg du Pin, sur la rive gauche du canal. Il appartient, jardin et emplacement ou batiments, aux familles Miret, directeur de Leyme et de Latapie de Balaguier.

C'est avec une émotion poignante que notre pieux historien raconte, p. 280, le cruel martyre du P. Antoine d'Escrozailles, de Faycelles. Victime volontaire des guerres civiles et religieuses de 1576, le dit prieur des Augustins, saisi à l'autel un peu après la consécration des saintes espèces, résista si héroïquement aux forcenés qui voulaient profaner le corps adorable de Notre Seigneur (comme il arrive de nos jours aux francs-maçons, qui osent, après cela, se proclamer mécréants de nos dogmes !) qu'on voyait encore, en 1825, sur le calice l'empreinte des dents du prêtre acharnées à retenir le vase sacré pour consommer l'hostie, en arrêtant leur bras sacrilège et sauvant d'un forfait ces misérables. Sommé de renoncer à sa foi, il fut ensuite exposé tout nu au feu flambant de la cuisine claustrale, et tandis qu'à demi rôti, il trouvait le courage de prier pour ses bourreaux et de s'exhorter lui-même à haute voix, ces ignobles soudards, entre deux rasades, arrosaient du lard fondu de leur ripaille son corps tout grésillé. Bref, il rendit l'âme à quelques heures de là, pendant que son neveu compatissant l'emportait à Faycelles sur son cheval.

8 juin et 30 octobre 1592, Géraud Calvet agit comme syndic dans 2 instruments de fondation de rentes foncières. Cinq ans

après, divers habitants de La Malayrie, La Balme, Crozet, La Contia, Yffernet (Lunan), La Roque et Embalhs (St-Félix) reconnurent tenir des dits religieux un *fait* sive tènement, de Negrasanhes (Lunan) confrontant au Batut, La Roque, — le fait de Bielhe-Carrieyre que le temps passé avoit maisons, — fait de la Granolhieyre dépendant de Seyrinhac, chemin de Figeac à Maurs (la route nouvelle s'y rend par la vallée). Ils avaient cette rente par don, 22 janv. 1403, de Marc de Felzins, seigneur de Montmurat, et à présent (1597) ce fait est de la fondalité de Vincent de Durfort de Séguier, seigneur de Seyrinhac (Lunan). En 1601 les augustins sont reconnus sur un pré au territoire de Conjac, près le ruisseau dudit, en présence de Me Balthazar Martin, praticien de Fig.

En 1599, année durant laquelle Guy Bardolin était prieur du Puy de F. le 6e may, frère Cosme Peleprat, d^r en thé. rég^t. en l'université de Caours, scindic de la province de Tholoze, de l'ordre de Saint-Augustin et vicaire général dudit couvent de Th. suivant le pouvoir à luy donné par son scindicat, substitue pour scindic J.-B. Truchard prophès et prêtre du couv. de Toulouse pour négocier les affaires de celui de Fig. présent Me Hugues Fau, recteur de St-Urcisse, reçu Jacq. Cathala, n^{re} royal, des réduits à Caours. Pour sauver sa créance de 396 liv. 13 s. 4 den., la communauté fit saisir, 29 octobre 1599 sur noble Guion Dujols, s^r de La Roque-Toirac, une boutique à deux visaiges (façades) à Fig. dessoubs sa maison, conf^t. g^d rue allant de la place de l'advoine à celle du froment, et avec boutique de F. Fraust, bourgeois. Trente-sept mois après, d'accord avec le dit Truchard, prieur syndic (1601) et 1602 le saisi transporta le gage sur un sien boriage et m^{in} de la par. de Frontenac; témoin à ce Guil. Vigier Fraust, s^r del Mas, qui a signé G. Del Mas.

1604. 10 juin Ant. d'Aymier prieur, Barth. Barthe sindic, F. Camy religieux, sans préjudice d'autres pères. — 1608, 2 décembre, accord des mêmes prieur et syndic avec Lois F^{ois} de Lostanges, sgr. b^{on} de Béduer, h^r de feue dame J^{ne} de Lusech. Les autres augustins nommés sont J^n Tartas vicaire par le p. Lacroix, provincial constitué (4 mai) et Bernard Farjonel, prêtre aug. Au deffinitoire assemblé à Toulouse par le chapitre provincial, figuraient le 21e may 1609, frère Rivière, vic. gl.; J^n Casalis provinc. ; Georg. Lacroix ; Pelaprat diffiniteur premier ; Michel Bonalaybay ; Gilles Toyé ; Mayne et Thoset.

A Fig. dernier février 1609 Ant. Daymié d^r en s. théol.; J. Tartas vic^e Arnauld Laparra syndic et autres. — 9 décembre 1609 J.-B. Truchard prieur, d^r en th. Augustin Lapierre scindic arrentent 1 jardin au fg du Pin, contigu au claux de noble F^{ois} del Boisset de La Salle, sgr. de las Cepiereys. — 1611 J.-B. Trouchard prieur, A. Lapierre sindic reconnus sur 1 maison au Pin, confront. à 2 voltes, l'une desquelles mène du p^t au g^d Célé. — 1610. Paul Grave proffès et J. B. (Rozet ?) syndic.

1619. F. Camy s. (s. pour syndic et pr. pour prieur). — 1618 J. Magesie pr. — 2 juin 1623, J. Gracieux s. — 1630. Alipe Murat relig. — (Voyez aussi cote 404, série B. invent. de la Hte-Gar^e). — 4 mars et 31 mai 1634 Anselme Caseneuve s. — 5 octobre 1636, à Fig. André Landon, d^r régeant en l'université de Toulouse, vic^e provincial des prov. de Toulo. et Guyenne, P. Condomine pr. J. Prevot s.; Guil. Barbarin et Aug^n Tison religieux accensent une pièce de terrain à la Vayssière (Fig.) conf^t à vigne de Bernard Fleurans, bourgeois, terre de G. Cabrespine, dit *Populus*, vigne de Me J. Pépin, procr au siège de Figeac, et cela au dit Fleurans, en vue de réparer le couvent. Signé J. Pradié n^{re}.

9 avr. 1647, F. Camy vic^e en l'absence de Cosme Tauran pr. arrente ung tronson de terre à Camboulit (dont le nom semblerait venir de *campus bullitus*, terre bien ensoleillée); en la rebière de Drauzou, conf. terre de noble J. de Cairon, s^r de Mandens (Boussac). Cami promet ratification par Gér. Dulac sacristain, Gér. Serieys, P. Teulié, Nicolas Gérard, rel^x.

11 avril 1650. J. Chalup, prieur, F. Camy ; P. Cajarc, J. Savary, Martin Baisse (Vaysse) et Girard S. Augustins, bailhent à fossoyer une vigne à Conjac, de 30 journ^x joignant le chemin de Fig. à S. J^n lo Frech. — 1651 Cajarc est syndic. — 15 avril 1652 Hiacinthe Lavigne pr. — Gab. Cras s. 30 novembre 1653. — Gab. Lavernhie s. 7 fév. 1656 ; et 11 juin 1657 date d'une reconnaissance sur le terroir de St-Georges (taillable de Fig^c.)

André La Bourderie, d^r en th. pr. expose, 15 septembre 1657, à ses relig^x Bertrand Condamino, Ant. Gari, sindic (ailleurs

14 avril Guary sacrist.) et Alexis Viléle, que le P. Garie auroit reçu de feue Dessirée de Chaussenejoulz (Cressensac, née de Maynard, prieure de Lundieu), et avant le décez d'icelle qui feust le dernier de julhet 1657, 30 liv. pour fondation perpétuelle de 3 messes de requiem à dire pour elle en la chapelle N. D. de la paix establie en l'eglise des dits augustins. Sur quoi, ils approuvent et on les célébrera chaque 31 juillet, 1er et 2 août. 1658 même personnel. Mais le 19 mars 1659 une terre au Ségala (Fig.) confrontant celle de Me Ant. Lavaur, d^r et av^t, fut donnée à ferme par Hilarion-Lavaur, prêtre et pr.; Géraud Sérieys scindic, Gab. Cros, sacristain, Hébode (entendez Evode) Marniac, faisant pour eux et Ant. Guari relig^x malade, allitté.

Les bénédictines de Lundieu, le 1er décembre 1664 s'obligent à une rente constituée de 12 l. 10 sols envers les augustins (Evode Marn. pr.) pour les payer de 250 l. en récompense du service divin (messe et sacrements) par eux à elles fait despuis 3 ans. Présent J^n Mole av^t.; reçu Cailus. 1er mars 1665, Evode M. pr. et Alipe Murat d^r en t. prédic^r et s. Ce dernier y était encore 1682.

Ant. Sordès, bourgeois de Fig. en présence de son frère F^{ois} S. prêtre, d^r en t. recteur de Cornus près Castelnau de Mòntratié, vendit, 9 janv. 1667 une vigne à Conjac, à Gab. Palhasse pr. J. Brie, d^r en t. et Alipe M. d^r en t. s. faisant la plus g^{de} et meilleure (plus saine) partie des aug.

Le monastère bénédictin de Bonaigue (Corrèze) eut à subventionner quelques pensionnaires du roi. On ignore s'il en fut de même à Figeac, bien que les archives de la Haute-Vienne conservent [d. 660] l'arrêt du conseil d'état, de 1668 concernant les places de religieux lais concédées à des soldats estropiés dans diverses abbayes du royaume. Qui ne reconnaîtrait dans cet abus de pouvoir avec violation de propriété par virement, un premier acheminement à l'entière main-mise par la Nation sur les biens ecclésiastiques !

En 1676 les aug. de Figeac retiraient des archives de l'ordre à Tolose le livre verd de leurs reconnaissances féodales. Notre collection comprend l'un de ces livres relié en portefeuille de cuir brun gaufré à losanges. 29 décembre 1682 Anton. Tournemire pr.; Vode Manhiac relig.; Innossant Fages, s. promettant faire agréer leur présent assamblement au provincial arrentent au territoire de Tombebiau. Ils s'étaient fait céder une créance, 9 juil. 1681 par Marie d'Hugounou prieure de Lundieu. Peut-être faudrait-il expliquer en partie ces rapports traditionnels des deux couvents par ce passage des *Annales* de Fig., p. 153, où il est rapporté que les dites bénédictines succédèrent aux religieuses de St-Augustin, qui de Lundieu où elles existaient vers 1210, avaient été transférées à Espagnac par Eméric d'Ebrard, évêque de Coïmbre.

N'omettons pas les augustins : Anastaze Desplas, pr.; et Alexan. Coustaux, s. 27 fév. 1680 ; — ni au 7 avr. 1671 Gir. Roubéres et les conventuels Ant. Cammas et F[ois] du Soulier. 8 9bre 1698 Ambr. Garet, pr.; Barnabé Duf; Passide Amadieu, s. et Louis Ray relig. — 11 mai 1702 Barn. Dufour, s. — Par test[t] du 5 juin 1743, d[lle] Gab. de Dumon (de ceux de Sournac), v[ve] de M[r] Me Fages, av[t] d[t] à Fig. demande à être inhumée en leur égl. et leur lègue 50 l. laissant pour h[rs] ses 4 enfants : P[re] Senat Fages, av[t] ainé, et Martial et Marie, épouse du chevalier de Larnagol, enfin la consorte d'Henri Laurensy. — 1744, 45 et 47, Nicolas Duc était pr. Le couvent, en 1767, était réduit à 1 ou 2 pères ; aussi une commission d'évêques ayant été instituée en vue de la réforme des religieux, ainsi que de la réunion et suppression des petites communautés, le corps de ville à Fig. s'assembla, le 10 juillet 1767, demandant énergiquement la conservation des augustins, dominicains ou carmes, attendu l'édification et l'utilité qu'en retiraient nos compatriotes par le moyen des cours de philosophie, de la prédication, des confessions, des conseils médicaux ou juridiques des religieux. Nous les savons si bien pourvus de livres qu'il en est resté des épaves considérables à la bibliothèque communale actuelle, obstinément tenue fermée au public, faute d'une mince allocation au secrétaire de mairie, qui en aurait si facilement la garde, et selon le vœu du ministère, ainsi découragé des envois d'ouvrages d'érudition historique ou de vulgarisation.

En 1776 nous y trouvons le frère N. Paben. L'année précédente, les gens de la ville avaient travaillé à empêcher l'exécution de l'édit de 1768, tendant à l'union des Aug. dont l'église, disaient-ils, était nécessaire aux habitants du Pin.

Une pièce de 1784 porte que leur supérieur est électif, quatriennal. Le 14 mars 1790, N. La Chassaigne est prieur. Le 21 mai 1790, J^n Louis Maynard, P. Maleville et J. Bru apotic°. commissaires municipaux, s'y transportèrent avec le s^r Cas greffier. Le prieur « leur représente un g^d livre de recette et dépence du 22 avr. 1779 au 2 avril » passé, faisant ressortir leur revenu à 1060 l. formé de l'enclos (p^t pré et jardin), 2 pactus attenant, une estation à la porte d'entrée affermée 20 f. 1 p^t jardin dans le cloître, 1 pré à La Laute, 1 pred (Cambouly) — pour 40 f. de rentes obituerres en grain (Lissac, Lunan et St-Félix) chargées d'obits ; et 11 liv. 10 s. de rentes obituaires en argent ; plus quelques rentes foncières ou à locatairie et d'autres constituées, notamment pour 60 liv. par la dame de Ste-Claire ; 96 par leur couv^t de Bourdau (prob. pour Bordeaux), 175 l. par le c^{te} de Lentillac, 110 par l'hôpital de Villefranche. La sacristie n'a que 2 calices d'argent dont 1 sans pied etc. et une croix à prossestions d'argent macsi (massif) etc.

100 vol. env. à la bibl. mais incomplets, sauf la Somme de S. Thomas. — Aux archives, 22 liasses papier ou parchemin, 3 livres des brevets de rentes et une lièvre raisonnée ; ailleurs 5 lits et un pauvre mobilier groupé sous les titres : linge, étaint, cuivre, fert, fayance — 8 poinson, une mait à cochons.

Dettes passives : Le couvent doit au p. Dadel, guardien des Cordeillés de Fig. 400 l. à Bru apotic. 76 l. à Fromant, méd^n, 28 l. 10 s. au s^r Blu proc^r. 6 l. à la Voulenchère (boulangère), pour le pain du domestique 8 l. 14 s. — les gages du domest. 24 l. 6 s.; au peruquier 4 l. 10 s.

Le personnel comprend : 1° le p. Ant. — Et^{ne} La Cassagne, pri. et s.; 50 ans, qui déclare n'être point affiliés. 2° le p. Ferand, prêtre conventuel, 66 ans ; et les ayant priés de se retirer pour reparaître un à un afin de s'expliquer sur leurs intentions de sortir ou non de l'état relig^x le pr. a déclaré vouloir profiter dès ce soir de la liberté qui luy est offerte par le décret de l'assemb. nation. et se retirer en atendant son traitement. [Pièce orig. signée des parties]. Férant, veu ses infirmettes, quelque désir qu'il eut d'ailleurs de finir ses jours dans le monast. obte de se retirer chès ses parents, lorsque son trait^t sera fixé, et a signé. La maison est trouvée en bon état, propre à loger seulement 5 relig^x.

Au 3 août 1793, d'après les papiers de la mairie de Fourmagnac (2ᵉ année de la Républ.), le citoillien F^{ois} Vaissié, prêtre originaire de Fig ci-devant augustin, prieur de ceux de Montauban, exibe à la municipalité ses lettres de vicaire régent pour cette paroisse, à lui envoyées par le citoïen évêque du Lot ; et il est installé, attendu que le ci-devant augustin père Ferrand, faisant les fonctions de vicaire rég^t de Fourm. est infirme et hors d'état. Un teinturier acheta le couvent et mit son atelier dans l'enclos qu'il agrandit par la démolition de l'église. On nous pardonnera cette nomenclature de moines, nécessaire à reconstituer, puisque nous en avions la possibilité, par documents, — uniques peut-être. Le *recensement* d'inventaire du 10 avril 1791 par J^h La Flèche, proc^r de la c^{ne} ajoute : en l'égl. 12 tableaux dont 11 au dessus du m^e autel, — un autel doré ; 1 lutrin ; chapelles : 1º N. D. de la paix avec autel à rétable doré et devant en soye ; 2º des 5 playes avec autel et rétable en peinture, 4 messels dont 1 de l'ordre etc. Le P. Ferran représente les objets, dont plusieurs manquent à l'appel.

Le bureau municipal opérait en même temps aux *carmes*, où il signale h^{te} et basse sacristie, 3 tableaux, de pauvres ornements ; et dans la maison : 18 draps de rechange ; un lit de sergette bleu en la chambre du définiteur ; ailleurs batterie d'étain, vaisselle de fayance blanche ; 3 poinçons etc.

Dominicains

Fondés à Toulouse, en 1215, sous la règle de Saint Augustin, modifiée, les *prêcheurs* furent bientôt attirés par les Figeacois désireux d'esquiver le venin de l'hérésie albigeoise qui avait infecté le Midi de socialistes, de sodomistes, de fanatiques libre-penseurs, précurseurs des francs-maçons, encore acharnés à glorifier comme des martyrs les victimes de l'Inquisition. Le vol. 125 de Doat, parmi les ms. de la bib. nat contient : 1º les lettres de Rodolphe de Boniria (*Bomcia*, selon Debons), sénéchal du roi de France, à l'abbé d'Aurillac et administrat^r du monast. de Fig., le priant et requérant de permettre aux

f. prêcheurs de bâtir à Fig. et leur donner le conseil et secours dont ils auront besoin, 1252.

2° Acte par lequel Guil. de Ladirac, chevalier, 1ᵉʳ consul de Fig. sur la plainte faite aux autres consuls par le prieur des prêcheurs, qu'ils manquoient d'eau potable, lui accorde d'en prendre de la fontaine qui est au delà du pont, et de la conduire par un aqueduc jusques à leur couvent, en 1260. (Ibid. p. 185-186).

3° Permission par Bringuier abbé de St-Sauv. de Fig. aux prêchʳˢ de bâtir 1 pont de bois sur le Scellé, qui passe entre les murailles de la ville et leur couvent ; 1291.

4° Assignation faite aux dits religˣ par Marquès (Marc) de Cardaillac, chev. sgr de Montbrun, de 6 liv. Cahorsiennes, sur les habitans de Rupe-Toiraco, 26 avr. 1405.

5° Lettres du vic. gˡ de Mgr de Cahors sur la consécⁿ de l'égl. et des chapelles du couv. des f. prêch. de Fig. 7 juil. 1454. — *Ibid.* p. 191.

Il faut dire ici que leur couvent placé sur la rive gauche du Célé, et en partie conservé sert d'habitation, avec des remaniements, aux carmélites actuelles.

Quelques noms de prieurs, grâce au 8ᵉ fascicule des arch. histor. de la Gascogne, *les frères prêcheurs en Gasco.* aux XIIIᵉ et XIVᵉ s., par M. l'abbé C. Douais, travail nourri auquel nous renvoyons, forcé de borner nos extraits. Observons seulement que ses identifications sont fréquemment aventurées.

Prieurs de Fig. J. de La Johannie (de Curemonte ?) 1254. — Elie Navarre (Limousin ?) (en 1255 prob.) — Bertr. de Rocamadour 1271-73 homme de gᵈᵉ vertu + 1290. — V. 1277 p. Bertrandi, Castrensis. — Noble Guil. de St-Astier (Dord.) 1278-80. — Bern. de Turnis, de Milhau. 1° De 1280 à 84 et de 85 à 89. Ysarn Laur, de Castres 1294-5. Poncius de Torrellis, de St-Martin près Limoux, 1298 à 1300. — Guil. Aurélie, de Brantôme, 1° de 1301 à 1306 et 2° 1310 à 12. (Cela nous rappelle son compatriote périgⁿ *Orélie*-Antoine I., roi de Patagonie, après avoir été avoué à Périgueux sous le nom de Touneins). — Sixte de Layssac (Aveyr.) 1306-7. — Pet. Ati, de Lavaur (Tarn ? car on hésite à se fier aux restitutions de M. Douais) pri. 1307-1309. — Raym. de Maurel, de Rodez 1309-10. — Raym. Sancy

1314-20 ; — Pons de Foissac (Aveyron) 1323-25, après être entré aux prêch. de Fig. où il était étudiant des *naturalia* 1305 ; *lecteur* de bible 1316 ; *pr.* de Cahors 1325-26 ; *visiteur* des mêmes couvents 1328. — 27e *prieur*, et durant 3 ans, vers 1341 Phil. de Cumbellis, *de predicatione caturcensi*.

L'archevêque de Compostelle, 1318 ; et légat, Bérenger de Landorre, gᵈ prédicatʳ qui passait pour avoir fait des miracles (d'où peut-être le nom de rue de Landorre à Figeac) était issu d'une famille considérable du Rouergue (Nobil. de cette prov. par le scrupuleux, honnête, compétent et modeste d'Abadie de Barrau). Il fut élu provincial des prêchʳˢ de Toulouse en leur concile provincial tenu à Figeac, 22 juil. 1306. Notre ville vit en 1333, le dimanche avant la St-J.-B., un second chapitre fort nombreux.

Bernardus de Maloduno de Terminis, dont M. Douais donne la notice p. 389, veut être redressé en Malodumo, car il il était des de Maubuisson des Termes, castel en amont de St-Denis près Martel. Son cursus vitæ et honorum le montre courant d'un couvent à l'autre, entré en celui de Brive, étudiant des naturalia à celui de Fig. 1293 ; de théol. à Toulouse 1302 ; sous-lecteur à Périgueux 1303 ; — lecteur de théol. 1304, puis prieur à Rodez 1306-7 ; — lecteur de la bible à Fig. 1309 etc. † 1318 à Lyon. Ses confrères ne furent pas moins errants, le rosaire à la main, semant partout l'édification avec les divins enseignements. Joignons-y Bern. Martin, de Figeac 1300. — B. Massanti, dut être de la Motte-Massaut. Guil. Bernardi Figiacensis prieur de Fig. 1295-96. — Hélie de Ferrières de Salagnac, mieux Salignac, dioc. Cah. aujourd. Dord. que Salanhac, H. V. — J. Fabri, figiacensis 1316, ainsi que J. del Puech, étud. de théol. à Cahors, 1284.

Au reste, pour Figeac, il suffit de se reporter aux p. 272, 300, 303 et à bien d'autres pages non indiquées à la table ; de même pour Cahors et les prêcheurs de Montauban.

Passons à l'inédit avec nos fiches : 1431, Jⁿ Delfau, prêchʳ de Fig. — Agnès d'Estaing, épouse de Raym. II. Hébrard, sgr de St-Sulpice, en son testᵗ de 1507, déclare avoir fondé en 1487 aux Jacobins de Fig. une messe quotidienne perpétuelle [généal. Hébr. p. 70.] Vers 1605, Jʰ Du Verger, de Toulouse, prieur hérétique à Fig. 1667. r. p. Domin. Pélissier pr. de Fig. baille a cens la Combe Malaret. — Le 1er aoust de l'année suivante, Bern. Marrein, d^r thé. provincial de la prov. Occitaine, Hyac. de Fonvieille, pr. de Fig. Domin. Nostens, vicaire du dit couv^t de Fig. P. Cloche d^r en philos. J. Lacoste et Guil. Dalga, tous relig^x assignés dans ce couv^t payent la tuile dont on a recouvert leur dortoir après réfection de murs, en déléguant au m^d tiblier, du Pin, leur part du Xme (dîme) de vin et blé à Ladirac, et les 3 herbes de leur pré de la Condamine de Vidalhiac avec celui de leur enclos. Reçu Cérède qui a pour témoin Jaques Bartet peyntre de St-Junien en Limosin. Il signa Berthet et dut être médiocre sire, artiste à peine, puisqu'on ne lui donnait dans l'acte aucune qualification de bienséance ; on lui brûle la politesse.

20e janv. 1671 Guil. Bonhoure, profès et scindic représente à F^{ois} Lacrieu pr. Domin. Nosstens soubz-pr^r, Guil. Dalgua, faisans tout le corps de la c^{té}, qu'il est nécessaire d'achapter pour le g^d auteil de leur égl. ung tabernacle doré, de largieur conpétante et autheur seavoir, 11 pans de largieur et de lautheur à proportion, et pour la disposion (sition) du bas corps, pour son embelissement, il luy doibt avoir 5 paneaux, qui seront *le 5 miestere de la passion, seavoir la pryère au jardrin des houlives, la flagellation, et lexce (ecce) homo et le portemant de la croix ; et le crusifiement* sur la porte dud. tabernacle, et à icelui des niches pour 6 saints de l'ordre avec les ornements nécessaires : et au 2e corps, estre mis 4 angies (*anges*, le clerc écrit comme on prononce à Fig. dans son monde 1/2 lettré) ; pour pourter le domme, et chasque angie doibt pourter son chandelyé en forme de corne d'abondance, et dung frontispice sur le g^d corps et 2 angies, et le tout devoir estre mis après fection (*à perfection* mieux que *après façon* ou mieux *à prix fait*) le dit tabern. doré, savoir toutz les ornemants et molures, et le fonds en couleur d'aseur (azur) et sur le domme du tabern. y estre apozé *une résurrection* et anges nécessaires.

Guil. Lacaze m^e esculteur accepte aussitôt ce devis (qu'il fera le dit tab. en la forme qu'il est sy dessus depains) moy^t 400 liv. et il remettra dans 1 an le travail au g^d autel.

Divers co-péagers parmi lesquels nos prêcheurs avaient en 1690, droit de port et bac à Capdenac. — 1er 7bre 1693, Char Dupuy, syndic. — 8 févr 1694, il reçoit avec J. Lespinasse, dr en th. prieur, et cela de Dauphine de Conquans, vve hre de nob. J. Jh de Colomb escr sgr. de Puyblanc (cne de Cambes) un transport du nom et debte de 322l sur me Fois Huc, nre au Bourc, due à feu Jn Balthesar de Colomb, esc. sgr. de Puyb. son beau-père, par obligé consenti solidairement par nob. Bertr. de Bouysset de La Salle, sr de la Sepière et prieur de Livernon, du 7 fév. 1678. — Sr Guy de Savary, sr de la Sagne, dit de Séguret, bourgeois à La Gravilhie (Faiselles) avait pour frères : Etienne Louis novice aux Chacoppins de Fig. en 1695 et pour aîné Pre, avec Cathin et Paul Savary. Au même an, 12 aout, J. Lesp. présanté en théol. et pr. Jn Louis Jalran, prédicateur génl, Jos. Dupré, Fois Dangeau, lecteur de théo ; Domin. Coutures lect. de phil. (*lecteur* équivaut à professeur, et *définiteur* signifie visiteur-prèfet de discipline) ; Louis Bertr. Jolivet acceptent le don fait à leur synd. Guil. Bonhoure, le 7 courant, de 300 l. par Perrette de Belvezet, vve de Bertr. Laumies, bourgs. de Frontenac, afin de réparer en leur dortoir, une chambre, antich. et cabinet pour son fils r. p. Hyac. Laumiés. Signé, Grand nre et Jérôme Moisen, compagnon chirurgn à Espédalhac.

Tounette d'Escrouzailles, épouse Clauzels, est ensevelie, l'an 1714 au dit couvent, sans doute comme tertiaire, selon l'usage ancien, moyennant aumône ou en prenant l'habit in extremis, comme le pratiquaient au vieux temps force gds seigrs laïques au moustier bénédictin de Tulle. Notons pour 1715, dame Marie de Fraust, vve de mr me Ant. Day, présidt de la cr des aydes de Montauban, prieure des sœurs de Ste Cathe du tiers-ord. de S. Domin. demt à Fig. ayant pour compagnes tertiaires sr Margte de Froment et sr Suzan. de Rayssac. — 19e mars 1715, J. B. Saignes souprieur, à l'absence du pr. Martial-Hyac Guignet, confère en qualité de patron, à Domin. Guignet clerc tonsuré habt de La Réole, dioc. Bazas, la chapelle de Cruzols, desserviable en leur égl. et vacante par † du sr Falret, prestre et prieur de Vic, sy devant titulaire d'icelle, présent Marc-Ant. Day md de Fig. La prise de possession est du 8 avril, par procuration donnée le 27 mars, à mre Pre Louis Domergue, acoliste, de Maurs, devant Seigneuret n^re à La Réolle, *attestée* (légalisée) par de Lourtou, c^ller du roy et jugeen chef de La Réolle.

Notre ville en 1726 paya 10 liv. aux Jacobins pour droit de procession. 26 ans plus tard, ils étaient inscrits aux regist. de la maîtrise de Rodez comme ayant un bois de 6 arpents (de Paris, à 100 perches de 22 pieds, par arpent) et 65 perches, sis près de Figeac, confr. à celui des Clarisses. [b. 64 arch. de Rodez, en la v^lle tour de l'évêché. — Au 17 7bre 1765, P^re Lamarque, à 25 ans, professait la philos. dans la même c^té laquelle en 1767 n'excédait 4 pères.

Les officiers municip^x J^n Bru, Ant. J^h Morice Capval et J^n Tabarly s'y transportant, 20 may 1790, y constatent, sur la représentation des registres par Delbourg prieur déjà en 1789, que les revenus perçus depuis le 13 7bre 1788 sont de 3604 l. 13 s. 9 d., non comprises 639 livr. 9 s. d'en caisse lors dudit arrêté de compte par le provincial Montamas. Pour semblable période, le livre de dépenses accuse 4173 l. 12 s. 9 d. Il produit aussi le g^d livre en basane de 1770, intitulé *brevet général* des titres et pap^rs, qui répond aux dits titres justificatifs conservés intégral^t dans leur meilleur ordre aux archives. Plus une liève de rentes, de 1770, en 101 pages, se totalisant en rentes obituaires à 9 cest. from^t, 6 quartons avoine, 16 de noix et 25 l. arg^t et en rentes foncières 53 cetiers, 7 quartons, une pène, un penon from^t ; 7 quartons avoine, 3 liv. cire, 6 gelines et 407 liv. arg^t dont 215 l. à eux payées par le chapitre St Sauv^r au capital de 4300 l. sur laquelle les sœurs tertiaires ont un capital de 175 liv. Il y a là dessus 120 l. payables chaque 1er janv. sur les états de la province.

Le couvent a aussi à la Boudie (Viazac) 1 p^t domaine semant 22 quartons seigle, 4 de bled sarasin, quelques monchettes (haricots) et ayant pour cavaux (cheptel) 1 paire de baches valant 167 l. — Plus 1 pré à la Condamine (Fig.) affermé 138 l.; 2 vignes à Herbaumol, faisant sur 70 journ^x 32 charges vin ; e 1/4 de la Xme de Ladirac ; avec 3 jardins, pred, champ et vigne en l'enclos, produisant 121 l.

La sacristie a 2 calices etc., un reliquaire servant à la procession de St Antonin (g^de démonstration municipale encore rappelée par le dicton : *diriaü que portat St Antouni d'à*

Rouma ! La ville, 1759, vota des fonds pour une niche à faire faire par Rouquette, sculpteur, et pour aider au relèvement de cette égl. sur la raison que les prêcheurs en démolirent la voûte au XIVe s. afin qu'elle ne servit pas à l'ennemi pour insulter nos murs (escalader). 14 chasubles etc. — égl. p^{te} mais bien décorée, ayant la relique de St Antonin, *patron de la ville*, en 4 châsses.

Biblioth. Plusieurs ouvrages de St Thomas, St Augustin ; Moréri etc. nombre de sermonnaires : La Colombière, le P. Lejeune (de Limoges) ; Biroat ; St-Martin, Claudes ; Fromentières ; Massillon, Fléchier, Terrasson, Cheminée ; — théol. dogmatique du jacobin Alexandre 2 vol., celle des jacob. Calvet, Biluard, Labat et Gonet etc.

Le couvent est disposé pour 16 relig^x. — Le cuvier a 2 cuves de 24 charges chacune, 1 p^t pressoir : la cave compte 5 barriques pleines (49 charges) et 5 poinsons. — Delbourg, J^n F^{ois}, 50 ans, répond qu'il s'en tient sincèrement à son vœu solennel voulant vivre et mourir dans l'état qu'il a embrassé et a signé [Pièce orig. de ma collection]. J^n Jacq. Dauga, 26 ans, prof^r de phil. veut rester dans son ordre, pourveu qu'il ne fut point réuni avec des relig^x d'un ordre différent. Iî se dit affilié au couvent de St-Sever cap. en Gascog. dioc. d'Aire. Augustin Redon, prêtre conventuel, 28 ans, interrogé à son tour isolément, persiste en son état. Le frère Yacyn. Laserre, 76 ans, de même. Il déclare ainsi que Delbourg être affilié et Redon dit avoir le consentement des dits affiliés pour l'être aussi.

Nous extrayons du recensement municipal du 14 avr. 1791, mention d'1 g^d cabinet (armoire) à 2 faces, à tenir les ornements, attaché au mur de la sacristie, 3 tabl^x etc. — Église : 4 confession^x, 2 chapelles, 5 prie dieu, 2 pavillons dont 1 doré pour la proc^n St-Antonin (porté par 4 estafiers, 1773). — Salon avec tabl^x et tapisserie de Bergame. — Cuisine : des fers à hostie, 8 douzaines et 1/2 aciétes grises etc. — Dortoir haut — 4 lits, *au quartier*, (c'est-à-dire fournis aux soldats en ville), etc.; pauvre mobilier, avec un peu d'argenterie sacrée qu'on porta à l'hôtel de la c^{ne} et remit à Mr Pezet, receveur du district qui versa tout à Loubet, directeur de la monnaie de Toulouse, sur bordereau détaillé, que nous avons avec son recepisse du 14 mars 1793.

Debons, p. 381, explique comment le corps de St Antonin, martyr, tiré en 1686 du cimetière St-Calixte de Rome, fut donné par le pape au P. Cloche, général des prêcheurs, qui le 7 juin 1694 en fit présent au provincial d'Aquitaine Fonvielle, lequel le déposa, 1694, au couvent de Fig. Les consuls remplacèrent en 1698 leur patron St Victor par St Antonin, fêté ici dès lors, le dimanche d'avant 10 août la ville fêtait aussi particulièrement SS. Abdon et Sennen, St Roch et la chandeleur, 1759. L'égl. des domin. fut dédiée à N.-D. avec consécration du 7 juillet 1454, à la supplication de Mathurin de Cardaillac-Montbrun et de Claude de Roquefort, son épouse, patrons laïques de la dite maison.

Cordeliers

Ces frères *mineurs* de St François, fondés en 1208 (ordre mendiant à robe grise et ceinture de *corde*), furent établis chez nous, entre 1320 et 1328, par Bertrand de La Tour, d'une famille de coseigneurs de Camboulit. Franciscain, provincial de Guyenne, il devint cardinal en 1320 et † en 1324, ou mieux 1327. Leur installation se fit extra muros, hors la porte Caviale, fg d'Aujou. Le vénérable et noble Aldémar de Felzins y vécut dans une haute piété, avec le don des miracles. Il y termina ses jours dans la 1re 1/2 du xive s. et son tombeau devint un objet de vénération jusqu'à sa profanation par les huguenots (1576), qui mirent le feu au couvent après en avoir égorgé les habitants.

Le 6 fév. 1332 on y passa le contrat du mariage d'un Lentilhac, seig^r dudit [*Nobiliaire* Limousin, par l'abbé Nadaud, III. 501]. En 1469, Bern. Cherine ? gardien, P. Blanchi, J. de Mamo, de Maurs ; F^{ois} Yer ? et P. Boyé y menaient la vie commune. L'an 1581 Géraud Brunel en était scind^c et gardien, † avant 1619. — 1600 F^{ois} de St-Amans, gardien ; P^{re} Laroque, cord^r. — 1619 Ant. Vayres, d^r en s. théol. gard. — 1620 Nicol. Géraud occupe l'emploi. — En 1636 ils bâtissent l'église [Arch. H^{te}-Gar^{ne}, série b. n° 566].

Jⁿ Fenoul, mᵈ à La Baradie (Fourmanhac), parmi les moyens d'excuse qu'il invoque pour n'être point séquestre d'une saisie de 1670, allègue qu'il est créé père espirituel des f.f. mineurs de St Fᵒⁱˢ de Figᶜ par provisions du p. Rode, gardien, du 1ᵉʳ 8ᵇʳᵉ 1669, enregistrées le dit jour au sénéschal. Apparemment il aidait comme tel à leurs quêtes. Dix ans plus tard, le 26 janv. Louis de Fontanel (de Figeac ?) était gardⁿ. En 1695, c'était Ambr. Jausions (de ceux de La Valade de Faycelles), assisté de discrets Bertr. Bouscarat et Bonnevanture Jausions. Vers cette date, ils possèdent une borie à ou près Nayrac de Figᶜ. — Les disposⁿˢ dernières de dˡˡᵉ Jⁿᵉ de Cossieus, habit. de Fig. 29 juil. 1741, prescrivent d'apporter et inhumer son corps en l'égl. des cordʳˢ — qui, en 1767, se bornent à 2 religˣ. L'état voulait les supprimer au profit de l'hôpital, mais la ville les garda. Le 13 mars 1776, Aurélien Donadieu, cord. — 8 juin 1781, Luziès gard. et supʳ de la cᵗᵉ. 2 ans après l'innondation de Figᶜ de 1783, qui gagne fréquemment encore ce même enclos des cord., placé peu en amont du confluent du ruisselet des carmes et du Célé, nos religˣ avaient sur cette rivière et à Fig. un mⁱⁿ dit des cordʳˢ.

Le verbal de visite domiciliaire du 18 mai 1790 par Pʳᵉ Maleville, L. Mainard et Jⁿ *Bru*, offʳˢ municipˣ constate que le gardien Dadel leur a justifié par registre de recette et dépense du 1ᵉʳ 7ᵇʳᵉ 1788 à ce jour, que les revenus sont de 700 liv. pour l'enclos, soit pépinière royale, pré et jardin; 1 vigne de 25 journˣ à Herbemol 72 liv; autre de 12 à la Rode ; 72 l. — autre de 10 j. à Hauteval 54 l.; autre à Combecave, 20 j. donnant 36 l. et 2 chenevières près l'enclos affermées 21 l.

Plus 111 quartons de grain de rente à la Déganie et environs de Fig. ou paroisses de Camboulit, Lissac, St-Félix et St-Pʳᵉ de Toirac. En outre, 43 liv. argᵗ de rentes chargées de messes ou memento, notamment pour Mlle Lacarrière de Labro, Mlle Rouzet, Mʳ Jausions, Mʳ Bladviel, Mʳ Salvat, titulaire de la chapélenie du Bruel.

Sacristie : une croix à processions en bois argenté, 1 calice d'argᵗ etc.; le strict. — Biblioth. 60 vol. dont 16 in-fᵒ le tout très usé et dépareillé. — Arch. : brevets ou titres de propriété, 21 liasses, le terrier étant aux mains du sʳ Delort, feudiste. —

3 chambres garnies d'un mauvais lit, outre 5 paires de draps, 36 serviettes. — 1 pressoir, 2 cuves, 2 barriques et 7 poinçons; 171 l. de créances ; 6 setiers de redevance sur 1/3 du m^{in} leur appartenant, mais ayant cessé de moudre le 6 juil. 1789 par suite des travaux de la g^d route. — Les appart^{ts} sont en bon état, propres à loger 11 relig^x. J. Dadel, gard. confesseur de Ste-Claire, et prédic^r d'avents et carêmes, 40 ans, « pénétré des vœux sacrés qu'il a voués à Dieu depuis 19 ans », mènera la vie claustrale dans un des couvents de l'ordre que l'assemblée nation. fixera aux envir. de la Réole, sa patrie. — Le père Vazeilles, 29 ans, approuvé dans le dioc. simple conventuel, ne demande changement quelconque à sa vie. Le frère Bern. Laporte, affilié de la maison, 67 ans, déclare de même. — Le recolement du 2 avr. 1791 par Soulhol, maire, les off^{rs} Delshens, Vaissié, La Flèche, proc^r de la c^{ne} avec Teullié secr^e gref^r adj^t ne nous apprennent rien de plus. Rebâtis longtemps après 1590, les bâtiments avec l'enclos furent adjugés à vil prix patriotiq^t à 2 bons bougres : Cassaigne et Bru, qui se les partagèrent après un procès où leur profit se fondit.

Capucins

Lors de la peste de 1584, qui emporta 2500 Figeacois, et fut suivie d'une cruelle famine en 1587, des enfants de St François, les capucins de Cahors, accoururent au fléau, dont 7 ou 8 succombèrent en soignant ici ces affreux malades. Ce service signalé fit naître aux habitants l'idée de fixer d'aussi héroïques religieux. En vertu des lettres patentes de 1623, d'une délibération de ville du 25 avril 1623, et cession par Mr de Lamons de l'emplacement de la citadelle rasée cette même année par le peuple sur l'ordre du roi, les capucins s'établirent, en 1625, vis-à-vis la porte du Montviguier, au nord de Figeac, près l'église du Puy [Debons, *passim* ; pouillé Greil ; et b. dossier 455 arch. dép. à Toulouse].

Les consuls, durant l'épidémie qui en fit périr 3, avaient fait vœu d'ériger une chapelle à St Roch. Ils le remplirent en la construisant, vers 1626, dans l'église des capucins, où on se rendait en actions de grâces le 16 août ; leur acquittant même dans ce but 193 liv. par an pour une messe quotidienne, comme le prouve le budget communal de 1759. — 28 fév. et 2 mars 1745 le frère Bernard, prêtre capucin, desservait la par. de Camburac. Le P. Etienne remplaça de même le curé absent, Rouzet, à Planioles, du 5 7bre à 8bre 1763. Un enterrement y fut fait le 30 9bre par Bernardin de St-Antoine, cap. — La maison comprenait 6 à 7 relig^x en 1767.

Au 14 mai 1790 : Devant J^n Bru, apotic. et P^{re} Paul Delshens, d^r en méd. commissaires municipaux, le P. gardien Delshens, requis de présenter ses comptes de régie, répond que la maison ne vivant que d'aumônes et du produit des messes, la chose lui est impossible. La sacristie renferme un ostensoir d'argent de 18 pouces d'élévation, enrichi d'1 diamant de médiocre grandeur avec 2 très p^{ts} à côté et de plusieurs pierres communes. 3 calices etc. 22 chapes, dont 10 en soye, 2 en laine etc. 8 confession^x, 1 cloche de 3 quint^x, une horloge avec son timbre. — Biblioth. : 8 cartes de div. royaumes, 19 volumes de la bible, 98 vol. des d^{rs} et pères de l'Egl., 21 des décrétales ; 145 de théologiens ou casuistes, 165 de piété, 190 livres de sermons, 145 vol. d'hist., 21 de phil., 85 de sujets dif^{ts}, total 889 vol. — Dans les autres pièces nul meuble précieux. — En caisse 200 liv. et une créance de 100 l. léguées par feu Mr Lagane, de Banhac, chan^{ne} de Rocamadour.

Les Relig^x persistent dans leur vie retirée ; quelques-uns réservent de s'expliquer sur leur intention jusqu'à ce que l'assemblée nationale aura prononcé définitiv^t sur leur sort : P^{re} de Viviès, gard^n 63 ans ; Patrice de Mercuès, définiteur, 49 ans. (Nous n'avons là évidemment que leur nom de religion suivi du lieu d'origine, le tout à rapprocher de la liste de 1792 par nous dressée au début du présent travail). Jacq. d'Anglars, vic^e 33 ans ; Ange, de Gourdon, 83 ; Alexis, de Castelnau-de-Montratié, 66 ; *père* Bazile de Lanuejouls 43 ; frère Onézime, de La Gardelle, 53 ; Marc, de Rudelle, 39 ; Bertr. du Basc, 29 ans. — Pas de relig^x afiliés. Jacq. et Basile susdits sont absents. La maison est en bon état, propre à loger 20 relig^x. A son emplacement ont succédé les jardins et la maison Murat de Montay, banquier, près la rue Saint-Jacques et la vaste bâtisse de M. de Conquans, précédemment à M. Tabarly, qui la construisit solidement, mais en dérangeant par là ses affaires.

Clairistes

Reprenons-les pour quelques pages essentielles fournies par un dossier retrouvé. Fondées en fév. 1625, sur l'emplacement actuel de la Ste-Famille, dans les quartiers St-Thomas et Montferrier, par N. de Lavinal, abbesse du monastère de Ste-Claire de Cahors, lui-même établi en 1219, leur colonie dut se suffire à elle-même au début, faute d'assistance par le corps de ville. La commune cependant leur fit ensuite la concession gratuite d'un vacant qui agrandit leur enclos, près des murailles de défense.

Les clairistes se livraient à l'enseignement. Le pouillé Greil voudrait, mais à tort, que nous eussions eu Clairistes *et* Clarisses, car on ne trouve pas trace de ces dernières.

2 8bre 1747, Mr Mo J. Brassac, avocat en parlt, hab. d'Aubin, fils et procureur fondé de Me Ant. Brassac, cller du roy, dr en médicine, en qualité aussi de son donataire contractuel, constitue en dot 3000 l. à sa sœur dlle Marie Ante de Brassac, novice à Ste-Claire, déléguées : 1000 l. sur Charle Jh Fois Jn Ld Aymeric Darribat, cller du roy et juge mage en la sénéche de Rouergue ; 500 l. à la rente de 25 liv. sur dame Marie de Nuéjoul, épouse de Pre Etne Darribat, cller du roy en la sén. et présidial de Rouergue, dues par cont. des 28 7bre 1730 et 2e avr. 1736, reçus Cantarel et Gabriac ; etc., signé : sr de Delmas supre ; de Vilhès, vicaire ; de Cancès, de Jausions, Cancès, d'Aimery, de Latapie, Delrieu, de Latapie, Blesson, Lacaze, Camy, Dupuy, toutes sœurs et avec particule. Reçu Grand.

Dlle Jne de Lestevenie, vve de nob. Henry de Cussonnel, sr de Lalo, de Figc deuement certiorée du veu faict à la relligion et ordre Ste Cl. par dlle Jeannette de C. sa fille, et de la vollonté de dame Foise de La Chapelle (- St-Géraud, Corrèze) de Barn (des de Bar del Peyrou, d'Argentat et La Roque près Montvalent), abbesse de Ste Claire de Fig. et de ses professes de la recevoir en filhe de cœur (chœur) la dote, 29 7bre 1671, de 600 l. qui avec les droits paternels font 1500 l. Ces dames sont : Anne de Palot, Anne de St Supplice, Anne de St-Romain, Toinette de Capval, Victoire de Cardaillac, Marie de Pons, assistées de leur syndic Jac. de Guy, sr de Boisvert, avt; présents : nob. Bertrand Cardaillac, sʳ de Marrival, nob. André de Cussonnel, avᵗ Fᵒⁱˢ de Bellet, prieur de la Capelle de Fig. tous y habᵗˢ. Les signatures marquent d'autres sœurs : Marie de Lacam, Claire de Bar, et sʳ *des anges* de Bar, sʳ *pacifique* de Daynac (de charmants noms !) Gˡˡᵉ de Guarrigues, Ysabeau de Bornes, Vict. de Bras. La même abbesse, au 3 juin précéd., s'accordait avec Hugues Conde, rectʳ de St-Cirgue, hʳ de son frère feu Ant. Conde procʳ en l'electⁿ de Fig. qui avait vendu 800 l. à Ste Cl. une vigne à Combecave, le 26 aoust 1660.

Révérende Anne de Punhet de St-Romⁿ abbesse, assistée des dites St Supplice, Capval et Pons, quitta le 2 julh 1676, dˡˡᵉ Marie Darzat, vʳᵉ de nob. Jⁿ Jacq. de Tredoulat, sʳ du Bac (près St-Parthem), et de son filz Guion de Tr. sgr du B. habᵗ audit château, représentant sa dite mère absente, laquelle agit comme administraresse des biens de ses enfᵗˢ hʳˢ de dˡˡᵉ Dalphine de Colonges, d'un légat de 600 l. fait par Delphine au couvent, par testᵗ du 20ᵉ 9ᵇʳᵉ 1661, reçu Lavaysse, nʳᵉ de La Vinzelle. 7 8ᵇʳᵉ 1677 mêmes abbesse et sœurs qu'en 1676, plus Claire de Bar de La Chap., Marie, des Anges, Pacif. Gab. Vict. ci-dessus, avec Marie de Bornes, et sʳ St Alexis de Bras donnent pouvoir à Louys de Labro, dʳ avᵗ ès cours royalles de Fig. pour *emprunter* 300 l. en vue d'achapt de *bled pour subsister*, comme disait la *cigale de la fable* ; témoin Jⁿ Daymery, dʳ en méd. à Fig.- 30 may 1679, profession solennelle de Fᵘⁱˢᵉ de Barrier, pour la dot et agrégation de laquelle il est payé à la dite Punhet, abbesse et aux mêmes sœurs que dessus, plus Ceceilhe de Born et Françon de Vignes, 1300 l. par Gab. Destroa, sʳ de la Moulière, chanⁿᵉ de St-Sauv., représenté par Mᵉ Durand Destroa, son neveu. Elles ont 1679 la métⁱᵉ de Clavelou (N.-D. de la Capelle de Fig.). — Jⁿ Andrieu, bourgeois de Fig. 23 janv. 1699, notifie à leur syndic Guion Pʳᵉ de Maisonnove, cˡˡᵉʳ en la sénéch. de F. l'opposition qu'il fait à ce qu'elles ferment « une gᵈ rue » aussy entienne que la ville, qui prend de la gᵈ rue de » la Pairoularie et va à l'égl. Ste-Claire, puis à l'égl. St- » Thomas », permettant aux habitᵗˢ du canton de St-Th. d'aller au puits comun de Ste-Marie, au four de la ville, à celui de Mᵉ J. Pradié, nʳᵉ, et à la rivière. Le syndic qui fait commencer la *fermure* excipe de la délibération du conseil général de la c^té de la ville, du 15 courant, approuvée par l'intendant.

19 juin 1744, Louise de Cances, sup. et Thérese de Jauzions, Vic. Marie J^no de Cancé, Magd. d'Aymeric, Magd. de Vilhiés, Marg. de Vignie, discr., assistées de leur conseil Mathu. Lacaze, av^t et du s^r Ant. Armand Audouart, leur sindic, h^res de J^ne de Vilhiés, icelle h^re de Me P^ro Vilhiés, greff^r, tous de Fig., cédent à P. Laborie. bourg. de F. leurs droits sur les Escudié, bourg. Les autres sœurs étaient Marie et F^oise de Latapie, s^r de Viguier, J^ne Delrieu, N. Dufau, Anne Blesson, Marie Lacaze, Marie-Paule Camy, Marg^te Dupuy.

Les mêmes, gouvernées par Marg^e de Viguier de Delmas, plus Ant^ie de Brassac, délaissèrent, le 31 mai 1748, à nob. F^ois Del Fau anc^n capitoul de Toulouse et recev^r des tailles de l'élect. de Fig. y hab. un bois *garrissal* à Combe-Landy, dép de Courbou (Reyrevignes), contigu à des *glébes* privées, signé, sœur de la Vierge, etc. — 27 x^bre suivant, elles baillent à 1/2 fruit, leur mét^ie de Caufour (Fons et Reyrev.) 1750 même supérieure : un acte de 1784 qualifie cette dignité d'élective, triennale (à titre d'abesse). V. 1785 elles ont déjà fermé en leur enclos le portail de Monfarrié.

L'inventaire national du 23e 7bre 1790 par Et^ne. Labanhie, présid^t, J^n F^ois Jalenques, membre du direct. du district et Cassaignes, proc^r sindic, trouve à ces dames un revenu 1° en *créances* de 2078 liv. (rentes constit. sur les religieuses de Lissac, sur le s^r Dufau de La Salabertie (Banhac), sur le s^r Lacombe de Cami, etc.) ; 2° en *rentes* féodales 60 l. (Lissac), vendues 9 9bre 1725 par le s^r Dumond de Plaisance (Fons) ; 3° 2 dom^es produisant 1400 et 900 l. ; 4° le jardin de Montfarrié, 4 *vignes* et 4 chenev. (Fig) 632 l., total revenus, 5070 liv. Leurs *dettes* montent à 4116 liv. 19 sols 9 d. dont 700 à Mme Soyer, de Paris, leur pensionnaire avec sa fille à Fig. 300 au gardien des cordeliers pour honoraire d'aumônerie à 200 l. par an; 1159 l. à M. Jacq. Aimé Chivaille, fils h^r de Sébastien, Ch., etc.

Sacristie et cuisine pauvrement pourvues. Cave, 1 g^d tonau, 3 moyens, 8 petits. — « Chaque relig^se apporte son linge en entrant et il lui demeure propre. » *Sic*.

Au pensionnat, avons trouvé 7 p^ts lits garnis d'étoffe du pays. Archives : g^d livre, des actes de fondation, liasses de titres des rentes ou mémoires et notes de propriété. Argent monnayé 63 liv.

A la précédente liste de clairistes de 1792, nous ajoutons quelques mentions : Madel^{ne} Dupuy, sup., 65 ans, professe en 1742 ; Vaissié et Delbourg, professes en 1769 ; Milhet, portière, professe de 1774 ; M. R. Ségui, m^{esse} des novices, prof. 1776 ; Vaissié de Fontalzine, portière, prof. 1780 ; Blazy, réfectoirière, prof. 1781 ; Rosalie Ségui, infirmière, prof. 1781, ainsi que la sacristaine Barrès et la s^r Lavernhe. — Marie J^{ne} Mainpon La Roche, maîtresse de pension, 27 ans, prof. en 1783 ; — Lacroix, portière, prof. 1784. Dames Dorot. et M^{lre} J^{no} La Salabertie, professes de 1786, 1re m^{esse} de pension, 26 ans, l'autre sœur 28 ans. — Lacurie, réfec. prof. en 86 ; Massebiau, prof. en 87 ; F^{oise} Boudet, 29 ; prof. de 86. — Virol, dite Marthe, prof. en 1775 ; Grif, dite Marg^{te}, prof. en 80. — D^{lle} Marie Olivié, 62 ans, s^r affiliée ainsi que les *tourrières* : Aliez, 33 ans et Vialates, 54 ans. Toutes persistent dans leurs vœux et vies ; seule Mme Barrès réserve sa décision de rester ou sortir. La maison en bon état ne demande que l'entretien et contiendrait 24 relig. avec peu de rép^{on}. (Pièce orig. *apud me*, sur ce g^d pap^r teinté de bleu de la période révol^e). Mr Marty, contrôleur, acheta ce vaste enclos durant la révol^n et l'habitait en 1828. Marie Falrette, ci-devant clairette à Belesme, chef-lieu de district de l'Orne, 54 ans, obtint le 15 Floréal an 3, certificat de translation de son domicile à Fig^e, ayant pension annuelle de 700 l. sur l'Etat.

Lundieu

Quelques notes rétrospectives sur ces bénédictines fondées au nombre de 9, près la Font Redonde, en la banlieue sud de Fig. le 12 août 1279, en 1281, selon le pouillé Greil, qui sans doute prend la date d'installation définitive. Ce fut par les soins et aux frais des bourgeois Conté, Escudier, Mandavi, Lauteri, Ribiére, Escurard, Guari et Bonnet, sous réserve de leur patronage perpétuel pour la nomination de l'abbesse, et de leur droit d'y mettre en pension leurs descendantes directes, le personnel régulier enseignant ne devant point excéder 40 sœurs. Gaillard, abbé de St-Sauv^r, en outre de son consentement comme seigneur temporel, et de l'affranchissement de leur monastère qu'il rendit habile à recevoir dotations ou aumônes, dût contribuer à cet établissemment par de grands dons, puisqu'il a pris aussi rang de fondateur aux yeux de la postérité. La confirmation de la supérieure élue par la communauté lui appartenait. 1468 J^{ne} de Jolia, prieuresse eut des biens près le mas de la Gleyga, à St Daou. Lumen Dei fut ruiné sous Calvin 1576 ; mais reprit vie, sinon sa prospérité ancienne. Loyze de Mirambel, prieuze résigna, 17 8bre 1627, pour J^{ne} des Moureaux, professe à Brageac. Un acte du 1er x^{bre} 1664 nous y montre capitulairement assemblées, au devant de leur parloir, rév^{de} dame en Dieu, F^{oise} de Palhasse, pr^{re} ; à la suite de dauph. de Chalbenjouls, Chaussenejouls ? Delphine de Noailles, J^{ne} de la Nauthonie (2 autres corréziennes, avec les Mirambel et Moreaux, dirions-nous, si J^{ne}, qu'on pourrait prendre pour une de Lauthonie, n'avait signé La Nauthonie), Marg^{ite} de Guisbert, Marie de Vilhiers, Marg. d'Escaffre (signature, s^r pour sœur, *du Triaulou*), et Marie d'Issali, professes.

J^{ne} Fonteilhes, sœur de J^n av^t en la ville d'Albin (Rouergue) et religieuse de Lundieu, est dite *feue*, (morte depuis peu), par mention du 2 7bre 1678. Notre abbé était encore « l'ordinaire collateur du prieuré conventuel de Lundieu », tenu le 1er x^{bre} 1664 par F^{oise} de Palhasse régissant 6 professes ; et 9 juil. 1681 par Marie d'Hugounou. 1702, le couvent, possesseur d'une métairie dite aussi de Lundieu à 3 kil. en aval de Figeac, rive g. du Célé, semble n'avoir, fait improbable cependant, que 2 relig. « Lundieu, ordre de Cluny, la supér. est perpétuelle », sur une pièce de 1739. — 1751 Ant^{te} Mathilde de Tante, pr^{re}. perp.

F.-H. Lostanges, maire de Fig. le 30 7bre 1792 (Voyez la liste des sœurs en tête de cette notice), se transporte à Lundieu et n'y trouve plus que Mme de St-Augustin et deux autres dames, le plus g^d nombre étant déjà parti. Leur invent. du 4 9bre 1790 par Guil. Lacarriére et Jalenques, membres du direct. de Fig. assistés de J^n Thomas Delort, n^{re}, chef de bureau dud. district, constate à l'aide de leur main courante ou de la déclaration de la pr^{re} perp. Fél^{té} Reg. de Vaxis, 61 ans, prof. de la Daurade de Caors, que leurs *revenus* sont :

2000 f. du domaine de la Jourdanie ; 170 f. de vignes à Malaret et Filsac ; 1454 l. 12 s. de recette particulière des pensions du *pensionnat* (registre de 1780 à 90.) ; 1 pré à las Barres (Fig.) 50 f. ; — 600 f. produit de l'enclos, savoir jard., pré, ter., vig. — 1 taillis et chât. à Listour (St-Fél.) 300 f. — 1 pré à La Fon de Laurière (Lissac) 40 f. ; — pré et ter. à Loupiac, 30 l. — l'enclos et dom^e de la Poumarède (c^{ne} du dit, ce prieuré ayant été uni à Lundieu), affermé à Pons Dinety, 400 l. reçu Miquel n^{re} à Puy-l'Evêque. — 900 l. pour 1/2 xme du prieuré de Frayssinet-le-Jelat, affermé à m. Combarieu, curé, bail devant Miquel. — Rentes foncières de la Pomarède et Belmontet rendant 1071 f. — le dom^{ne} de La Roque (par^{se} de Cassagnes, avec 1 château aujourd'hui), et rentes de Cass. et La Roq. affermées à m. Sanhies. 785 l. — rente sur le s^r Segol, de Pomar. 50 l. — rentes de 44 setiers grain, mesure de Fig. sur les par. du dit, et Camboulit, Béd. Liss. St-Den. Cambu. St-Fél. Viaz. Balag. et St-Deau, évaluées 1000 l. plus 24 f. arg^t — redevance de 4 set. from^t sur le s^r Latapie cy-dev^t coseig^r de Balaguier ; — créance sur l'état du roi 48 f. sur la m^{on} c^{ne} de Fig. 40 f. — autres et casuel ou directe sur les fiefs du chapelain de Prayssac etc. 145 — total revenu 7670 l. 5 sols.

Dettes : 956 l. d'impos^{on} royales etc. 1200 l. de pension à Mme Vassal, professe à La Daur. de Cah. ex prieure de La Pomarède. — *Archives* : plus de 100 liasses de titres, à 25 pièces chacune env. et divers *patots* de papiers (bloc, dossier) — parchemins des XII, à XIVe s. de rentes (Faycelle). — Lettres patent. et décret de réunion de la c^{té} des dames de La Pomarède à Lundieu. — Brevets ou terriers, 14e 15e s. — Cotizés ou liéves ; — copie de la fondation de Lundieu signée : Grangie n^{re} — agrégation de J^n Antraygues, 19 mars 1782, signée des religieuses. — Transact^{on} et arrêt du 26 août 1750 au sujet de la xme de certains tèn^{ts} (Freyss.-le G.) — recon^{ces} et terrier pour la dame (prieure) de La Pomarède 1559 ; terrier de Cassagnes et La Roq. 1774 ; du fief de Barbari (Cassanhes) 1658 par Dagar, n^{re} — cah^r d'acquis^{ons} par M. de Gontaud de possessions (Pomar.) ; transact. entre MM. De Durfort — Léobard et Durf^{rt} de Salvanhac et le s^r Lapeyrière, économe de Pomar. 7 7bre 1758 — rouleau du dit œconomat — plan géomét du couvent de Pomarède.

Argent monnayé 300 liv. — 16 vol. de la s. bible — sacristie

1 calice et 1 cib⁃ argent etc. 1 croix de bois doré — lingerie peu fournie ; cave 2 g^{des} cuves, 1 moyenne, pressoir, 7 toneaux moy^{ns}, 3 petits, 2 poinsons — g^d parloir 24 chezes paille, les tentures de tapiss^{ie} en toile peinte — chambre à cotté, 1 lit pour les étrangers, 1 tenture de tap^{ie} de Bergame — au *pensionat* 6 mauv. lits garnis. *Cabaux* 2 p. boeufs, etc. 16 clayes de parc, 3 atteladoires. — Les estations (étages) de la maison, en bon état, pouvant loger 20 relig. au moins. Le domestique leur a donné ses biens (400 l.) à charge d'y demeurer en travaillant. Toutes veulent aussi y mourir, sauf s^r de Liausun qui fait suivre sa sign. des mots : *cet à countre cœur*, quoique le texte ne mentionne pas son refus de rester. (Orig. de ma collect^n).

Chapelles et oratoires

1º St Louys, dans le château royal de Balhène. On y prête serment (les avocats sans doute, ainsi que les parties), en 1667.

2º « Oratoire dels Pelhias ? » 1469, près de la Porte du Montviguier. On sait que les portes de ville et croix de franchises (*dex*) étaient partout mises sous la garde d'un saint, qui avait ainsi succédé au dieu Terme et à Priape. C'est probab^t à ce sacellum que succéda la chapelle de N. D. de la Compassion, aujourd'hui dite du calvaire ou des martyrs, faite et bénite le 17 août 1826, sur l'ancienne porte et tour du Montviguier, qui donna entrée, assure-t-on, et par trahison, aux Huguenots.

3º Eglise des templiers, au milieu de Figeac, où était vers 1700 la maison de ville et où se voyait encore entière cette chapelle (rue du Consulat). Debons présume que ces chevaliers s'établirent à La Curie en 1140, ou mieux v. 1200 ; sur la foi de la tradition.

4º Chap. N. D. de pitié du chapitre, déjà en 1740 (avec la maitrise : près la place de la Raison, 1793).

5º Egl. des pénit^{ts} bleus (vers les Tours ?) servant en 1792 de salle de lecture des lois, à la décade. Ce temple de la morale, touchait la maison Salesse.

6º L'église réformée 1617. Ministre : Hector de Joly 1613 ; P^{re} d'Huron, pasteur 1624.

7° N. D. de La Pergua, 1527, déjà citée; dite de La Pergue, 1556, 1610, près Bressols et Barbiac.

« L'oradou de las 3 crous » simple niche peut être jadis, avec 3 croix, était, 1559, au Séguala, près le ch^{in} de Fig. à Barbiac. L'an X une barrière (d'octroi) était dite de St Jean. Dans les appartenances de Puy de Corn, paroisse St Georges, notons le terroir de *St Berny* 1791. La place haute eut un beau crucifix, en pierre, le long de la halle aux châtaignes, porté le 1er mars 1744 au pied de la maison Vignes, puis Lascazes-Beauvoir, aujourd. Guary, et brisé en 1793.

« Lou prat de St Barthomieu, confront^t à *St Barthomieu*, 1454 : devant cette mention d'un acte authentique, devra disparaître la légende d'un prétendu massacre nocturne des calvinistes au 24 août 1572, à Figeac, sur cet emplacement qui en aurait pris son nom. Au 80° feuillet du registre municip. on n'en coucha pas moins la délib^n du 29 nivose an 3, tendant à mettre l'autel de la Patrie, sur ce champ de St B^y « où, d'après la trad^n, nos pères furent égorgés par les ordres du féroce Charles IX et de l'infame Cath^e de Médicis ! » En 1559 et 1610, la terre dite lou camp St Berthomieu, confronte au fossé de la plate forme et Tour Neuve. Détaché de son domaine del Claux-de-las-Miates, ce champ de 176 ares fut vendu le 19 juil. 1790 par J. B. Fournol, pratic^n, mandataire de son oncle Alph. Louis Durfort-Clermont à J^n Thomas Delord. A la suite de J^n J^h Pradayrol, il appartient, par mutation de 1857, à M. Louis Dominique Pradayrol, ancien juge d'instruction à Figeac. Nous croyons que le calvaire actuel au sommet de la rampe-escalier d'el Réduc est le même point qu'on désigne en 1763, sous le nom d'autel du crucifix et qu'on orna aux frais de la ville par les soins d'un tapissier, le jour de la Fête-Dieu, et le 9 juillet, anniversaire de la délivrance de la ville. En supprimant les paroisses, la révolution vendit leurs divers cimetières sauf un seul dans la ville; en conséquence il fut proposé et adopté, l'an XII, de faire un cimetière unique, près les fossés du Montviguier, celui qui sert encore, quoique rempli d'eau. On vendit pour cela « le communal depuis l'ancien portal de Montfarrié jusqu'au bout des escaliers de Montviguier. »

Institutions hospitalières

1º Dès 1395, même 1361, l'hôpital du Pin, de Fig. possédait vers Bennes diverses pièces de terrain. Le *comandeur* de l'hospital del Py avait fondalité, 1522, au terroir nommé : delà le pont del Grifoul, comme en 1440; tandis qu'en 1469, Gérald La Calmette, prêtre, comme præceptor du même hop. in barº de Pinu avait directe sur Piqua-peyra. Le pouillé Greil le met au Pont du Pin et sous le vocable de St Jean.

2º L'hôpital d'Otralpont, 1361, 1403, 1454. [apparemment le même (plutôt que celui du Pin) que la comanderie del Griffol, 1560], car en 1559, la gleiza de l'hosp. del Gr. confronte au m^{in} de Langel Rigine et avait pour comandeur (gérant) l'an d'après P^{re} des Combes, prêtre, toujours en exercice en 1578, à propos de vignes et rente al Puech del Single.

3º Hôpital St-Sauveur, aliàs del Mostier 1262 [arch. de l'hospice,] patron St Namphase. Il était devant le g^d portail de l'égl. St Sauveur et en dépendait, mais ruiné dès le XVIIIe s. La maison Labanhie en avait pris la place, vers 1780. Il servait aux prêtres et aux pèlerins (en suite prob^t du *pardon* papal accordé 1091 aux visiteurs de notre abbaye, après s'être acheminés à Caniac.) Ant^{me} de Morlhion, bach^r en décrets, prieur d'Asprieyres, vicaire général de Georges, évêq. de Rodez et abbé de Fig^c nomma en 1559, le précept^r de la commenderie ou hospitalerie de St Sauv^r vacante par † de Déodat Dumas. La même année F^{ois} Dumas et J^n de Palhas en étaient précep^{rs}; l'administraient.

4º La Santat. Ce domaine de m^{me} v^{ve} d'Arliguie de Boutières, possédé le 18 mai 1741, par m^r de La Borie, c^{ller} au sénéch. de F. et qui était de la paroisse du Puy, a dû être une lèproserie et aurait pu servir d'assiette aux 1^{eres} huttes à pèlerins du IXe s. qui auraient eu ensuite l'église du Puy pour les desservir. [Debons p. 29; 42.] Est ce là l'hôpital Sobira de 1214? (mieux au Pin) — Le 11 8bre 1538, noble Guy de Cambefort, sgr. de Cambion fit un don notable aux pauvres vergoigneux (hont^x) de N. D. du P.

5º La malaudie ou maison et cimetière des lépreux 1458-59 près Malecarrière, Pradelles, ruisseau d'Aurac (pour les laver), près les carmes 1500, les Miattes et ch^{in} de Lissac; habitée 1563. V. 1700, cette chapelle en ruines, sans toiture, au bout du fg.

d'Aujou, servait à administrer les sacrements aux malfaiteurs qu'on menait au dernier supplice aux *Justices*, et de dévotes femmes dites *dames de la Miséricorde* y faisaient célébrer 1 messe chaque lundi pour ces pendus. Les mots : la gleyza des malaudes, de 1559, s'appliquent ici sans doute.

6° La *misericorde*, « cette œuvre de *bouillons*, remèdes et secours à domicile aux pauvres honteux, sous la direction du curé du Puy et des dames de la ville, fut fondée (en 1600, dit une note partiellement erronée, à la mairie ; Al. de Solminhac ayant siégé de 1637 à 59), sur statuts donnés par Alain, évêque, mais ne fut vraiment établie qu'en 1687, » (1689, Debons). Le pape l'approuva par bulles du 17 mai 1688 et m. Campagnac, curé congruiste de Lissac, † avant 1773, v. 1769 lui laissa ses biens : 40,000 l. par test^t du 24 8bre 1762. L'assistance privée intermittente, non moins moralisatrice et bienfaisante, se régularisa petit à petit en distributions habituelles, dont l'anonymat favorise l'ingratitude en passant pour une créance des pauvres sur la collectivité, car en 1558, s^r Et^{ne} Tremolhes, m^d, était l'un des questeurs (en l'égl.) des pauvres honteux. Les biens de la confrérie de la miseric. furent, au 17 juil. 1775, incorporés à l'hôpital général. Ce qui rend difficile à expliquer, quoique conciliable, la mention d'un syndic, 1784 des œuvres de la miséric. ; — qui alors auraient survécu ou repris vie. En tous cas l'œuvre reparut au début de ce siècle.

7° *Refuge*, fondé par m. Boutaric, de Fig. prêtre du sémin. suivant lettres patentes de mai 1679. Le roi jusqu'en 1714 lui servit 600 liv. de rente pour les nouvelles converties de cette *maison de piété*. Dès 1670, on se proposait d'adjoindre à l'hôpital un asile « de filles malvivantes » ; renouvelé d'un plus ancien, mais m. Boutaric ayant ensuite fait l'achat et pris la charge de cette maison de force, rue d'Aujou contigüe à la chapelle de l'hôpital, il ne fut question de l'unir à l'hôpital qu'en 1755, en vue d'y substituer aux rares filles perdues un groupe d'adultes abandonnés pris parmi les enfants trouvés, majeurs de 7 et même de 14 ans. Ce projet en resta là. Le bon pasteur était desservi par 9 sœurs. C'étaient au 1er fév. 1714, J^{ne} de Cabridens, sup^{re} avec les s^{rs} agrégées : Cath. Solome ; F^{oise} Domergue ; Marg. de Noits ; Toin^{te} Massip ; Guillemette Douson, J^{ne} de Lort, J^{ne} de

Fagat, J^e Bourdelle, Perette de Cabridens. Elles avaient en l'an Il. 1 domaine à la Boudie (Fourmanhac) et 1 à Panafé ; l'un d'eux dès 1777 au moins.

L'*hôpital général,* vulgò l'*hospice,* sous le patronage de St Jacques (-de-Compostelle ; à cause des pélerins) était connu sous le nom d'hôpital d'Aujou dès 1270. Debons, qui cependant ne le dit fondé qu'en 1301, ou plutôt 1304, (entendez agrandi et bien doté) raconte avec la lutte fratricide de ses enfants pour un singe ! que cet hôpital prédomina par la donation générale de noble X. de Balènes, dont la famille bientôt éteinte patrona et dirigea l'établissement. Nos consuls ensuite y eurent la haute main, secondés par 4 quéteurs des meilleures familles, jusqu'en 1682. On y avait uni partie des biens des templiers (notamment la métairie basse près Planiolles.) Le 25 avr. 1458 honor. et discret m^e Jⁿ de Basset, bach^r en décret, preceptor hospitalis *de Auione* ville Fig., capellanusque capellaniæ olim fundatæ par Barth. de Peyrot, bourg. de Fig. à l'autel St Georges dans St Sauveur, accense la borie *de Massabacqua* (Planiollis.) — Papiers de m^r de Farals ; rien de *Bacchus,* on le voit, mais tout trivialement *Ramasse-cache*. L'administration est donc confiée à un prêtre. Un siècle avant, notre bourgeoisie avait grossi les biens.

1462 le comandeur d'Aujou est reconnu au Claux (Camburac) confrontant à La Combe, mouvent du comandeur del Bastit (-du-Causse.) Don en roman d'oc (patois), 1557, aux pauvres de Fig. par Estorc Paramela, bourg. de Fig., senhor de S^a Colomba, cosgr. d'Anglars, La Batude, St Bressos, sgr del Mas del Puech et d'Yfernet ; suivi à 30 ans de là par le legs d'un autre bgs. Ant. de Graves ? sgr de Peret (Lissac.) — 1093 le chan^e Jⁿ Raynée était comand^r de l'hospitalité du fg. d'Au. — 1606 Mathieu Calmon est quêteur-boursier des pauvres. 16 juin 1664 Guion P^{re} Bonebille (Bonneville) d^r en th. est ici comand. aussi bien que recteur de Sénalhiac et Reyrev. D^{lle} Marie de Joli, v^{ve} du s^r Mari ou Allari, bgs de Villefranche, malade le 24 août 1671 en cette maison-dieu et hosp^l St Jacq. fait h^{rs} les pauvres, et veut sépulture et honneurs en leur égl. à la discrétion d'Andrieu, prêtre comand^r; en 1696 Ant. Domergue était proc^r de l'hospice de F., peut être cumulant avec les fonctions de syndic-trésorier.

Louis XIV, qui y unit la plupart des fondations charitables urbaines ci dessus, faisait faire en 1694 la procédure d'union au notre de l'hôpital de Rudelle. Ce diminutif de *roue* n'est pas sans marquer un lieu de g^d passage, une v^{lle} voie, protégée par sa curieuse église forte. Les confiscations sur les protestants semblent avoir profité, en outre à l'hospice, puisqu'il a conservé le livre des contrats de l'égl. réformée de Fig^c 1607-1658. Un procès s'agitait encore en 1676, entre les chevaliers de N. D. du Mont Carmel et de St Lazare de Jérusalem et Guil. Favart, administrat^r des maladreries de Fig^c et Fons, en restitution de revenus.

1709 Raym. Manial, prêtre, rect^r de l'hôp. S. Jac. — Trés^r 1710, 1714, s^r F^{ois} Guary, m^d teinturier, remplacé médiatement sans doute, 1748, par s^r Guil. Francoal, m^d, trés^r, ailleurs qualifié d'admin^r — 1757, 6 9bre s^r Ben^t Gras, sind. et trés. L'hôpital obtint des lettres pat. en 1679, fort modifiées par celles d'avr. 1682, qui adjoignirent aux consuls [seuls dirigeants jusque là avec un chapelain (recteur) pour le spirituel,] 13 administ^{rs} dont 7 laïques et notables. Sur les plans du p. Laspale, pr^r des dominic^{ns} on bâtit, pour 120,000 liv. de 1768 à pâques 1780, l'aile du couchant du bel edifice actuel, avec le g^d corps de logis qui est au midi, en ajournant l'aile orientale. On se proposait en 1769, pour en appliquer les matériaux au vieil hopital délabré, de démolir la tour d'Aujou et de ramener le mur de ville à une hauteur convenable (pour la sécurité.) 26 août 1777, la supér^{re} était s^r Pétronille — 8 sœurs de Nevers le desservent en 1780; arrivées 3 seulement, du 23 mars 1734. Le p. Prosper en était aumônier 1776. En 1780 c'était J^h F^{ois} Debons, notre historien, né le 13 7bre 1754. — Mr de Pezet, fils du capitoul, était administ^r, 1787.

Biens de l'hospice au 18e s. Métairies : 1° de Planioles 1615; Basse de Plan. 1785; de Coucoulagne; de Ravénes. 1 domaine à Tourtonde 1780; — 1 à Espédaillac, Quissac, Reyrevignes, 1780; m^r Lacaze, avocat d'Espéd^c v. 1768 fut un des grands bienf^{rs} de l'hosp. — le dom^e du Claux des Miattes, joui l'an III par l'hosp. en représentation de l'intérêt des 60,000 l. que le c^{te} de Durfort-Clermont, J^h F^{ois} Arm^d avait léguées à l'hosp. Il mourut le 7 juin 1790, à 82 ans et fut enterré avec sa femme, selon leur vœu, au cimet. des pauvres de l'hosp. de Fig. Ils avaient un oratoire dans leur hôtel (maison de m^me Salesses?) L'hôpital avait aussi des biens détachés à St Bressou, St Dau, aux terroirs de Montgiron, du Cayre, du Puech, du Suquet, à Filsac, à Moulvié, à la Maladrerie, à la Combe d'Ainac, etc., jusqu'à une petite seigneurie à La Borie (Sabadel près Latr.) avec son ordinaire (justice) 1739. — Autres donateurs : 4 9bre 1724, Marie d'Arnal, v^ve Pradairol, du Bourg. etc. et par testament, à Paris, du 3 juil. 1784, F^ois Delfau de Roquefort, legs aux pauvres hont^x, d'un capital de 12000 liv. dont la rente leur était encore servie en 1828.

L'inventaire des citoyens Frézac et Calmels, énumére à l'hôpital, 14 8bre 1793 : le mobilier des : salon, salon à manger, cuisine, cuis. des pauv., réfectoire, office, — salle des enfants ; 40 ecuelles d'étein, 2 biberons etc, 17 petits lits garnis, grilles préservatrices devant le feu, 34 robbes d'enf. et 60 p^ts tabliers ; quantité de laine, chanvre peigné, étouppes. — Lingerie des sœurs : 4 draps de lit peints ; 255 draps de lit à l'usage des pauvres, de 2 toiles ; 82 pour enfants ; 900 chemises d'hom. et femm. et 922 d'enf. — chambre de la couture, — infirmerie — autre des hommes — au *cambrou* des incurables, 8 lits ; — infirm. des femmes : 1 chapelle Ste Madel. 177 coeffes longues, 47 *tonios* (coeffe) etc. — h^te salle des convalescents et des p^ts garçons de la filature, 16 lits garnis. — Salle de militaires : 7 lits garnis — salle h^te des femm. conval. 18 lits garnis ; galetas — appart^ts de la s^r Pelras, ci devant s^r Thérèze, de la ci-dev^t s^r Viala (la citoyenne Victoire Viala, chargée des enfans, reçoit 24 janv. 1793, une « créature exposée dans le tour, coeffée de toile du païs, enveloppée d'un p^t lange et d'un mauvais maillot serge de Toulouse marron, avec un écrit sur l'estomac avec ces mots : *ma sœur, baptisez la.* » procès verb. de Lacarrière, juge de p^x.) La robberie des pauvres (amas de guenilles.) — Grenier des noix ; bureau ; appart^t de la cidev^t s^r Debons et Scarbassière, 2 lits ; app^t de la s^r Prat ; celui de la mère ; entresol sur la cuisine ; app^t à côté des enf. trouvés ; app. du cit^n Cachin, secr^re de l'hôp ; autres de l'aumônier, et du cit^n Lescure, prêtre, et du cit^n Guiot, — chez le portier, chez le valet d'écurie ; cuvier, fournial, farinière, four, tuilerie, buanderie, laboratoire de l'apoticairerie, cavot, boutique du tisserand ; chez le jardinier ; et un lot de *ferrataille*.

La chapelle en l'an XI servait de succursale paroissialle. On la dépouilla par verbal du 14 ventose an II après invent. du 23 may 1791, y mentionnant une confré. du s. cœur, et remise des meubles à m. Bras Delshens ci-devant gardien des capucins, aumônier nommé provisoirement pour remplacé le prêtre Debons, déchargé.

On voit que Figeac était pourvu abondamment d'œuvres pies. Au reste, les Figeacois légitimement glorieux du passé comme de l'état alors florissant de leur ville, y demandèrent même, en 1780, la création d'un évêché.

Notes complémentaires

Voici pour l'église du Puy, quelques autres fondations. Le nobiliaire du Rouergue de m. d'Abadie, t. 11. p. 215, nous apprend, à propos des de Fabrefort, originaires de Figeac, et qui eurent des biens à Aubin, et coseigneurie d'Asprières, que le chevalier Hugues de Fabrefort, par test^t du 7 9bre 1357, élut sépulture en l'égl. N. D. du Puy, au tombeau de son père, qui y avait fait construire une chapelle et fondé une chapellenie.

Au 1er x^{bre} 1400 Guil^{me} Salvage, était prieur del Puech. En 1482, 11 juin, c'était le protonotaire Antoine Narbou. Le 9 fév. 1477 l'archiprètré de Fig. et Moliéres était encore tenu par Jean de Gisard, originaire de Flaugnac, quoiqu'il eut testé le 1er 7bre 1475, élisant sépulture en l'égl. de Moliéres, s'il y mourait, et léguant 11 liv. de cire à la torche qui brûle le samedi soir devant l'image de n. d. de Moliéres, et 9 liv. de cire à la chandelle de cire en forme de roue, qui ard devant la même image, et certaine somme à la confrérie des 12 apôtres déjà fondée. [Titres Cardaillac, au château du Mazet, H^{te} V^{ne}.]

Le 23 mai 1458, discret Guil^{me} de Massip, prêtre, desservait la vicairie fondée jadis à l'autel S. S. Pierre et Paul, en l'égl. du P. par P^{re} de Cramaric, marchand de Fig. P^{re} de St Rames, apoticaire, quêteur des pauvres de l'égl. N. D. du P. plaide en l'assise tenue le 15 janv. 1475 à Cardaillac, par noble Bertrand de Mafre, lieutenant du viguier royal de Fig. contre honorable

Dalfina Barassa prioressa de Lissaco. M⁶ J^n de l'Hospital était chapelain, 7 mai 1477, de la vicairie dite de Jeanne Bastide, en la dite égl. du P. où existait, 13 7bre la chapellenie nommée de « mosseignor Peyre Bodet, » jadis fondée par m⁶ p^re Boudet, de Fig. à l'autel St. P^re et alors chantée par messire Et^no Sanson.

La même année, au 12 mai, Nicolas Fretalh, menuisier, et J^ne Boucaude, conjoints, de Fig. tenant pour plus salutaire à leur âme le don d'un denier, leur vie durant, que celui d'un mouton d'or après leur mort, donnent à Hugues Leygue, lic° ès droits, prieur de Toulonjac dioc. et sénéch. de Rodez, et commandeur de l'hôpital du Pin, 6 écus d'or, valant chacun 27 sols et 1/2 tournois, pour faire *ung sobrecel* sur l'autel du dit hôpital. J^n Basset, bach^r en décrets, prieur de Sonac, administrait depuis au moins 2 ans l'hôpital d'Aujou, dont on venait de refondre la cloche.

Le 3 8bre 1490, m° Ymbert Rodeille fonda une vic^ie au Puy, adouptée (dotée) de 21 cestiers de rente. Enfin, François Combes, bourgeois de Fig· institua ses héritiers, 6 juin 1531, les obituaires du Puy et les pauvres honteux, à charge d'une messe par jour pour lui, en la chapelle S. S. P^re et Paul où il voulait être inhumé — En la chapelle de N. D. du Moustier de Fig. était la vic^ie de Narbonès avant le 19 8bre 1470. — Une vic^ie St Barthelemi existait à Fig. (plutôt qu'aux environs) au 11 avril 1458 dotée de rentes sur une maison de la ville.

Un factum imprimé, de 1660, conservé à la Bib. Nat. [Thoisy in f° 5] détruit la défense de F^oise de Paillasse, professe et prieure de Londieu, à l'encontre de Claude de Gibanel de Moncam, bénédictine de Bonesaigne (Corrèze), prétendant droit au prieuré de Londieu, et des sœurs Delphine de Noailles, Guillemette Guillebert (probab. pour Gillibert, de Brive) et l'abbé de Fig. Armand de Fumée, parties intervenantes.

Quant aux *écoles*, en outre de ce que nous en avons dit, m° Gugue de Chalvin, *magistro scolarum* ville Figiaci, est témoin d'une vente de terrain à Cardaillac par Martin Brousse m^d de Fig. Acte reçu Ant. Bouyssou (*ex meis.*) — L'an 1655 et le 21e août, à Fig. devant Vaissié n^re Pierre Cisteron, m^e arquebusier de Fig. « dressant ses paroles à honorables hommes messieurs maîtres Balthezar d'Arnaldy, d^r et advocat, J^n de Rozet, d^r en médecine, P^{re} Ducros, n^{re}, J^n Grave, bourgeois, J^n Fraysse, m^e orfèvre, conseuls modernes (consuls actuels) de la présent ville, et à m^r m^e Salvy Bonore, d^r et avocat, m^e David Houlier. procureur ès auditoires royaulx (avoué), de Fig. Guil. Bladviel, bourg. et J^n Ouradou m^d de Fig. syndics et quêteurs et administr^{rs} de l'hôpital et biens des pauvres de Figeac, leur a représenté qu'un nommé frère Jean Sclafer (nom provenant du sobriquet *usclafer* répandu autour des forges de Bourzolles (Lot), jadis religieux jacobin de la province de Limosin, et maintenant soy disant prêtre et d^r en th, et relig^x de l'ordre du St Esprit, s'estant retiré en cette ville, y auroit faict despuis 3 ou 4 ans qu'il y est, l'*exercice de la régence à l'éducation aux lettres de quelques escholiers*, se croyant estre estably par tel moyen présuposé, s'estre faict pourvoir à l'administration et régence des pauvres et hospital de Fig. et de leurs biens et revenus par provisions de l'évêq. de Constance (Coutances) vic^e g^l du cardinal Ant. Barberin, g^d aulmosnier de France. » etc. — Bref le dit Sclafer comme tel avait assigné l'arquebusier en payement d'une rente aux dits pauvres. *Sclafer*, déformation d'*Escaffre* ?

Un mot en terminant, sur les *Institutions civiles et politiques* :

Après avoir eu à se prémunir, IXe s , contre ses ennemis du dehors, l'abbaye devait avoir pire guerre intestine à soutenir en sa ville au XIIIe s. au pied même de ses murs claustraux, amenée par la mutinerie de ses sujets désireux de se régir, de se laïciser. Noble et puissant Bégon de Calmont d'Olt en soumettant les moines de Fig^c à l'abbaye de Cluny, 18 8bre 1074, affermissait ici la discipline intérieure; libre de fleurir en paix, depuis que la peur des Normands avait décidé, v. 860, l'abbé Raoul à inféoder de nombreux biens ecclésiastiques aux seigneurs voisins pour s'en faire des défenseurs. C'est ainsi qu'il rétribua par anticipation celui de Calmont en donnant à ce seul haut baron, jusqu'à 60 églises et 500 manses ou métairies. Ses autres avoués, vassaux, furent : les de Lentilhac qui lui rendaient hommage, 1335, les nobles maisons de Montmurat, Felzins, Capdenac, Cardaillac, Balaguier, Peyrusse, Morlhon, Béduer, la Roque, Thémines. Leur intérêt commun, plus que la reconnaissance, les groupa souvent autour de notre moustier avec leurs hommes d'armes.

Quant aux rapports des habitants avec les religieux, ils furent selon l'humaine loi, tantôt d'affectueuse union, parfois d'hostilité pure. La révolte populaire, bourgeoise plutôt, battait son plein en 1251. Oubliant que la vénération générale où l'on tenait ses vieux sanctuaires, lui avait valu ses franchises d'impôt royal, selon confirmation de 1181, 1257, etc., la ville, constituée en commune et consulat, probablement dès 1200 au moins, en tout cas fort avant 1318, date d'autre maintenue du roi pour lesdits priviléges, la ville, disons-nous, voulut s'émanciper de l'abbé plus encore. Celui-ci, de guerre lasse, (et le roi, si peu seigneur alors dans notre Midi, avant ses paréages et autres sourdes mains-mises, ne demandait pas d'autre aubaine!) vendit, en 1301 au roi de France, sa pleine juridiction sur la présente ville, — le cloître excepté et réservé (1).

Selon privilège accordé à Figeac, par Philippe V, le 5 8ᵇʳᵉ 1318, le roi, tout en confirmant son consulat et réglant ses franchises, lui concéda levée d'un droit pour le mesurage des grains à la halle, sur les forains, d'un droit sur la viande vendue, d'un droit de pesage des marchandises. La municipalité ne levait rien sur le mesurage du bois et charbon, ni sur la visite des poids et mesures, et vérification des toiles ou draps, non plus que sur la vente du poisson de mer, frais ou sec, et sur les ventes mobilières. Elle obtint de haute lutte exemption des francs-fiefs en févʳ 1344, c'est-à-dire, de l'impôt de mutation sur les biens nobles acquis, généralement par ses bourgeois, qui en tiraient particule. De gros vignerons, des artisans : cloutiers, ciriers, potiers d'étain ou de terre, chapeliers, tanneurs, montaient à sous-bourgeoisie, avec qualité de clincailliers, de marchands du « drap de Figeac, » renommé au moyen âge, de ces toiles rutilantes de chanvre solide et sain, si en vogue au XVIIIᵉ s. A une génération de là, décrassés du mensonge, deshabitués de l'art de tromper, moins impérieux d'ailleurs à mesure qu'on

---

(1) M. le chanoine B. Massabie, curé du Puy, a édité en l'assaisonnant de judicieux commentaires, la traduction résumée des très intéressantes *Coutumes de Figeac*, dans une série de feuilletons historiques intitulés : ORIGINE ET ANCIENNE CONSTITUTION DE LA COMMUNE DE FIGEAC Tulle, Mazeyrie, 1880, 26 8ᵇʳᵉ, au *Limousin et Quercy*.

sort du besoin, ces commerçants devenus notables, gens de loisir en même temps que d'aptitude pour les affaires publiques, poussaient leurs fils aux occupations de l'esprit, aux emplois plus relevés : de greffe, de tabellionnage, etc. Par delà ces échelons, on entrevoyait enfin, pour son arrière-descendant dans un lointain respecté, entre ciel et terre, soit la magistrature civile soit les hautes charges administratives ou politiques. C'était, en effet, une société fort réglée et graduée que le monde de nos pères d'avant 89.

Possédée par l'Anglais 1364, Figeac fut encore prise au 14 8bre 1372 par deux des bandes dudit parti, auquel la région racheta cette ville forte, le 3 août 1373, moy^t 120,000 francs d'or. C'étaient sacrifices perdus, elle repassa sous le joug anglais, 1390. Le *Cabinet historique*, t. IV, a publié d'après les mss. Doat, vol. 125, les lettres du duc d'Anjou, lieuten^t du roi de Fr. maintenant les consuls et hab^{ts} de Fig^c en leurs libertés etc. « en considération de leur fidélité, et de ce qu'ils s'étoient « remis de leur mouvement sous l'obéissance du roi, et souffert « les violences à eux faites par les ennemis de sa majesté, qui « avoient enlevé leurs biens et emprisonné leurs personnes; » X^{bre} 1372. Autres du même, 4 7bre suiv. octroyant aux figeacois, les amendes, forfaitures des gens du ressort de Fig. qui avaient eu intelligence avec l'Anglais, etc.

Les pestes suivirent : 1531, 1588, 1628. Un coûteux procès surgit 1681 entre Figeac et Capdenac au sujet des limites du taillable de ces villes.

Continuant de suivre les faits d'ordre municipal, mentionnons l'arrêt de règlement des 17 et 29 9bre 1692, ramenant nos consuls à 4 au lieu de 5. Echevinage créé en 8bre 1699. Voici comment les choses se passaient en 1759. Le conseil général politique nomma 2 consuls (à chaperons ; et robes en partie noires ; ayant pour auxiliaires 6 valets de ville, 1 concierge et 1 trompette ;) — les 1er et 2e — les deux autres restant en place encore 1 an, savoir : le 1er consul ancien, lequel devient maire, et le 4e devenant le 3e. Ces consuls, en 1731, hommage fait, nomment au roi, pris comme c^{te} de Quercy, leur maison consulaire, places, faubg^s, portes, tours, murailles et les fossés qui servent de promenade : plus les ponts et les édifices y bâtis ; et la pêche sur le Célé en la ville et juridictⁿ de Figᶜ, les puits et fontⁿᵉˢ publics, leurs privilèges : exemption de payer : lods, ventes, échanges, francs fiefs pour biens et rentes nobles ruraux ou urbains : plus le poids commun, mesurage de grain ès marchés, le mercredi et samedi, droit de foires : 23 avril, 26 août, 10 7ᵇʳᵉ, 18 8ᵇʳᵉ, 2, 11, 23 9ᵇʳᵉ ; 1ᵉʳ, 13, 22, 28 xᵇʳᵉ, enfin droit de police. — L'abbé avait gardé la leude de sel.

Vers 1759, les dépenses municipales consistaient en frais de régents, allocations à l'école de filles, loyers de presbytères, entretien des portes (avec loges de portiers), murs, etc. horloge, rétribution pour sonnerie de la prière du matin et du soir (*angélus*), gages des valets etc., matrone, éclairage (18 lanternes aux carrefours ou portes : c'était une sage invitation de nos édiles à rester chez soi, tandis que tel père trop moderne glisse le passe-partout des licences nocturnes dans la poche de son fils, dès ses 14 ans :) salaire du gadouard ou maitre des basses œuvres, frais des feux de joie, d'assistance de religieux aux processions, vraies manifestations de foi religieuse officielle, rétribution de la messe quotidienne des capucins (vœu communal,) etc., tuerie près des cordeliers, démolie en 1887, etc.

Les véritables armes de Figeac, sont : *d'azur à la croix pleine, d'argent*.

Nos quais datent de 1710-14 ; la réfection des gᵈᵉˢ routes ici; de 1759-65. L'hôtel des monnaies, en exercice dès 1350, fut supprimé en 1423. L'année à Figeac au XVᵉ s. (1469) commençait au 25 mars.

La *viguerie* royale qui remonte à la cession ci-dessus par l'abbé justicier, fonctionnait sous ce titre, en 1373, 1457. — Sénéchaussée 1689, amplifiée par édit de mars 1781 qui nomma lieutᵗ général, l'ancien juge-mage, et composa son personnel d'un lieutᵗ criminel, (lieutᵗ sous-entendu suppléant habituel du roi toujours censé présider en son lit de justice) d'un lieutenant-particulʳ, d'un assesseur criminel, de 6 conseillers, d'1 avocᵗ et d'1 procʳ du roi, d'1 grefʳ en chef, d'un comissʳᵉ aux saisies réelles, de 10 procureurs (avoués) et de 7 huissiers. Lad· sénéchᶜᵉ avait pour appelants les plaideurs de Souceyrac, Aynac, Bretenoux etc. y comprises les paroisses du rayon nord et O, plus voisines.

On trouve dans ce monde judiciaire de nos cours royales : au 17° s. : les de Palhasse de Lacalm, les de Day, de Laporte, Vilhès, Turalure, Bonore etc ; au 18° les de Boutaric, d'Arnaldi de St Monteil, Dufau de Broussoles, Delbourc, Froment, Caila, Sourdès, Jausions etc. Le château royal de Balène (domus *regia* de ballena) 1533) ; fut réparé en 1772, contenant sous l'auditoire, 2 prisons et 6 prisonniers au seps (= lien, entrâve). Il y fut mis 2 chaînes doubles en la muraille, 6 osselets, 6 colliers, 6 chaînes simples aussi de fer, etc.

L'élection (tribunal fiscal, sorte de conseil de préfecture et d'arrond^t et de répartition d'impôts) fut établie v. 1650 ou vers 1630, s'étendant en 1734 sur une foule de collectes (groupes paroissiaux ou de quasi-clocher, = p^{tes} perceptions) englobant à peu près l'arrond^t actuel de Fig^c et la majeure partie de celui de Gourdon ; le reste étant de la vic^{té} de Turenne, donc sans taille à solder. Citons parmi ses magistrats fiscaux au 18° s. les de Boutaric, Dumond de Plaisance, de Pezet ; — Dumas de Puylaunès, et Viguier d'Auglanat au 17°.

Patrie de l'avocat de Paris Dubreuil, XIV° s. Figeac vit naître aussi le r. p. (prob. Jésuite) Gab^l de Laporte, théologien excellent ; qui vivait vers 1630 etc. etc.

J^n F^{ois} Champollion-le-Jeune, né 23 x^{bre} 1791, d'un libraire figeacois, d'origine Delphinoise et † 4 mars 1832. Sa vie actuell^t sous presse, est écrite par une jeune allemande admiratrice de notre égyptologue.

Joignons y d'après l'utile et précieux Delpon, ces autres enfants de Fig^c : F^{ois} de Boutaric 1672-1733, commentateur, professeur de droit, écrivain. — Le frère mineur Bertrand Lagié, évêque d'Ajaccio, d'Assise, de Glandèves, cardinal 1371. — Le graveur en pierres fines, Louis Siriès, né 1675. — L'écrivain médecin-philosophe né 1790, † à 20 ans, — et comme originaires de Fig^c, les Séguier, au nom illustre.

Figeac a vu s'ouvrir le 10 9bre 1862 sa gare de voyageurs à destination de Paris-Toulouse, la ligne d'Aurillac ne leur étant devenue accessible qu'au 12 9bre 1866.

Le sceau de Figeac

Le présent sceau, signalé par Douet d'Arcq (1), qui en a mal lu la légende, et mentionné par m. L. Combarieu (2) a été reproduit dans le vol. du *Congrès archéolog. de France,* tenu à Senlis, en 1877. Nous venons dans le *Bull^n de la soc^é hist. et archéol. de la Corrèze,* siège à Brive, juin 1896, d'en donner plus exactement le dessin, grâce à l'habile crayon de M. Albert Cérède, lic^é en d^t et d'après une empreinte qui nous a été obligeamment communiquée par M. E. Soulié, avoc^t de Fig^c recev^r municipal de l'hospice, prise sur la matrice originale en cuivre.

Sceau rond, mesurant sept centimètres de diamètre.

Légende. — SIGILLVM : COMMVNIS : CONSILII : DE FIGIACO.

Dessin. — Sept personnages en costume civil (les sept consuls) assis dans une galerie et paraissant converser entre eux.

---

(1). *Collect. des sceaux des arch. de l'Empire.* 1re partie. t. II. p. 390.
(2) *Annuaire du Lot.* 1869, p. 8.

Revers

Légende. — SIGNV[m] : S[an]C[t]I : SALVATORIS : DE FIGIACO.

Dessin. — La façade de l'église abbatialle (avec sa porte ornée de riches peintures) et ses clochers.

LE HAUT QUERCY

RELIGIEUX ET FÉODAL

Nous allons donner sommairement, et avec omission voulue de quantité de petits fiefs et de gens qui en tirèrent particule, l'état des seigneuries d'un certain nombre de paroisses du nord du diocèse, en indiquant les détenteurs à la date donnée, de ces divers châteaux ou simples repaires. On verra aussi de qui dépendait chaque cure, c'est-à-dire, à la sollicitation obligée et sur la présentation de qui, l'évêque devait nommer le desservant. Le descendant de tel seigneur en effet, qui avait fondé jadis l'égl., ou bien l'abbé de tel monastère qui avait eu charge d'âmes ici ou là, avaient gardé le droit de faire investir leur candidat par l'évêque. Indiquer le collateur, c'est donc faire l'histoire du clocher même, et plus heureux que Petit-Jean remonter *ab ovo* sans verbiage (1).

Noter les lieux et personnes qui commandaient aux autres, c'est aussi relater l'état politique du sol autrefois.

VICOMTÉ DE TURENNE
ARCHIPRÊTRÉ DE GIGNAC

Paroisse de Valeyrac

Cure St-Saturnin 16ᵉ siècle, à l'entière disposition de l'évêque de Cahors.

Valeyrac eut pour seigneurs : 1468 Guil^{me} Robert N. — P^{re} de Fortia 1727-72.

---

(1) Ec^r signifiera écuyer ; chev^r sera pour chevalier ; n. sera mis pour noble ; N. pour très anciennement noble ; b. B, bourgeois se titrant ; sgr remplace seigneur. Le patron céleste de la cure sera le nom de St. qui suivra le nom de bourgade ; le patron éccés. ou laïque sera celui qui viendra après la rubrique *collateur* ; pris toujours au 16ᵉ siècle.

Chabanes: J^n de Tournier, éc^r sgr de Ch. 1709-59 — puis aux La Ramade 1789.

Chambaudie, fief des Muzac 1673. Tournier 1733-73.

Cartassac, dont titré 1784, l'ex-n^re J^n Dellac, s^r aussi de *Muzac*. Louis Dussol, s^r de Car. 1771.

Ferrières, tènement noble, de F^ois La Brousse, b. de Turenne 18e s.

Brautir, à P^re Certain, n. sgr de la Meschaussée, 1784, dem^t au chât. de la Coste (Noailhac).

Autres fiefs minuscules: Badols, Merlete, Subreroche, etc.

1785, 7 avr. J^h c^te de Marqueyssac, sgr de Croze, dem^t aud. chât. de Cr. b^on de Cazillac, arrenta à dame Marg^te de Verninac, v^ve de m^r Ant^ne Dussol, sgr de Cart^c, anc^n gendarme de la garde ord^re du roi, dem^t en sa *maison* (= m^on noble, m^on forte) du Granger, et à son père Me Et^ne de Verninac, avoc^t, membre de l'administ^on provinc^le de h^te Guienne, des rentes démembrées de Croze et des pièces de terre confrontant au pré noble de Rodes, et ch^in de Tur^ne à S. Michel.

L'égl. de Val. eut chapélenie N.-D. Nazareth, décimatrice d'1/3 de la par^sse et dont fut pourvu 12 avr. 1770, Guil^me Duvigier, s^r de Roumigoux, curé de Sireuil, dioc. Sarlat, par h^t et puissant J^h de Laporte de Lissac, chev^r sgr de La Porte, La Retaudie, Lissac (Corrèze), anc^n lieut^t du roy, de Sarelouis, lieut^t des maréch^x de Fr. en la sénéch^e Brive, comme représentant le fondat^r Renaud de S. Chamans, N. de cette vic^ie desservie en la chap^le de N.-D. Naz. de lad. égl. — Val. racine : *Valerii-acum* propriété du gallo-rom^n Valérius, bien plutôt que de Vallière, amplific^n de *Vallis*, et qui par contagion des lieux en ac, en aurait pris termin^on, outre l'inversion Valeir-*a*.

Sarrazac

Etym. serre = montagne. Cure S. Genès dépd d'évèq. — ex monastère de filles, où Emena, sœur de S. Rodulfe, archev. de Bourges prit le voile et fut 1ère abbesse, 844. — Mais ce couvent, selon le très anc^n pouillé de m^r Greil, était hors Saraz^c, et sur limites du Limousin ; tandis que l'égl. par^le avait vocable. *S. Laurent.* — En étaient curés : 1639, J^n de Marqueyssac, éc^r, s^r de la Gilardie, du Bastit-de-Beaussonne, Crozes 1750. — Annet Souquière, prieur-curé, témoin au test^t de d^{lle} Anne d'Arondeau, épouse de m^r m^e P^{re} Maigne, avoc^t à Tur^{ne} demand^t sépult^{re} en la + (La + = chapelle). S. Eutrope de l'égl. de Sar$_c$. En 1701, l'évêq. de Cahors fut condamné à laisser nommer par l'abbaye de Beaulieu, les curés de Saraz^c et Beyssac. Annet V^{lles} Chèzes, N. sgr de Couzenac, fonda par dispo^{ns} dern^{res}, 4 octobre 1558, la + du Bastit, en l'égl. de Saraz^c.

Dame Madel^{ne} de Maliard, v^{ve} h^{re} d'Alex^{dre} Maigne, avoc^t du roi à Brive, sgr de Sarazac, habitait Corlat, 22 juin 1742. Saraz^{ac} 14° s. eut nobles du nom ; et fut canton en l'an III.

L'hôpital S. J^n de Jaffa, comanderie, hôtellerie à pélerins sur le ch^{in} roumieu de Rocamadour etc., fondé par Raym^d de Turenne 1203, dont la maison y eut tomb. — En ce bg à 8 foires et m^{ons} à sculptures et fanal octogonal, fut la + S. Roch (auj. occupée par la halle). On y abjura calvinisme, 1676. L'égl. actuelle a été rebâtie v. 1882. — 60 m^{ons} 400 âm. v. 1820 ; Sarazac n'en ayant que 15 pour 90 hab.

Coudonie, homagée par Ant. Goudal d^t à Briat, 1768. — aux Guary de la Fage, 100 ans avant. — aux Vachon de Puygramond 1784. Sarazac, *Montaunet*, etc., 1767, par P^{re} Maigne, avt.

Gourjat, fief saisi par le roi (faute de devoir féodal rendu) 15 may 1767 ; sur P^{re} Bramel, habt^t de Rezou, en Quercy, prob. fautif pour Cléjoux.

Larminie, des Férier 1625 ; Dellac 1709-67.

Chassaigne, au s^r Ingochaud, de Cressensac, 1768. Du Maslariv^{re} se disait s^r, 1763, P^{re} Marchand.

Tailleferie, au prêtre Ld Leymarie 1785.

Massonie, au prévôt de Tur^{ne}, P^{re} Maigne de Corlat, qui, 1784, en tirait 32 quartons de grain.

Briat, m^{on} noble du lic^é Ant. Goudal, 1779, — de n. Et^{ne} de Léonard 1668, s^r de Mauriolles.

Croze, chât. 1784, habité par J^h de Marqueyssac. — 1845 au très digne présid^t du tribl de Tulle, père de notre sén^r du jour.

Courlac, repaire aud. Maigne 1674-1738.

Borie del Bayle, bien noble homagé au duc de Bouillon,

1709, par J^n Chadirac, n^{re}, g^d-père maternel du bgs Batut qui, 24 avr. 1781, le vend au chirurg^n J^n Certain.

Bos g^d, aux La Brunerie, b. 1780.

Couzenac, du s^r P^{re} Gaignebé, même date.

Mas S. Vincent, 15° s. autrement Babourie, d'Ant., Briat, s^r de Traversat 1743.

L'abbaye d'Uzerche avait les fiefs de la Chassagne et Briat v^x en censive, 1743 et les cisterciens d'Obazine, ceux des Granger, La Rue, etc.

Anglars, titrant les Maussac. Longayne, etc. — Citons l'étrange nom d'un village roturier, l'Essugno-mo, 18° s.

St-Palavy

De S° Palladio (nom d'un archev. de B^{ges}), 1162, membre de l'abbaye d'Obazine (Corrèze). Le curé dîmait 1/2 de sa p^{te} par^{sse} valant 550 liv. plus le chanvre et lin. J^h de Briac, s^r du Bousquet 1787, dem^t en sa m^{on} de S. Pal.

Anglars, 1761, qualifiant l'avoc^t de Martel Ld de Courèze.

Puygramond, dont sieurisaient les Vachon, 1784, prop^{res} ici encore de la Borderie.

Masdelbos, aux Albiac 1772. Près du fief du Granger, d'Ant^{ne} Dussol, s^r du Claux 1780, et du ruisseau du Brugidou (= bruyant) était le lieu dit des 4 par^{sses} (en amont des 4 routes d'auj.) à cause de 4 croix limitant pouvoir spirituel et dîmerie de 4 curés.

P^{re} Toulzac, s^r de Coste rousse, dem^t à Montagnac, 1762.

Cavagnac

Cavanhac-lou-fangous, en la vic^{té} de Tur^{ne} 15° s. bg fortifié avec fossé, porte de Chanteserp ; une Malaudie, etc. 1° Fief de la *cure*. 2° *châtel^{ie}* 1400 (puis b^{onie} 1607) toujours aux Guiscard N.; auj. chât. aux Materre de Chaufour ; cosgie aux Briat 1767. 3° Tour de *S. Michel* 15e, 18e. 4° Salle de *Mazet*.

11 fiefs dont 1 en justice ; 4 sans just^{ce} ; 6 en main-morte :

Aubiac ; *Auriol*; *Baudet* ; *Bayle* ; *Bousquet*: aux Dulmet 1767 ; *Comberedonde*: aux Ramade 1646-70 ; Moulin

1708, Briat son gendre 1767. — *Combe Nègre* ; *Coste rousse* dans Quinson, et titrant Toulzac vers 18ᵉ ; *Dourval* ; *Duc ;* — *Gaillardou* : au bᵒⁿ de Cavagᶜ 1784 — *Gane* 1765 : aux Albiac 1765 ; *Junchazat* ; *Narsane* ; *Pélissier* ; *Péry* ; *Quinson*, hîc ou celui de Condat ; *Radaliès ; Salvagnac* : aux Vignes 1779 — *Sudrie*.

Colonges, f ?, près Tourmente. — Gô, hîc ?, qualifᵗ Jⁿ Courèze, avocᵗ 1719.

Cazillac

Châtelⁱᵉ puis 2ᵉ bᵒⁿⁱᵉ du Quercy ; aurait appartenu aux vicᵗᵉˢ de Turⁿᵉ 1251, puis aurait été démembrée de lad. vicᵗᵉ et en aurait perdu les privil. (tout en demeurant annexe comme la Milière, près Sousceyrac, au dire des vicᵗᵉˢ déboutés de suzerᵗᵉ par arrêt de 1465, déclarᵗ Cazilᵉ mouvᵗ du roi. Sgie Cazilᵉ fut aux Cazilᵉ (alias Béralh) de Cessac 14ᵉ, 17ᵉ s. (bᵒⁿⁱᵉ 1463), le mqˢ Bleigny leur gendre 1651, ayant transmis Cazilᵉ v. 1680 à sa fille Marie Genevois, épouse 1684 de Voisin, sgr de Bougueval, qui vendent Cazᶜ 3 mars 1689, 68,000 liv. au vicᵗᵉ Turⁿᵉ qui 8 mai 1738, vend bᵒⁿⁱᵉ Cazilᵉ avec sa vicᵗᵉ, au roi de Fr. lequel vend Cazilᵉ 2 mai 1748 à J. B. Sahuguet d'Espag,ᶜ 72,000 l. — encore aux Sahuguet 1781-87 — passée aux Bastié-Marqueyssac de Croze dès 1782 ; au même 1789. Bᵒⁿⁱᵉ restée au taillable royal (malgré retour à la vicᵗᵉ franche) élect. Figᵉ. On trouve sgr de Cazᶜ n. Antⁿᵉ Cahours 1589 ; et que Voisin l'avait acquise de Guénégaud 1686, — bᵒⁿⁱᵉ comprenᵗ parˢˢᵉˢ Cazᵉ, Paunac ; partie de Lasvˣ ; et quelq. rentes ès par. Beysᵉ Sarazᵉ, Martˡ, Louchᵗ. 1274, Martinhac n. f. h. à Turⁿᵉ pour chât. et parˢˢᵉ Cazᵉ : imité 1340 par Bernard Maschals écʳ et 1439 par Rodol. Meschaussée.

Le prieuré-cure de Cazilᵉ voc. s. vincᵗ, xʳ, à nominⁿ du comandʳ du Bastit fin 17ᵉ ; dép des Maltaises de Martel 1784, avec redevᶜᵉ seulᵗ aud. comandʳ. Y eut égli. et cimet. sᵉ Anne 1664. Auj. fête vot. s. Pʳᵉ liens. — *La Mothe*, au bg, près sᵉ Anne.

S. *Leubenus*, s. Liaubès, voy. Cartul. Beaulieu ; 1595, aux Villemonteis ; acquis de Jⁿ Gᵈmont de Boulou (Linieyrac) 15 mai 1664 par n. Isaac d'Ambert ; encore d'Ambert 1790. — *Brande,* près S. Liaub. aux d'Amb^t 1664-89. *Roseyret,* contigu ; et prope iter romipetam, et fief de *Bonefacie,* tous 2 au b^{on} de Caz^c 16e s. ; le 2e en 1737 à J^n Laroche, avoc^t, sgr de la Bélonie.

S. Julien, dép^d d'abb. Beaulieu par don du vic^{te} Frot^{re} 932. Membre de comand^{ie} Martel 16e — est aux Batut, b. 1762-85.

S. Ciprien, S. Subra, près Lascaux.

Bourete, aux Merquès, b. 1754-83. — *Lascaux,* près Maurioles : 1532 à P^{re} Pauc, bgs de Martel, sgr de Sarladie (Montvalen) ; 1702-52 Thouron ; vendu 1785 par b^{on} de Cazil^e à J^n Cassagnade.

Borgne, vendue 1146 par le sgr de Cazil^c à l'abbé d'Obaz^{ne} — aux Touron 1702-87. Nous eûmes des Touron, s^{rs} de la Vergne 1711.

Maurioles aux Thouron 1734-87. — *Ourlhac* près Teil, 1762-81 à P^{re} Grandon, bgs. — *Fermontez* : aux de Meynard N. 1690 ; puis Goudin de Pauliac 1735 comme leur allié. *Malefon,* aux Lachièze 1743-50 et habité par les Musac de la Chabane et Ferrière 1783 ; arrenté par N. Ant^{ne} Meynard et les de Vayrac N. et Joffre N. 1444. J^n Laserre sgr de Langlade 1690, vend rentes de Malef. et Bonefacie à J^n Montmaur. sgr de Lauleyrie, cosgr de Meyssac.

Sauvac aux Landou, v. 1650 et s^{rs} de la Riv^{re} 1664-1711 ; aux Arliguie b. 1717 ; à Charazac n^{re} 1763-79. — *Maradenou,* prieuré de chan^{nes} St-Aug^n 15e s. ; dont le prieur avait ici m^{in} de La Salle 1266. Ce ff près Pic, S. Liaub. titra d'Ambert 1735-54.

Malecoste : aux Merquès 1741-88 ; encore représentés par le pharm$_n$ de Martel. — P^{re} Reyjal s^r de la Combe, demeur^t au Murlac, 1760. *Chapelle,* vge, habité 1750-72 par les Louradour et Sérager, b. — Citons 1721, Delpi, s^r de Bennet de la Chap^{le}.

Tradieu, près Maurioles. — Louis de Lorad^r s^r la Roussette, (en lad. b^{onie}) 1644, tèn^t à Malef^t. Quant à Louis Judicis, s^r de l'Ormière (Martel), il eut dom^{ne} aux Bories, 18e s.

Lasvaux

Cure N. D. dép^d d'abb. Souillac, fin 17e ; eut Malaudie av.

1752 près Malefarge. Cosgrs de V˟ : 1° Salag° Fénelon 1699, en la b⁰ⁿⁱᵉ Caz° relèv' de Tur⁰° et 2° Meschaucée 1699, puis les de Termes n. 1760-88 et Jⁿ Montmaur v. 1700.

Chapelle-Batal, vge, avec partit⁰ des Courtils 18° s. ; auj. 32 hab. — *Carlucet*, en vic'° Tur⁰° 1735 ; est aux de Termes 1735 ; de Briat 1786. Fortie, la, près la Fargue, fut objet d'échge entre cisterc⁰ˢ d'Obaz⁰° et les frères Lanteul n. 1292. Voy. les Fortia de la Queyrille, n. art. Tur⁰° en ma *Géog. hist. de la Corrèze.*

Maslafarge aux Marmieysse B. 1711-88. — Murat: aux cadets d'Estresses n. 1648-1718. — *Peyrat*, près Crozes, v. 14° reconnu à l'abb. d'Obaz.; à Jⁿ Capis 1784. — Le Pech, à noble Glena s. d. — Le Pech, hìc ? aux d'Arcambal b. sʳ del P. 1786. — La Rivière, prob. celle-ci aux Landou. — El Py, hìc ? aux Meynard del Py, possessʳˢ de rentes autour de S. Michel de Ban. s. d. v. 18ᵉ s.

St Michel de Bannières

Prieuré dép'ᵈ d'abb. Tulle depuis le don des 2, 1/2 de l'égl. v. 1100 fait auxd. bénéd⁰ˢ par les de S. Michel N. et par Geof de Salag° N. Voy. mon cartul de Tul. — égl. romane intér'° et avec clocher fort ancien + 1° s. J. B. et 2° + N. D. et 3° + N. D. — Malaudie, près ch'ⁿ de Veyrac à Branc''ᵉˢ 16° ; pré des Infirmes 15°, à la Coste, près la Sourdoire.

O mouv' de vic'° Tur⁰° ; en cosgie aux : 1° S. Michel N. 12° 14° et 1533. — 2° aux sgrs succfs de Blanat : les Blanat n. 1404-1584 ; Rilhac N. 1596 ; Chameyrat n. 1725-38 ; Dulmet 1760-84. — 3° aux S. Chamans-Longueval-Sugarde N. 1409-1561. — 4° partie au prieur. — 5° aux Cosnac N. comme gendre S. Michel, v. 1573, en 1588, 1689, 1708. — 6° Majoris 1340. — 7° Médici v. 1378. — 8° Meynard hìc ?? — 9° Estresses-Lanzac 1717-61. (10° prob. les Rinhac au moins en covig'° 14°).

Ville ayant ses franchises romanes 1341 ; ses *barri* au 17ᵉ ; *a* des Plantades, *b* del Four, *c* del Nouguier, *d* de la Peyre, *e* del Figuier, *f* de S'-Jean (B'°) avec place dudit et jardin s'° Fauste 15°, *g* de la Place, *h* du cimet., *i* de l'égl., *j* de S. Peyre.

Salavert 15ᵉ. — *Blanat*, égl. annexe ruinée, 15° S. sgie : aux

Blanat n. 1361-1573. — Rilhac N. leurs parents 1591 — Coustin N. gendre Reilhac 1655-1701 ; Chameyrat 1725-38. — Dulmet, b^on de Bl. 1760-84, auj. au b^on d'Aupias.

S^t.-P^re. del Vestit + 1464-1656. — S^t.-J^n titrant J^n Bideran, éc^r 1703. — *Carlat* de la Sale, près Colungat, 15e. — El *Castel* tèn^t près ch^in de S. Mich. à Causilhe, 16e. — *Combe*, à Gab. Lacoste, v. 1775, bgs orig^re de Montmorilllon. — *Colonjat*, aux Bouissou 1791. Fosse, terroir par là, est-ce le Fossa Amalgerii du Xe s. ?

Noguier aux dud. bgs 1453 — 1600-29 aux Bideran n.

Sarrazac aux dud. n. 1338. Vendu par Noailles N. dès 1452 à J^n Feydit N. — est aux Dunoyer, B, 1474, 1561 ; n. 1673, 1714. — cosgie aux Bideran frères, s^rs de G^d Lac, S^t J^n, Bonifon 1669, fils à feu Géraud ; aussi Saraz^c appelé une fois la Fourtonie v. 1786, les Bideran ayant été sgrs de la Fortonie (en Monzie-Montastruc, Dord.) ; aux d'Aubéry 1773-84 ; à Lasteyrie, son gendre, émigré, sur qui confisc^n et adjud^n nat^le (maçonnique) ; aux Brugeille, encore nantis. Jacq. Dunoyer, s^r del Bos de Charazac 1698. Le 2e fief de Saraz^c (*bis*) contigu, confisqué an III sur Blavignac de Bourière, reclus à Martel ; propr^e ici dès 1767.

Trieu, aux S. Chamans-Longueval 1432-1561 ; aux Veyrières-du-Laurens N. 1753 comme leur allié. Gros rentiers en la par^sse 1778 : Mr de Blanat 450 cartons ; abb. Obaz^ne 50 ; comand^r du Bastit 4 cart., Malthe 20, etc. — Mr de Meynard d'Elpy s. d. ; le sgr de Plas 1641 au Bouyssou ; J^n Gaillard de Bournazel 1784 ; l'hôpital S. Marc de Martel 1772 2 mét^ies : Maraval, Sénéchal, à cause de son membre de S. Michel. — *La Mothe* tèn^t à S. Mich. 18°.

Saint-Denis

1° Prieuré sec^r (même prévoté 18e s.) à coll^n d'évêq. Tul. v. 15e s. 2° vic^ie perp^lle S. Dionis, Daunès (en l'archip^d Gig^c et en la vic^té de Tur^ne) avec annex. S° Rad^de et S. Martin des Farges, à la présent^n dud. évêq. comme abbé de Rocam^r. — Curés, x^rs : 1691 Guil^me Célébran ; 1762 pr^e d'Arcambal. Confi^e s. sac^t 1778.

Cosgie laïq. : 1° 2/3 justice aud. vic^te 1703. 2° 1/3 justice aux Veyrac N. 1690-1734. 3° à l'évêq. Tul. comme prévot. 4° aux Lasserre 1707-87. 5° Lagarde n. 1771-87. 6° Labroue 1766. Auj. g^de m^on à m. Certain de la Méchaucée, n. off^r de chasseurs. S Den. était châtel^ie rattachée direct^t à celle de Tur^ne 18e. Par accord de 1474, fut décidé que l'évêq. Tul. aurait justice depuis le Pont-*rout* (*rompu*) jusqu'à la Dord. et sur S. Den. et S. Martin, et que vic^te l'aurait sur vges Sereilhac, l'Alriguie et la Gulhal, au pied du puy d'Yssolu.

S. Martin-de-Farges ou de-Bannières, ex-par^sso près Marbot aux Medici n. 1378 ; aux St Michel 1464 ; justiciers 2/3 ; Tur^ne ; 1/3 ; et f^dé des Veyrac n. 1461-1690. Aux Lasserre 1699-1770 ; aux de Termes 1718-86 ; aux Labrousse 1786. — Il y a font^ne S. Martin 1588. *Farges*, parfois Fanges, jurid^n ord^re aux Laporte n. 1698. — Ste Radég^de, ex-égl. près la Verrie ; succurs^le 1486 ; prieuré dèpd. d'abb. Tul. 1320 (S. Den. en dèpd. 1154). Ce lieu titrait 1644-81 l'éc^r Ant^ne Lavérye, qui 1651 acheta de J^n Dalon, avoc^t de Martel, rentes f^dé sur Parriche, g^d Limargue, S. Martin, Puy de Laysac, Veyssiere etc., contigus, près la Tourm^le, Pont rout, l'égl. et cimet^e S. Martin etc. par lui acquises 1635 de F^ois Rilhac N. sgr de Blanat.

Boisset, fief, des Veyrac 15e ; d'Arliguie 1716 ; Lagarde de Veyrac 1458-1767. — *Boissière* 1493 aux Veyrac ; 1503 Blanat ; 1750-52 Maubuisson.

Caubrejou, v. 1431 au bgs, Blanchet ; aux Vayssière, juges, 1716-1762. — *Roquepen*, encore traces d'habit^n quasi troglodytique au lic^é Bern^d Dalon 1605 ; aux Maubuisson 1639. — *Termes* fut des Maubuisson 1290 ; aux Lanteuil (hic ?) 1612 ; aux Termes (prob. anoblis 1301) 1746-88.

Maubuisson (en vic^té) aux Maubuisson n. 1499, 1694. — Laporte n. 1698 ; — Laboudie de la Besse n. 1654. La f^dé vendue 1766 par Lachèze de Briance à Du Batut de la Peyrouse ; aux Lasserre 1766 par achat de 1698 ou 99. — *Roque Blanque* (près Briance,) repr^e en masures 1641 ; eut dit-on † en 1789 ; aux Salvat 1644-85.

Leysac, Lenziacus du cartul. Beaulieu, tèn^t (près Limargue,) f^dé des Mirandol 1262 ; et dont titrés : les la Serre n. 1716 ; puis Grandou, s^rs aussi de Marbot, bgs, 1714-85, et s^rs de la Veyssiére et Je la Roche 1785. *Favelou*, tèn⁺ 1657 distinguant un cadet de Meynard.

Pontroubert, aux Malbuisson n. 1624-44. — La Coste, vge, dont rentes foncières vendues par les d'Ambert à J. B. Molin de l'Oulié (Breten^x) et habité 1786 par J^h Coste b ; près Loulié et le Portal de *Rome*. La f^{dé} de l'Oulié fut aliénée 1787 par led. Molin à Marie Blavignac de Gavet. Du Bousquet, sgr de l'Oulier 1750 (hîc??)

Lafon, aux Noel, b. 1757-67. *Balme* près S^e Radeg. et le roc trauquat ou de Caubrejoux, vendu 27 mars 1570 par Lisont, *sic* Molinier, de Martel, à Ant^ne Lacroix, n. sgr de Taillefer. — 1591 Charles de Coustang, éc^r s^r de Balme. — 1718-19, aux la Serre.

Les Courtils aux d'Arcambal 1761 ; et partie en la f^{dé} 1696 de l'hôpital St Marc. *La Condamine*, tèn^t par là.

Rentiers en la par^{sse} : 1632 J^n Gaillard, éc^r s^r de S. Vincent ; 1639 Géraud Audebert ; J^n Gaillard de Bournazel 1784, etc. — *La Poujade*, 1615 aux Salvat, b. de Martel.

Veyrac

Egl. : 1° S. Martin ; 2° S. Etienne, jadis S. Brice ; 3° S. Germ^n 12e s. Les 2, 1^{ores} données à l'abb. de Tulle par le vic^{te} Adémar des Echelles, v. 930 ; la 2e recouvrée par ces moines v. 1070 des : Esras St Ceré, Guil^{me} de Veyrac, Gérald Murat, et Gér^d Catgier. Prieuré, même prévoté, unie à l'évêché Tul.

Cure S Martin 1652 avec ses annexes : S. Germ^n et Borme. — Egl. S. Martin dans le *fort*, ayant chapelle S. Fabien 1669 au d^r Censolz ; et conf^{ies} 18^l s. : S. Sac^t, N. D. et rosaire. Vic^{ies} : 1° Teliol fondée par le dit, prêtre, avant 1600. 2°S. Jacq. datant de 1531. 3° Sarget 1659 (hîc prob.). Cure dépd. d'évêq. Tul 18° s. sgr x^r g^l ici. C^{té} fill^{ls} 1651. — Fête vot. 11 9bre.

Autour du *fort* se groupaient 17e s. *Barrys* : *a* de St Germ^n au n. *b* del Touron, *c* de la place ou Fourneyries : *d* de Merderie, *e* del fonds del lec, contigus — *f* de Lafon ; *g* de St Turon, *sic*. *h* de las Costes ; *i* de Chalaix près + St Barthy., *j* de la Boual ; *k* de Garrigue : *l* quartier St Clair, au levant.

Cosgie : 1° l'abbé puis l'évêq. Tul. suzerain, sgr princip^l 14e,

18ᵉ s. 2° les de Veyrac 12ᵉ 17° 18ᵉ s. 3° les Monceaux n. 14ᵉ 15ᵉ 4° les Belcastel 14ᵉ s. 5° Lagarde 18ᵉ s. 6° Jⁿ Labroue sgr de Sous-Roques, etc. 1750 cofoncʳ à Veyrac.

Sᵗ Germⁿ, mᵒⁿ nob. dans Veyr. aux Veyrac n, 17ᵉ 18ᵉ qui ont fourni l'abbé du nom, écrivⁿ 18ᵉ et les Veyrac sʳˢ de Salhac, l'Artimarie 17ᵉ 18ᵉ, la Valade, Miramont. La Valade, Miramont, Laval, fiefs pour la plupart au voisin. de Veyr.

Alvinhac, ff, 1501 d'Adèmʳ Corso autremᵗ Alvigᵉ; 1673 d'Antⁿᵉ Courson n.; 1751 à Marie Veyrac, épouse de J. B. Lagrange, sʳ de Figeac, près Puybrun.

Malmartel (en vicᵗᵉ), aux Veyrac 17ᵉ 18° (parˢˢᵉ Vay. mais juridⁿ Bétaille dont la châtⁱᵉ prenait partie de parˢˢᵉ Veyr.) — Tourneries près Portal de Rome, Loulié, titra 1782 Léon Puyjalon, sʳ aussi de Cipière.

Bos, près Dord. et Colombʳ; aux Veyrac n. 17° 18°. Issolu, très probᵗ l'ex-opidᵐ cadurque assiégé par César, car a gardé au moy. âg. et auj. le nom d'Uxellodᵐ. Voy. mon. cartul. Tul. (1), l'abbé Longuerue etc. Hist. de César par Napolⁿ III. t. II. 343. Montagne hᵗᵉ de 317ᵐ, dominant de 200ᵐ vallées Tourmᵗᵉ et Dord. « Vge du Puy de Soldun 1760-61 » fᵈᵉ évêq. Tul. et où l'avocᵗ Courèze avait alors domⁿᵒ; comme 1749 Margᵗᵉ de Veyrac épouse Lagᵍᵉ susd.

Borme † s. Pʳᵉ dépd. Tul. 14ᵉ 18ᵉ; confᵗ au fossé d'Ussel 1660, (d'où hautʳ rocheuse dominᵗ dite Yssolu) — † et cimet. quasi ruin. 1771. Vicⁱᵉ S. Martial y fondée v. 1360 par Laurᵗ d'Albiars, évêq. Tul. L'égl de Borme 1175 dép. d'abb. Carennac.

Les Gaillard B., famille de tabellˢᵉ de Veyr. 18ᵉ s., furent au 18₀ sʳˢ du Ségala, de la Borgnie, de Bournazel, près Sous-Roque; de la Peyrière; S. Vincᵗ, 1642-75. — La Coste; quasi tous tènᵗˢ auprès de Veyr. 1697-1702 mᵉ Jⁿ Gaill. cᵉˡˡᵉʳ du roy, maire perpᵗ de Vey. y habᵗ. Jⁿ Gaill. de Bournazel 1782 a rentes et pièces de terrain nobles ès par. S. Mich., S. Den. Veyr. Jⁿ Gailᵈ de S. Vincᵗ, écʳ 1672.

Belcastel, tᵗ fᵈᵉ d'évêq. Tu. 18ᵉ; 1357; à Olivʳ Belcastˡ n. — Mⁱⁿˢ 1° de Sᵗ Sol 18°. 2° de Chage 16ᵉ près Capsordo, voy. Cagier susd.

(1) Voy. aussi sur ce sujet national les publications de MM. Seguy; de Cessac, P. Bial; Tamizey de Larroque surtout, etc.

Rabanie, champ noble. *Bourdarou*, rep. à J^n Bourdarou bgs 1773-85.

Malaudie, alias Flotte, (jurid^n Veyr.) près ch^{in} dud. au Puy de Naudon 18e.

V^{lles} fam. b. de Veyr. 18e les : Albrespy, Langle, Dumoulin, Leymonerie ; d^r Hélie Censolz qui eut 1669 ff : Rabanie, Bournazel etc., Veyrac était d'élect^n Fig^c *1648*, 1754, donc hors vic^{té}. Nicolas Béronie, d^r thé. aut^r du dict^{re} patois de Tul. tenait cette cure 27 x^{bre} 1783. F^{ois} Dubousquet de la Coste avoc^t exerçait ici judic^{re} 1696 et hab^t son rep^{re} de la Coste, (prob. Végène) 1718 X. Delbos de Bousquet, fut présid^t d'élect^n Tul. v. 1787. — 1732 feu J^n du Bousq. s^r de Loullier éc^r anc^n capitoul de Toulouse.

Mézel, prieuré dép. de Caren^c x^r 18e s. ; égl. N. D. ayant vic^{le} 1° S. Michel, fondée av^t 1497. 2° Ste Cath^{ne} 18e ; fête vot. auj. 8 7bre.

Sgie laïq. aux Giscard-Cavag^e N. 1442-1675.— Vendue aux de Maynard de Chaussenejoux avec Florim^t 1692 ; toujours aux Mayn^d N. 1717-55. — La Serre N. 1783 qui vend à Dulmet n. 1784.

Florimond, aux Giscard 1540 ; Meynard N. 1692.

S^t J^n territ^{re} 17e. — Sr J^h Labroue de la Salle, bgs à Mezeils 1760.

Bétaille

A rayer des vicairies carlovingiennes de m^r Deloche ; mais fut châtellenie aux vic^{tes} de Turenne 13e à 18e s. — vic^{te} Turenne la vend 8 mai 1738 au roi qui l'aliène 4 avr. 1748, pour 70,000 l. et le sol pour livre, à n. J^n-J^b d'Ambert, gendre Mauconseil. — 25 fiefs en relevaient dont 15 en la paroi. de Bilhac comprise entière (sauf sgie Puymerle), ainsi que paroisse intégrale de Bétaille et quelques bribes détachées des clochers de Carennac, Vayrac. L'ex château vicomtal près l'égl. se bornait à guérite en ruines sur portail 1748, assorti d'l domaine au Ségala et doté de 706 quartons froment de rente, 465 en seigle, 210 d'avoine et 11 liv. 6 s. 10 den. arg^t avec 33 poules, 2 poulets ; pêche sur Dord. Marquise v^{ve} d'Ambert vendit partie à X... 44,036 l. et le reste moy^t 232,164 l. à J^n Albrespit, not^{re} 28 avr. 1790.

La Tourette, maison noble, au bg (distincte de celle de St Julien-Lampon, aux Vassal N. 1519-1740) possédée 1718 par les d'Ambert, fut grossie des rentes de Bétaille et eut érection en marqaisat, mai 1749 sur tête de J^n-J^h d'Amb^t, s. lieut^t aux gardes françaises, issu de ceux B. de Curemonte ; en sorte que cette faveur royale fort jalousée ici donna cours aussitôt à ce dicton, plus malicieux que vrai : « en toute la vic^{té} (de Turenne) il n'y avait qu'un marquis, encore n'était-il point noble ! » — Il l'était ; mais nos vicomtins étaient aigris de leur nouvelle sujetion au roi. Mr Langle tient ce vaste château, par succession des Albrespit B.

L'égl. St Georges avec sa font^{ne} de même vocable, déplacée v. 1860, eut + S^e Anne 1619. Cure unie à l'archiprêtré de Gignac déjà 16e s. Puis comme archip^e, le sup^r du sémin. mission de Caors fut prieur et x^r de Bétaille 1746. — Sur côteaux marneux ou plaine à cailloux et sable fertile, population dense ; très groupée ; surtout en ce bg coquet formant au 18e s. les *barrys* : 1° des Ferrausques, 2° d'Estève, 3° des Forts (vicomtal ? et prieural ?), 4° de La Font, 5° del Mon li ? 6° Merdanson, 7° des Mazeyries etc. La mesure agraire y était celle de Beaulieu, donc cette abbaye y avait eu influence terrienne dans les hauts temps. — La chapelle, lieu-dit auj. cimet^{re} près Peuch-barzès.

Montmaur le savant parasite y naquit 1576, mais de famille bas-limouzine. V. 1650 J^n Claude Montmaur, bourgeois, f. h à Turenne pour maison sise à Bétaille. Selon Courcelles, J^n (Jaufre) de Chabrignac, sgr de Bétaille [par engagem^t momentané, plus qu'hypothécaire, des vic^{tes} èvidem^t] le vend 1545 à Raoul l'Estrade N. qui revend 1546 à F^{ois} La Tour, vic^{te}.
Vassaux à Bétaille 1247 Bern. Guasco n. — 1334 Raym. Cardalhac, de Curemonte, n. — 1415 *Chaunac*, dont Aymar de Chaunac f. h. *Esteils*, près Roquet, aux d'Ambert 1718, 38, — Maltaises de l'Hôpital-Beaulieu (Lot) y eurent aussi dom^{ne} 1732-71.

Fosse, fief prob^t. — J^n Force, bgs f. h. au vic^{te} 1724. *Malmartel* aux Vayrac n. 1690, 1774 ; Duchamp de Crozefon v. 1840.

Mazeyrolles + dép. d'abb. Carennac 1175 sur riv. d. Dord. — Tur^{ne} y prétend péage et justice 1336, *Nougairède*, en la rivière, près ch^{in} de Martel à Puybrun, titra 1739 n. J^n Montmaur, éc^r (ailleurs bourgeois) qui dem^t Bétaille testa 1755, père de Bern. s^r d'Albet.

St *Sol*, hameau et m^in. Si c'est un nom de s^t, serait à rapprocher de St Ceols (Cher), car eûmes culte de s^ts du berry, ici, témoin s. s. Palais, s^te Rodène. D'où prob^t notre village de *Ste Rondine* disparu près Puybrun 1785. — *Saule*, qualifiait F^ols Montmaur 1675, 1740, près ch^in Bét.-Carennac.

Ségala, vge subdivisé en Seg. Bas, des Clauses ; de Menoire, de Breille etc. gros noyau de popul^n à opposer géologiq^t au vge du Causse. Verdier 175 h. St Martin 5 hab. — Poux-de-Savy substruct. gallo-rom^nes. — Riols, mét^ie de J^n Labrue, s^r de S. Bauzile, éc^r 1776. Citons des d'Ambert de l'Aubarède 1702-13 et noble Isaac d'Ambert, s^r de la Brande 1665. — Etimol.? du bg. *bedale*, bedalia, canaux ; (en écartant racine *bet* = bouleau).

Puybrun

Prieuré N. D. et cure St Blaise presque toujours annexe de Tauriac 1503, 1740, dép^d d'abbaye Dallon (St Trie, Dord.) x^r ; et cosgr parier avec le roi. Dallon l'afferme 170 l. par an en 1753. *Curés* congruistes : 1759 Lacambre : 1772 Marquès ; 73, 79 J^n Louis Daval de Fargues ; Miramon 83, 86. — *Vicaires :* Roques 1723 ; Cardailhac 37, 52 ; Lacaze, 56 ; Dumas 60 ; Sirieys 65 ; Blondeau 67 ; Ortal 72 ; Destaing 74 ; Teulières 81, 83 ; Bourdarie 86 ; Rayssac 1788. On voit qu'on les changeait souvent !

Sgie hors vic^té, mouvant du roi c^te de Quercy ; au ressort de sénéc^de Martel, était en pleine justice à lad. abbaye et au roi. Lesd. cisterciens y levaient 8 sols par sétérée en l'enceinte etc. Mais 1678 consuls du lieu en leur nommée au roi, disent que Dalon et roi 2 mai 1282 établirent en la *ville* de Puybrun cy devant dite nouvelle *bastide* de Tauriac 1 marché chaque mardi et 2 foires s. Barnabé et s. Denis ; que consuls ont péage, droit sur courtier mesureur du vin ; chaperon demy party de rouge et noir comme juges vigiers et politiq. etc.

Bâtie au cordeau tout d'une pièce sur le peuch de *Breu*, voisin des peuch 1° de Lesciou, 2° Vayrié, cette villette de 900 âmes agglom. avait 1670 ses 1er, 2e, 3e, 4e *barris*, sans nom spécial avec m^ons numérotées au plan, sur lequel sont venues s'inscrire de par nos stupides géomètres modernes les appellations saugrenues de rues : des Arts ; *Nébuleuse* ; des cyprès ; du *Lac* (= abreuvoir croupissant); *polaire* ; du col etc. et la rue S^t J^n etc.

Fiefs : les Granges, égl. N. D. prieuré Dallonien détruit 1660. *Figeac* et la *Gardelle* aux de La Grange éc^{rs} 1663, 1793 ; récemm^t éteints, faisant hér^r m^r Labrunie de Laprade. Les Cardaillac s^{rs} de Pally 1779.

Tauriac

S. Martial titul. de la cure ; S^t Et^{ne} patr. second^{re} et S. Agapit fêté 18 août ; dép. de Dalon x^r. — L'égl. a + 1° S. Ant^{ne}, 2° N. D. 1720, 3° S. J^h. — Y vénérer chef St Aga. dans reliq^{re} arg^t XIVe s. et admirer fresques de voûtes XVIe s. décrites par Poulbrière ; surtout E. Rupin. Egl. classée monum^t histor. 27 janv. 1897. On y voit *Sibylles* de frais coloris, d'un pur dessin. 1281, accord entre roi de Fr. et abbé de Dalon et vic^{te} Turenne pour n^{lle} bastide à Tauriacum sive las Olmieras. [Justel 65.] Consuls du lieu, 1301 après les brandons, demandent vainem^t adjonction de 120 villas voisines à leur ressort royal pour l'améliorer. Ils scellaient 1309 d'armes au *taureau* (parlant) surmonté d'une fleur de lys.

N. Guil. Vassignac vend à Dalon 1/2 xme de la parois. avec confirm^{on} 1220. — *L'Allé* (ex-alleu.) *Cauzenilles* ff. aux del Bosc prob^t ; puis sûrem^t vendu par les Coustin-Bourzoles N. 1516, 26 avr. à J^n Castelnau, b^{on} de Breten^x. Etait aux Dumas s^{rs} de Cauz. et de *Chapou* 1756.

Maniols, castel brûlé par réformés 1573 [notes de Veyrières] fut aux Amadon de la Combe n. 1591 ; du Bousquet B. v. 1620 ; Lamothe N. 1684, 1709 ; Dufau 1755 ; s^{rs} aussi de l'Isle et de La Fage 1780 ; ainsi qu'aux Sirot de Ville et de Busqueille 1765, 1776. Enfin aux Valon, sgrs de Lapeyre et de Rignac (n.)

G^{ds} fonciers ou rentiers 1718 : le b^{on} de Castelnau, ayant Escouanes, péage au port Barrié etc. — Le doyen de Carennac ; m^r de Linards taillé alors 130 liv. pour la Coste ; m^r Amadon 50^l. sur Tessou ; m^r Fleuret, propr^e au Poux ; M. de Cyrot à La Brunie ; m^r Dumas à Chapou.

St *Roch*, lieu dit 1668 sur ch^{in} de Puybrun à Barrié, vers Paly et port de Sal, lequel était en aval du port de Borzé. Il n'y a point à prémunir contre confusion avec Tauriac du Tarn-et-G. sgie des de L^d 1460, relev^t de Villemur, car était du *bas-Montauban*, donc attribué au dioc. Montauban 1317 mais par démembrem^t (non de Cahors) mais d'évêché Toul. *Bosc* ff. (très prob^t híc) prob^t aux del Bosc N. v. 1480; puis Coustin N. 1500; aux Lamothe-Flomont N. 1684, 1709.

St-*Félix-de-Baniéres*

Jadis St-Félix-la-Meynardie 1664 ; parfois *Banières* (en la vic^{té}) cure congrue dép. d'Obazine (Corrèze) qui y xme encore 1750. — Auj. 14 hab. et en la c^{ne} St-Michel-de-Ban. — L'égl. près Laval, profanée en grange, avait succédé à celle qu'on place au gò del sey (gné du sureau). La font^{ne} ferrugineuse *Sainct Fialy*, tandis qu'on trouve eaux salines à Bétaille, analysée par Vergne, pharmacien à Martel, avait débit constant de 300 bout^{lles} à l'heure, d'eau légèrem^t tonique ; purgative, hépatique 1809. Le s^r de Treyssac, c^{ller} au sénéchal de Martel eut privilège royal 12 juin 1775 d'en tirer 1 sol la pinte sur place, et 2 s. par b^{lle} emportée.

Sgie du bg. : Rilhac N. 1596 ; Cosnac n. 1560, 1693 ; Constin N. cosgr 1686 ; Chameyrat 1725-38 ; Dulmet n. 1771-83.

Banières, + « grangia » 1170 aux moines d'Obazine ; sous jurid^n des sgrs de S. Michel 1701 ; fut résidence des pères, comme en témoigne le territ^{re} des *claustras* 15e s. — Etait fief laïque, (probab^t par alliance avec Marie de Cosnac N. v. 1760(de Bert^d-J^h Jouvenel, B. sgr del Mas 1770, 78 et s^r de la Mayzonade 1786. — Actuel^t castel de m. de Chergé N. gendre des de Jouvenel, alliés fin 18e aux Gimel, n. sgrs de Tudeil et de la Feuillade, aux Gaillard du Pouget etc. — V. 1770 led. Jouv. acheta de m^r Dulmet de Blanat, des rentes autour dud. St Michel.

Arques 1470 était en la f^{dé} de n. Hugues Aymar. *Baudufle Bouyge-Blanche* 2 repaires aux Treyssac B. de 1659 à 1703 au moins.

Broquetie, ff. des Bideran n. 1649, 1748. Voy. St Michel et généal. *Bid^u* par m. le c^{te} de St Saud, si légitimem^t épris de ce genre de recherches où l'hist^{re} et la topog. s'entr'aident si bien. De *Fromentie* les Laval sont dits s^{rs} 1644, 1726-63 comme la *Meynardie* (hîc) v. 1710, en 1726 (dès ? 1639). Ils furent aussi sgrs de Laval, ff. dont une partition se nommait St *Hilaire*.

Valon, ténem^t noble des Bideran 1737. — La Gibernie devait cens 1472 à Blanat, cosgr de St Michel. Le Puy de Toul, pittoresque butte, a eu son rôle défensif mystérieux, aussi n'est-il pas étonnant d'y noter « vigne noble 1767 » du s^r Blavignac ; et « terre herme *allodiale* » vendue 1740 à Labrunie par n. J^n Bideran. Une vigne y appartenait 1639 à n. Abel de Vayrac, sgr de l'Artimaille.

Enfin 13e may 1717 Bert^d Sélébran f. h. à Turenne pour le prè de G^d Lac (St Félix) sis à Lamejou (= lacus major (par lui acquis en nobilité 18 mars 1717 (siège d'un refuge de guerre sur pilotis, à coup sûr) de N. P^{re} d'Estresses, s^r de Paunac.

Condat

C. à d. confluent. Egl. N. D. dép. d'abbé de Beaulieu qui l'eût avec la curtis Condadus en 9bre 898, (le monde se faisant vieux ! par don de Godefroy et Godile sa pieuse épouse. Vocab. N. D. 1662 ; ailleurs S^t J^n 1647 avec 2 + + ; mais c'était peut-êt. une 2e égl. (fête votive 24 juin) et + N. D. — X^r gén^l le prieur de Friac 1635. Commanderie.

Bourg ayant Barry del *Temple* de Balager 1640. — Sgr au bg. prob^t led. prieur ; en concours ? 1° avec Suzanne... v^{ve} de n. Louis Roux, sgr de Campainhac (près Sarlat) qui a ici un dom^{ne} 1639 et 2° Armand Dalon du Verdier 1784.

Condat, élect^n Figeac, soumise à régime fiscal doux comme en toute l'ex-vic^{té} (franche d'impôts avant l'achat par le roi 1738.) fournissait bled, foin, bestiaux, chanvre, peu de vin ; v. 1760. — Arques, (ex-pont à péage) eut pour *co-vigiers* bénéficiant de droits de surveillance de denrées etc., 1348, Nobles x. de Vayrac, B. de Sarrazac. B. del Pouget ; Aymeric Puymerle.

Balager, château récem^t reconstruit par m. Labrunie de Laprade, gendre Narbonne de Lara. — Ce repaire en maison carrée honorée d'une tour, selon un état de 1781, mouvant dud. prieur, appartenait 1686 au bachel^r en d^t Bert^d Materre ; aux

Selébrand B, 1714 (ayant sèp^re en leur + à l'égl. Condat 1723) et v. 1785. Claude de Sélebran ayant épousé 1744 Bert^d Labrunie, s^r de La Lande, avocat, J^n leur fils marié par c. 5. aô. 1790, dut hériter de m^r Céléb. son oncle ; car cette famille de magistrature martellaise alliée aux de Lagrange, de Boutières, b^on Leclère, Blavignac-Lagaye, Materre de Chauffour etc., possède Balager depuis lors.

Cépède, aux Ratois n 1585 ; aux Labrunie 1750 ; à Et^no Escudier avocat, s^r de la Cép. 1785 ; précédé par Vaurillon de l'Anglade B. 1763-80. *Geneste* ff. aux d'Anglars N. 1779, sgrs aussi de *Quinsou*. — *Pont Neuf*, rep^re, encore marqué par créneaux, vaste salle, 2 belles cheminées, fenêt. à meneaux, habité 1674 par d^lle Gab^lle de Ratois, v^ve de n. Henri de La Boudie de Labesse,' laquelle passe reconnaissance aux relig^x d'Obaz. 1° d'1 pré confr^t chemin de l'anc^no égl. de Condat. 2° du tèn^t Tourondel contigu à 1 pré tenu noblement par elle. — M^in du Pont vendu avec droit de tomb^x et de pacage etc. par J^n Veyrac de St Denis, N. au bgs J^n Materre 1729.

La *Prade*, tèn^t près rui. du Vignou, qualifia lesd. Labrunie, 1685-1758. Ils furent aussi s^rs du vauret; Guil^me Labrunie, bgs de Friac ayant acquis rentes de ce manse 9 janv. 1500 d'Et^ne Julien, sgr de G^d Lac. — Près Auriol (Cavag^e) était la borie (dom^me à bœufs) des dames (maltaises) de Menoyre lieu voisin. La *Jarrige* (hìc prob^t) f. des Comers n. 1479

Verdier ff. des Dalon, bgs 1666, 1784. — Vge Lacapelle (parois. Cond^t jurid^n de Friac) 1740. Notons aussi que gare 4 Routes est assise sur l'ex-marais de Las Tremoulasses quasi inhabité sauf par un ménage avant 1862 cela va de soi, sauf à l'époq. préhistor. par tribus au régime des noisettes, goujons et pissenlit.

Beyssac

Egl. S. Martial donnée à Beaulieu 1112 par évèq. Cahors ; avec abandon de leurs droits 1118 par les de St Michel frères N. Pour cette région, voy. cartul^re Beaulieu par Deloche de l'institut ; avec mes redressements. Beaulieu tient cette égl. 1285 à f. et h. d'archevêq. Bourges ; puis régit cette cure S. 1re par son prieur de Friac v. 15ᵉ s. — L'égl. a + 1º N. D., 2º + Sᵗ Fiacre, très fêté 30 aô. — Etait de vicᵗᵉ Turⁿᵉ 17ᵉ s. mais surtout membre de baronie Cazillac et Turène n'y avait pas droit de litre. Y eut nobles du nom de Beyssat 1219.

Anglade, « forteresse 1560 » + « baronie 1663, 1760 » ; aux Comers n. 1479, 1560 qui ont fourni un abbé de Sᵗ Waast d'Arras + 1522 ; aux Vassignac leurs alliés 1547 ; 1660. — Aux Lasserre n. 1663-92. — Vaurilhon leur gendre 1692, 1742-87. Auj. aux du Noyer. - *L'Auleyrie* f. saisi 1767 sur L. Darcambal, avocat du roy à Martel, faute d'avoir f. h. au roi; aux Vaurilhon 1789. *Bouraliou* f. des Briat 1786. *Landesche* f. des Lacoste b. 1767, près Sangou. Fᵒⁱˢ Dumond, juge de Cavagᶜ habitᵗ Costebeilhe v. 1780.

La *Salle*, près Marbot. — Arques demeure 1631 de Simone de Naves ᵛᵛᵉ à Daniel Vassinhac, écʳ sʳ de Leyge, qui vend Lauleyrie à l'avocat de Martel Al. de Laborie. — *Valade* vge. — La *Vicomtesse* alias Gluges, à Sangou, chât. ruiné dès 16ᵉ s. aux moines d'Obaz. 15ᵉ, 18ᵉ s. — La *Darsse* (= marais) f. aux Dalon B. v. 1700. — Les Delpy de la Cipière eurent droits à Langlade 1791 par alliance à Vaurillon, n. de J. B. Delpy capⁿᵉ artillerie, inspʳ de manufʳᵉ roy. fusils à Tulle.

Strenquels

Egl. donnée par Eble à Beaulieu v. 1168 avec 2 mas de Friac. Aussi cure Sᵗ Blaise 14ᵉ s. dép. de Beaulieu ; y ayant xʳ le prieur de Friac 17ᵉ s. et relevᵗ temporellemᵗ aussi d'archevêq. Bourges 1285. L'égl. qu'on allait réparer 1652 ; eut + Sᵗ Jⁿ 1641 ; + N. D. 1738.

Sgrs au bg. 1º led. prieur. 2º Jⁿ Materre conseiller secʳᵉ du roi, 1771 ; même 1790 car l'an 2 le district de Franc-Ceré, savoir : Laribe, président, Drulhe, Degouzon, Andral, et Clusan, avec Martine aîné, agent national, et Soliniac secʳˢ mettent en vente biens confisqués ici sur « Materre, émigré, ci devant garde du tyran Capet. » Evidemᵗ. c'est Jⁿ Fᵒⁱˢ Mat. sgr de Chauffour.

Du *Claux*, au bgs (hic probᵗ) et de la *Rebeyrette* sûremᵗ, se portaient sʳˢ 1696 et 1693 François de La Porte et Pʳᵉ Tournier procurʳ principal de vicᵗᵉ Turenne. *Borgne*, f. aux Touron B.

1718-85; *Carlat* f. des d'Audubert B. 1642-95; Puis Vaurillon 1789.

La Roche f. aliéné par prieur de Friac; vendu 6 aô. 1623 par Franç. de Ratois, s^r de Lespinasse à J^n Dalon, avocat, qui vend 29 9bre 1651 à Pantaléon Deschamps, bach^r ès droits hab^t La Roquette et n. J^n Desch. s^r de La Roq^{te} vend la Roche v. 1750 à J^n Grandou, n^{re}; dont la fille Marg^{te} Gr. de La Roche, v^{ve} Callé d'Alaman, jouissait justice et fond^d de La Roche et Roquette 16 mars 1780

Roquette, f. aux Deschamps de la Roche 1714; Grandou 1751; Miramon 86; Vaurillon 1789. — *La Tulle*, castel aux Ratois n. 1623, 39, qui le vendent presque neuf 6 juin 1747 à J^n Montmaur, lieut^t partic^r à Martel; quoique le même l'eût déjà vendu 1691 à n. J^n Montmaur, sgr de Laulerie. Et J^n-J^h Montmaur, 14 juil. 1789 avant d'émigrer le vend 22.000 l. à Bert^d Labrunie B. — J^n Terrieu, éc^r s^r de Leyge, d^t Servière, céda moy^t 900 l. 1er juin 1641 rentes sur Lacepède (Condat) à n. Samuel Ratois de La Tul.

Vauret, tèn^t noble que reconnut tenir en fief de n. Et^{ne} Julhian, sgr de Granlac (Murel) 21 mars 1534, N. P^{re} Vielheschèzes, sgr du Bastit. Etait aux Labrunie 1727-42 comme « acquis par leurs auteurs le 9 janv. 1500. »

Friac

Auj. englobé par c^{ne} Strenquels, fut prieuré simple S^e Madel^{ne} dép. de Beaulieu 1204; administratio de Friac relev^t d'archev. Bourges 1285; ayant annexes: Strenq. et St J. B. de Condat 1698 *Prieurs*: 1469 frère P^{re} Lestévenie; 1564 n. P^{re} d'Antissac; 1686 Ant^{ne} Fresquet; 1717 Louis Lefranc prit possession d'égl. en ruine; Guil. Boulay 1770; Louis du Barrail évêque 1781. On y visite font. St Fiacre, mais c'est là corruption, par inversion populaire d'un St Friac imaginé.

Paunac (c^{ne} Cazillac)

IXe s. deux personnages gratifient Beaulieu de quelq. biens à Puzinnaco, en la vic^{ie} Cazillac. — Cure hors vic^{té} relev^t des b^{ons} de Cazillac, même cosgrs à Paunac 15e s. sous voc. S. S.

Cosme et Damⁿ à la dispoⁿ d'évèq. Cahors. Curé xʳ. Oratʳᵉ 1752 ; et font. Sᵗ Ferreol 1583 : encore usitée pour maux d'yeux 19 7ᵇʳᵉ avec emplette de paniers à vendanges. Elle sourd près d'éboulis dits au Moustier. On a reliqʳᵉ cuivre argenté dud. Sᵗ.

Le castel du bg, assez gracieux, est à mʳ Sérager après les Labrunie et eût pour maîtres les d'Antissac n. cosgrs 1458, 1540 ; suivis de la mᵒⁿ d'Estresse n. 1638, 1789 (une fois qualifiés bᵒⁿ de Paunac 1737).

Félines, f. aux dudit ; B. 1571. — Murat et Bouix, vges à noter. Ne pas confondre avec Paunac en Sarladais, prévoté membre de Sᵗ Martial de Limoges 14ᵉ, 18ᵉ s.

Murel (cⁿᵉ Martel)

Vicⁱᵉ perpétˡˡᵉ N. D. assomp. (donc aussi prieuré) dép. du moine doyen de Souillac 14ᵉ 17ᵉ s. ; exempte de subsides pour pauvreté 15ᵉ s. ; avait égl. délabrée 1785. — Xʳ l'abbaye Souillac ; était vicomtine ; sise « en un causse que le travail assidu et forcé des hab. fait produire, 1760 ; bled, vin. ». Sgrs du bg : les Laborie B. 1631, 82 (dès 1510 env. selon m. le gᵈ vicʳᵉ B. Massabie, vie du prieur de Figeac, de La Borie) les Lachèze 1761 ; 1787 n. ; voilà pour la sgie princip. car y eut cosgrs 1/5 les Dunoyer, B. 1628, 39. Antⁿᵉ Dunoyer de Vès, juge de Martel, avait 1639 rente et justice dud. 5ᵉ par aliénation du religˣ prévôt ancien de Murel ; Jⁿ de La Borie, lieutᵗ particʳ de Martel, nomme au roi 1639, les 4/5 de 1001 cetiers froment en justice sur bg et paroi. Murel ; et mᵒⁿ noble à Martel, avec la Poujade (Sᵗ Denis) etc. — 1632 Jⁿ de La Borie, sʳ de Murel — 1682 Alexand. de La Borie, sgr de Murel était conseiller aux aides de Montauban. Les de Meynard N. sgrs de Murel (ailleurs Mouret ?) 1640-92, 1720 env. — Cosgr v. 1760 mʳ de Tournier.

Gᵈ Lac, castel quasi détruit, de mʳ Sérager. — Pʳᵒ Régis, nʳᵉ Brive 1448 ; Gaubert Blanat n. 1504 ; aux de Julien n. 1472, 1534-86 ; à Goulard son gendre n. 1582 ; [aux Turenne B. et n. en partie probᵗ) 1588 à v. 1733] ; aux Bideran n. 1630, 1701-54 — à son gendre Lajugie, b. ; 1778-88 ; et aux Conties 1786.

Murlat f. au voisinage. *Leyrac* f. à m. Raymond Roger

1725 ; à x.. Rogier de Leyrac, maire de Martel 1771. — *Carlat* f. en la directe 1788 de m^me de Sapientis v^ve Judicis.

La Gauterie fournissait rentes nobles comme (Bourrières, paroi. Baladou, qui fut aussi aux Blavignac de Bourrières) 1786 à x. Bascle. A la Gulieyrie (racine *aiguille* = p^re, indicateur des direct^ns et distances) passait 1615 le ch^in *roumieu* ; tandis que vers Esparzelous s'isolait la *Malaudia* 1538 ; sans parler d'un vge de Remédy, nom dû prob^t à un 1er hab^t Remy ; voy. aussi St *Remedius* à Bort, Corrèze. Le Feydit, berceau évid^t des Feydit de Tersac N. ; fut reconnu 1764 à m^r de Lachapelle-Carman. Montgauzou, demeure du bgs R. Arliguie 1762. La *Doux*, ruisseau mystérieux selon son nom (douch, dotz = source) s'y donne des allures de nymphe curieuse de se laisser entrevoir inter salices.

Esparzeloux, f. 1740 à la dame de Termes. — *Feyri*, f. d'Ant. Maturié, avocat. 1760. — Vielcastel, ruines.

Loupchat (c^ne Martel)

Prieuré dépend^t imméd^t (puis y est incorporé) des bénédictines de Brajac (Cantal) 1459 dont abbesse nommait à cure St Martin de Louchac (l'abbé de Souillac selon d'autres pouillés v. 1300.) Il y eut font^ne St Martin 15e, 17e s. — L'abesse en f. h. à Tur^ne 1723 et y nomma divers curés d'Auvergne, ainsi x^rs. — Le sgr de Besse avait + en l'égl. 1710. — Aujourd. fête votive S. J^n B. 24 juin, — Au bourg demeuraient les Montmaur n. sgrs de Lafont 1754-80.

Baspalnie, repaire aux Mayac, B. 1714-35.

† *Barbaroux*, prieuré donné 1298 par Guil^mo de Villaret aux maltaises de l'Hôpital-Beaulieu. — L'égl. prieurale S. J^n 1653 tombait déjà de vétusté. Appartenait avec ce fief et dimes 15e, 17e s. à la directrice de l'hôpital St Màrc de Martel. — Y eut fontaine St Martin 1785. — *Gilardie* dont étaient sieurs les Marqueyssac N. 1636 ; les Labrunie B. 1785-89. — Le « Viel-Martel, » tènement (en la paroi. de Barbarous) délaissé 1692 à m^r de La Serre par m^r de Laval.

Besse (Louchapt) mouv^t de Turène, aux Besse 1295, anoblis par vic^te 1219 ; — aux Majoris, n. de Beaulieu 1450-53 ; — aux

Laboudie, n. 1505, 1671, 1718; — Vayrac N. (h^{rs} Boudie 1729) alias Lagarde 1778.

Coustande, t^t noble, sans justice; aux Dufau n. 1559; La Pèze n. 1595; Roger B. 1684-1789; qui auraient fourni un maréchal de camp, incarcéré après mars 93.

† *La Lande* ou *Chapelle-Saulet*, église et cimet. 1503-1667; et ff. Nous trouvons à foison des s^{rs} de La Lande. Les Lasserre eurent domaine ici 1691-1761. Les Roger 1736; les Boyt de La Combe, b. 1714-63. — Lachièze 1631; Maleville, b. 1517; Cheylar N. 1533. — Termes N. 1692. — Autres s^{rs} de La Lande, (hic?) : Célebran 1714; Judicis 1686-1762; La Brousse 1780. Ce nom de lieu trop fréquent rend l'adaptation malaisée.

† Maradenou, ex prieuré et paroisse, dépd. d'abbaye Artige, H. V.; uni dès 1651 à Maradéne (Queyssac.) Etait sur riv. g. du Vignou, près Ripannes. Appelé aussi Dus Molis et d'Usmellis, il eut vicairie de Gavaudon 1446; et passa aux jésuites enseignant à Limoges 18e s.; X^{rs} — Egl (S. J^n?) adjugée 72 fr. 25. 8bre 1781.

Maleville, eut nobles du nom v. 1540 et 1579; fonciers sur Teulières; puis R. Roger, sgr de Leyrac et de Teul. 1722. *Pech*, hic?, J^n d'Arcambal, s^r del P. 1786. — *Pech-Mejo*, qualifia Gasp^d Bascle 1669-78.

MARTEL

Ville de 1706 âmes d'aglomér^n aujourd. — Topog. urbaine XVIe s. : I. L'*enclos* comprenant le *fort*, égl. crénelée etc. II. *barrys* (quartiers) : 1° des Combes, avec rue de même nom, ce que je marque par r, tandis que p désigne porte, et pl. = place; 2° Montpezat et r; 3° Bleynie r; 4° Souilhac r. p.; 5° Falconnet; 6° Condamine; 7° de l'Eglise et r; 8° de Brive, r. p.; 9° Fontanelle, r, p; 10° Tournemire avec r. et tour à prisons; 11° de Banne; 12° Creysse, r; 13° de Porte-Peinche, r. p; 14° Bernade r; 15° de la Rode avec p; 16° Gautier r.; 17° Pomiès r; 18° St Ambroise 1683; 19° Malbec et r.; 20°, de St Lin, S. Lis avec r; 21° Font St Maur. avec citerne et p.; 22° del Sers, Cerf, et r et p; pl; 23° du four des Bordes alias vicomtal (banal) et pl.; 24° Besse; 25° del Sol de Bœuf, nom aussi d'une famille noble 15ᵉ s.; 26° del Portanel N. D. et p. (poterne; 27° de Croix-Rampal (à procession avec ramˣ, hosanna, agneau fleuri etc.) avec fg.

III. *Rues*, en sus : Droite ou gᵈᵉ; — Gimelle; — de la *Bride* et pl. nom d'un engin d'artillerie; — Millepois; — de la Collopie, Camplapie et p. (rac. *camp*, au sens de *calm*, sol infertile, communal à *pies*.) — De Belle autrement Vraye (vera) Croix avec fg. et p. — du Pont — des Poujols avec fg du nom et p. — du Temple, en souvenir de la commanderie de Sᵗ Jⁿ Jérusᵐ membre du Bastit du Causse 1722. — Sᵗᵉ Anne — de Saulier — Breil — Chapelier et p. — de Cantle.

IV. *Places* : du dedans; et dehors (d'enceinte); — de demet (milieu?) — du marché — du sel jadis Mégie, devant cordeliers — de las oulas — gᵈ place. V. *Portes* : N. D. del pourtal — de la Guilheyrie, apparemment dans la direction de ce vge comme pour Brive, Souillac — Sᵗᵉ Catherine avec loges bastionnées et gabions en location, surmontant les portes.

VI. *Tours* : Neuve? 1544 etc. — VII. *Fossés* del Capitany et fg dudit etc. VII. *Murs* vieux; et neufs 1513. VIII. *Faubourgs*; de dehors — Capdeville — de Cazilhac, près Poujols. — del Calforn — d'Obazine 1345.

Egl. paroi. voc. S. Maur 14ᵉ s. dép. du doyen de Souillac. — Coxʳˢ du vin 1716 le curé et mm. de Briance et de Blanat. — — Y eut officialité ici 1645; 1714. — Egl. ogiv. avec beau porche-clocher, portail sculpté, chevet à créneaux; égl. à l'état de grange, à refaire 1480; à radouber 1608; ayant 1744 + 1° N. D. où l'on épousait 1596; avec confrérie; 2° Sᵗᵉ Cath. avec vas (caveau) des Arlignie, de Meynard, Escudier; puis Sᵗ Sacᵗ avec confⁱᵉ transférée de Sᵗᵉ Madel. v. 1770; et où pénitˡˢ bleus demandent aux consuls soi-disant patrons de l'égl. permisⁿ d'établir tribune. Auj. Sᶜ Cœur. 3° S. Fr. de Salles, aux obituaires prêtres filleuls; près celle des sgrs de Langlade 4° S. Barthʸ avec vicairie Lespinasse à nomination des Courèze 1706. 5° S. J. B. aux Salvat 1677. 6° N. D. agonis. au milieu de la nef comme la 3ᵉ — 7° Sᵗ Antⁿᵉ avec vicⁱᵉ Vassaudie, ou Soucque, des Lasserre; fondée par Vassal N. v. 15ᵉ s. — modo Vraie Croix. — Cloche Sᶜ Cath. fondue mai 1784 par soins des 4 consuls, patrons de l'égl. tous conseillers du roi (qui n'en manquait pas !) et juges criminels, politiques, et de police, et gouv[rs] de la ville ; collateurs aussi de chapellenie La Garde. — Les sépultures en l'égl. étaient rangées en lignes, la 1ère commençant par S[e] Cath. tirant vers N. D. La 15e près le banc (de frairie) du St Sac[t], le balustre S. Franç. et le pilier et +S. Et[ne] 1747. 9° St Laurent.

Hôpit[x] : 1° Majeur de St Marc, fondé par habit. hors les murs ; — au patron. consul[re] 1353 domus Dei helemoz[e] hospitalis majoris. eut lett. pat. de confirm[n] juil. 1746. 2° Vraie Cr[x] dès 1183. 3° du S. Esprit, ou bien de Sarretie, à pélerins, uni 1298 à l'Hôpital-Beaulieu (d'Yssendolus.) 4° Maladrerie 5° ? Reclusage ? « lo recluso » écluse ? ? — égl. pénit[ts] bleus 1702-76. — Conf[ie] de la Charité ou Miséricorde de 1702. — Une monjoie à la Croix-Mathie. 2 g[des] voies dont 1 marchande, iter mercadié, pourcatier (des porcs allant au glandage dans forets de Turène et Montvalent) ; plus iter romipetale (relig[x]). — Actuell[t] +S. Vinc[t] Depaule à l'hospice et +Ste Anne, des dames du calv[re] — égl. et cimet. S[e] Madel. présumée ex-égl. par[lle], eut frérie s. sac[t] — et vic[io] Rodomont, ou de la Bonne depuis 1439 ; plus tard desservie en S. Maur.

St Marc, prieuré de nobles chanoinesses maltaises (16 au 18[e] s.) fondé (XII[e] s. ?) par vic[tes] et habitants, desservant aussi led. hôpital alimenté par legs et de 60[l] rente sur le curé etc. sous direction consuls, avec lesquels tels démèlés qu'elles cessent ce service 1587-1654 date d'accord avec eux. Prieure élue à vie par c[té] ; confirmée par g[d] m[e] — Jh. Lachièze, sgr de S. Marc 1761.

Cordeliers. Frères mineurs, puis réunis aux Cordeliers ; c[té] née ici du vivant du vivant de S. F[ois] fond[r]. Le gardien Batud et 3 relig[x] 18 mai 1762 donnent à rebâtir ce couv[t] tomb[t] de vétusté. — Ant[ne] Lachapelle-Carman N. y fait acte de fondat[r] 23 9bre 1727. — Egl. ayant + 1° S. Louis, des Vaurillon n ; v. 1750. - 2° S[e] Anne, aux Lachièze de Briance n. 1745. — dite S. J. B. et S[e] Anne et accordée 1469 aux Lascaux, b ; conf[t] capella alba. 3° Autel St Michel v. 1500. — Confrérie supprimée 1759. — Autel St Louis, au ch[r] 1647.

Maison (noble évidem[t]) de cisterc[ns] d'*Obazine* + bien avant 1363 ; car voy. Mélanges Baluze et pourrions citer le cartul[re], si n'avions à sabrer ici dans le vif de nos monceaux de docum^{ts} pour être bref.

Sgie de ville et châtellenie : 1° Vic^{te} Turenne à 1/2 ville 1251. — V. 1760 le roi (son ayant droit par achat 1738) n'a plus mouvance que de 50 maisons sur 400 ; Carman sur 20 ; Laporte de Lissac 15 ; de Boutières 8 : commandeur du Bastit 24 et le reste à divers sgrs. Le roi revend 29 fév. 1748 à Noailles 8500. l. ville et seule banlieue. 2° Jurid^n ord^{re} des consuls (4, dès 1235 au moins ; prêtant serment au vic^{to} 1350 ; qui 1219-47 confirme et accroit coutumes et statuts par eux donnés fort avant. Voy. Justel ; abbé Marche ; et public^n de franchises ; mss. Doat, etc.

De gueules, à 3 marteaux (parlants) *d'argent, le manche d'or.* La communauté protégeait de ses murs mais aussi régissait (et enseignait 16° et 19e s.) vaste banlieue ; « 1744: causse et vignoble, vin, froment ; peu de fourrage ; nulle industrie ; gens pauvres, parce que hab. très nomb^x » attirés par aumônes monacales.. toujours bonnes à prendre. — Bourgeoisie turbulente, processive 1317 ; — rattachés à sénéchaussée Sarlat (en partie) fin 18° s. — Le maire Blavinhac donna en ferme à 92 l. le rampeau (jeu, dominical) et les noix des noyers (des promenades) — 1364 N Bertrand Cavanhac, co;gr ; sans parler d'engag^{ts} suivis bientôt de rachats par vic^{tes} 16e s. — Origines en dehors du concours de Charles *Martel*.

Siège de *sénéch^{ée}* comprenant Bétaille, la partie Quercynoise de la paroi. Bourzoles ; Cazillac etc. — d'un « subdélégué (Bramel) de l'intendance de Montauban au *département* de Martel 1719 ». On voit que l'expression dép^t n'est pas nouvelle ; il est vrai que sa signific^n était plutôt fiscale, au sens de répartition, *(répartement)* sur *partie* de territ^{re}. Appelait à Bord^x quoique l'inv^{re} arch, H. G. dise, 1462 ressort Toulouse. Tout ce personnel judic^{re} de sous-noblesse va défiler comme possédant fiefs (biens nobles) ci-après :

Hôtels nobles en ville : 1° *Aubepin.* m^{on} (prob^t n.) et four, des Dunoyer 1538. 2° *Carman*, aux Lachapelle N. 1643-54. 3° *Devinie*, affranchie de rentes par consuls. 4° *Espinasse* 1534 aux dud. n. — Belcier 1550 rentier aussi à Rougières, Puymège; et Merle près ch^{in} dit — dels Prodomés, de ce que notables Martelais l'auraient ouvert et entretenu. Passa aux Dalon 1630 ;

n. 1655 — aux Courrèze 1665-98 D'Arcambal de Lespin., (hic prob.) 1787. — Ratoys s^r de L'Espin. (hic ?) 1568-96. Il est ardu de démêler le détenteur de la sgie rurale d'avec celui de la m^{on} n. urbaine : ex. de Carman (Loudour) et de Carman dans Martel ; relev^t aussi de vic^{te} Tur^e.

5° *Faurie*, aux Faure, n. sgrs de Mirandol 1601-70 — 1668 à J^h Laporte Palisses (Lissac, Corrèze.) 6° *Gauterie*, (près la suiv^{te}) cédée 12 may 1659 par A. Laverrie Ste Radeg^e à J^n Laymarie, bgs md. 7° *Julienne*, ou Ginoulie, acquise par s^r Blavinhac 1642 de J^n Dupuy et provenant des G^d Lac ; (prob^t après des Julian ?) consistait en g^{de} tour, salle ruinée, en le fort etc. 8° *Jubertie*, aux Lasserre n. 1647.

9° *Martinie*, près hospicium de la Boudie (et mon n° 4 ;) achetée 1413 par le bgs Adémar de Blanac ; vendue 1531 par Martin Régis, n^{ro} sauvegardien de la vic^{té} d^t Brive, à prudent Hélie Brunet, m^d de Martel neuf vingt liv. ts. — était par ainsi 1648 aux Lachièze. 10° *Reymondie* g^{de} aux vic^{tes} Turène v. 12e s. ; aux Valon N. 1455-59 ; — Rollat leur gendre N. aliène peu avant 22 janv. 1531 à sage Ld du Vernh, bach^r en d^t encore nanti 1555. — est 1661 à Léon Lasserre n ; sa v^{ve} en f. h. 1672 au vic^{te} — 1696 tenu par les Arliguie et 1787. Auj. mairie. 11° *Reymondie* p^{te} aux Salvat 1607-31 près rue Gautyé. 12° *Valade*, aux Vayrac N. 1602-12.

Menus fiefs forains, fournissant matière à titrage, en l'honneur de nomb^x bgs, récompense terrienne peu coûteuse et valant bien le *Poireau* politicole :

a ; *Belver*, près Capel, f^{dé} d'honorable J^n Lespinasse 1473 ; Lachèze, s^r de Bel. 1718-88. *b. Bories* (f?) vendu par Lasserre n. 1691 à Maynard N. — aux Lafaurie (hic ?) s^{rs} aussi de la Combe 1776 B. *c Bourières*, vendu 1611 par Vayrac N à B. Blavignac, m^d qui 1629 en acheta aussi de (J^n Cardaillac N) s^r de St Maurice.

d Breil, des Roger 1750-55 ; et des Judicis 1714-60 ; — s^{rs} encore de la Boissière 1770 (hic ?) *e Cépède*, aux Ratois ; puis Laporte N. 1704 ; Scudié, B. 1777-86. *f. Comberousse*, repaire, près Malepique. — *g Condamine*, aux d'Arcambal 1738. *h, Dalon*, aux dudit 1648.

i. Esclauzals, champ n. de G. Blavig^r 1778. *j Escrivals*, aux Darnal, B. v. 1650 ; en 1714-52. — en la directe de N. F^{ois} Chaunac 1607 ; de G. Lachèze, éc^r 1778. *l.* Grèze (hic ?) aux Arliguie 1703 ; Leymarie 1786. *m.* Malepique à Laurens Dubois v. 1700 — aux Chevaille de St Maurice, n. 1717-38 ; Touron 1758.

n. Merle, dont signait s^r 1648 P^{re} Dalon. ; *o* tandis que *Montaniac* distingua cadets Laserre N 1644, 1743. *p. Peuchlaguilhe q. Roc*, terr^m allodial, aux Judicis B. blasonnant naturel^t avec balance à Thémis, 1779-85 ; confinait à Escrivals. *r. S. Esprit*, mét^{ie} sise à Montaniac, du conseiller Fournier 1786. *s, Serre*, du s^r Vaurillon, gendre Laserre 1695. *t. Taillefer* (hic ?) de Jⁿ Lanoue, s^r de La Lande 1772.

u. Vassaudie, autrement Souque, des Vassal N, 1334 ; vendu v. 1643 par le s^r de Campagne aux Laserre N, qui vendent 12 mai 1692 pour 27000 l. à Et^{ne} Judicis, m^d dont descendants directs B. l'ont 1764 (et v. 1785.) Le castel est rasé de vieille date. *v, Vaysse* aux Darnal 1717. (hic ?). *x Verdier*, des Dalon, est à m^r de Ferron. *y Verniol*, en la rivr^e, aux Meyzen (hic ?) 1788.

A enquerre, c'est-à-dire reste à retrouver l'assiette paroissiale des lieux suiv. pour les gens ci-après, *sieurs de* ces div. endroits non loin de Martel. V. 1670, 1° Lachieze de Lausière et du Peuch (vers St Sozy) 2° Termes de la Veyssière et de La Deveze — v. 1730 : 1° Gardaren de Malepeyre (vers Cazoulès) 2° Darnal del Pon 3° Albugue du Mas 4° Darcambal de Salvat 5° Vayrac de la Tour 6° Leymarie de la La Saigne 7° Termes d'Empalioulas 8° Courèze de la Farge ; 9° Chassaing du Verdier. — V. 1760 les Mandégoux de la brousse et Terre blanque vers Salignac ; Sclafer de la Gorse ; Parry de Laval.

Gluges

Prieuré-cure S^t P^{re}-liens de Glogano dép^d d'évêq. 14e s. — Annexe de Peyrazet au v^x temps. — Gaillard, sgr de Mirandol aurait fondé et doté cette égl. avec nombreuses reliques par le dit Miran. rapportées de Jérus^m, selon un acte, évid^t mal daté 1000, à corriger en 1100. — Prieur x^r général 1785. — Egl. très décente et coquette sous roche enguirlandée de buis ou figuiers, eut + 1° Ste Cath^{ne} aux Taillefer. 2 : N. D. aux de Mirandol ; dont la litre (pour les Lasteyrie) paraît encore. Ce petit cimetière embaumé est un charmant dortoir nuptial, un vrai jardin de doux repos. Oh ! le paisible nid à résurrection tout attiédi, où chante le grillon, pendant que navigue à larges voiles parmi les lilas un essaim d'hirondelles rieuses, sans souci des filets, tout fumants de pêcheurs, épandus au soleil.

Bourg protégé au S. par la Dord. qu'on passe sur pont suspendu sans recourir à son port, et ayant au N. pour bonnes défenses, de hautes corniches en calcaire mordoré par la canicule qui a baptisé l'une d'elles : *Roqua coecha* ; il se remparait encore à l'aide de 3 petits refuges de guerre. 1º Le castel baronial de *Taillefer*, appendu au roc, en échauguette accessible aux corbeaux seulement. Il eut pour maîtres : les Grenier et Lafon 1297-1304 ; — Taillefer N. 1413-1546 ; — Lacroix-Taillefer, gendre Tail. 1560-83 ; — Chaunac-Lanzac, gendre Lacr. 1596-1616 ; — Lestrade N. 1634 ; — de Maynard N., gendre Lestr. - Floyrac, 1694 ; encore 1781 à N. Et^{ne} Maynard baron de Taill. — Encore à eux auj.

2º *Caupeyre (bis)* 1546-1600 aux Taillefer n. et Lanzac 1600 ; 3º *Gluges*, sgie des Taillefer 1498, 1557 ; — Mirandol 1624 ; Lestrade 1634-90 ; Meynard 1724 ; sans parler du droit de bac pour Gab^l Salignac N. 1745 ; ni des petits ff. innommés dont curé f. h. aussi 1698 à vic^{te} Turène. 4º *La Fon*, sur belle source, à l'ouest de l'égl. act. et de la v^{lle} devenue presbyt^e ; aux Lascaux B. 1468 ; Faure-Mirandol 1509-19 ; alias Mirandol 1624. — Lestrade 1634-64.

Le castel récent de la *Tuilerie* a passé v. 1865 aux Conquans (auvergnats), N. des mains des Puyjalon (B. puis n. 1786). — Srs de la Cipiere etc. au devoir « d'un paire de gans lavés. » v. 1692. — Broue, de F^{ois} Lavergnière, la 1785, hic ? — *Colonjague*, homagé 1495 par discret P^{re} Lagrange, autrement Carrète, m^d de Rocamad^r 1495. — *Condamines*, près Tuilerie. — *Devès*, *Boissonie* et *Grave*, lieux dont 2 Maynard N. se qualifièrent, fin 18e s. — *Caupeyre*, manoir aux Lestrade N. 1639-93 ; baron de Maynard N. (limousins) 1694, 1784, 1898.

Briance, racine briva, pont ; est un pittoresque châtelet sur une source délicieuse, auprès d'une grotte, et en contre-bas de celle de Roqueblanche au pied de la h^te falaise couronnée par ce féerique Mirandol qui pieusement illuminé le soir du 20 mai 1894 dût donner à toute la population de la vallée l'impression d'une scène fantastique à décors élyséens. Briance eut † 1653 ; et fut aux Pauc. b. 1405 ; — Brunet, 1604-34 ; — P^re Br., B. l'ayant acquis 8 janv. 1599 avec champ n. de Pontour, à Baltazare Lagrange, d^lle de Gluges — aux de L'Albertie B. (puis n.) de Rocam^r par alliance Brunet, 1638-44 et qui vendent 14,330 l. 13 7bre 1653 au lieut^t part^r de Martel, François Lachièze de la Malvinie. P^re Br. 14 mars 1614 eut permission du vic^te qui en retint justice à sa châtellenie Monvalen, de faire à sa m^on n. de Bri. des pontlevis, marchicolis, guérites, cranaux. — Est ainsi 1709-86, 1898 aux de Lachièze, gentilshommes aussi considérés que bons et accueillants avec parfaite courtoisie. Leurs armes sont : *écartelé aux 1 et 4 de gueules à 3 bandes d'or ; au 2 et 3 d'azur à 2 levriers d'arg^t courant l'un au-dessus de l'autre ;* [Généal. de Gironde de Montcléra, leurs alliés.]

Mirandol « forteresse » avec fossé artif^l en arrière et coupure natur. au devant, à pic de 200^m sur riv^e Dord. † St Gilles 13e-18e s. grotte en rotonde, dite castel des anglais. — Auj. vaste demeure carrée, de la vaillante famille chrét^ne Louradour. Fut des Mirandol N. XIe s. 1256, 1351. — Aux Lascaux B. 1462-68. — Des Faure n. 1425, 1498, 1519 ; autrement Mirandol 1648 N. 1713 — Lasteyrie Saillant N. gendre Mir. 1706-86 ; Meynard N (cosgr ? v. 1740, an 13.

Serguières, territ^re franc et n. aliéné 1573 par n. J^ne Lacroix d^lle de Roquepen, à Ld Vayssière. *Théligues*, île, ff. des Maynard 1785 ; après les Lafon 1696.

Creysse

Ne fut point vraie vic^te politiq. non plus que S. Sozy, mais en celle de Cazilhac Xe s. — Creysse, prieuré et ff. S. Germ^n dépd. d'abbé de Souilhac 14e s. et comme prieurés 1° Ste Cath^ne Peyrazet. 2° St Julien de Loudour. Ailleurs le prieuré Peyrazet est dit-sous vocab. N. D. et alors Ste Cath^ne serait patronne de cure. St Vincent du Vigan à Creysse serait de même le prieuré, dont la cure serait S. Germain avec celle de Reyrevignes (*sic*) pour annexe jadis. Il y eux chapellenie Cassagnade 1718.

Cosgie, de cette bourgade ayant g^d rue, *barry* : 1° Graveyrie, 2° Poumeyrie. I. *la grosse part*, h^{te} justice, suzeraineté des 13 ff. de la châtellenie, dont 4 en main morte, 9 sans justice, tenus par main laïque, fut aux vic^{tes} Turenne du 12e s. à vente au roi 8 mai 1738, qui vend à Fénelon N. 2 et 10 x^{bre} 1740 — encore Salig^c 1780. II. part aliénée en just^e moy. et b. 24 7bre 1445 par Pons N. à Cosnac N. qui revend 4 fév. 1658, 5000 l. à Vassignac N (déjà donataire ici du *Château-Rocher* par vicomtesse 29 juin 1623) et Vassignac cède 6 avr. 1689 à Arliguie ; déjà acquéreur 10 juin 1690 d'autre part Cosnac que la Serre céda aud. Arl., mais qu'il tenait lui Lasserre, des Cosnac, par achat 24 x^{bre} 1654. — Cosnac en avait aussi vendu partie 9 juil. 1655 à F^{ois} Lachièze — Ainsi Arliguye n. est bon cosgr 1692-1780 ; puis remplacé par son gendre Pascal à peine n. 1786. III. Part vendue 1770 en pl. just. par marquis Campigny aux Roger n. ; ainsi sgrs châtelains 1782-88. IV. les *baillis*, sorte de vigiers, levant leyde de sel remorqué, greffe, tenant prisons etc. par concession des vic^{tes} aux Cornil N. 1162, 1332, 1543. — Les St Michel 1332 — Vassal — Durfort — Vassignac 1642 — Arliguie v. 1760.

Aussi y eut-il la la *tour* (carrée actuelle, prob^t) de Cosnac 1643, à eux ; et l'hôtel 1° *Vassig^c* aux dits 1639. 2° *Cornil* 1458 — 3° St Germⁿ, aux prieurs 1614. 4° du *Vigan*, prieuré devenu ff. des Arlig. 1788 ; l'égl. ayant dû achever de dispar^e v. 1650. — Flotard y gratifia relig^x d'Aurillac de biens 940 ; pour vin eucharistique et à pitance monacale, ce riche sol n'étant pas encore devenu la patrie des melons.

Bauze, arrenté à son profit, 1462, par N. Raym^d Bernard, sgr de Belcastel. — Fdé de leur acq^r N. Jⁿ d'Auriol. — Srs de Beauze : 1° les Lachièze 1708-23 (famille tabellionique de S. Sozy, s^{rs} ici aussi du Cros 2° les Gardaren 1763-88. *Boissière*, aux Boucheron N. 1449 ; Maubuisson du Jayle 1639 ; Cosnac 1690 — Lasserre, hic ?? 1691.

Campagnac (Creysse et S. Sozy) vendu par Dalon B. v. 1680 aux Lachièze, ainsi s^{rs} de Camp. 1722-92. — *Champ-Gimel* alias Terre-Rouge, homagé 1691 par G. Laroche s^r de Bélonie. *Dieusidou*, tèn^t nommé au roi 1639 par n. Jacq. Labrousse, s^r

de Leygonie, avec tèn[ts] Bousquet, Brunes, Malétie, Estres, Poperdut, la *Bornhe* = île ; Bauze et Espralz d'où il tirait rentes à la mesure de *Martel*, ce qui prouve qu'il faut les trouver par ici. 1532 N. Bert[d] d'Anglars, dno del Claux (Eyvignes) et de *Dieusydo*, reconnu rentier autour de Loudour. Il s'agirait donc d'ici, malgré m[is]-Diousidon (Ussel, Corrèze) duquel Ussel, des Anglars N. (d'autre souche ?) furent cosgr 15[e] s.

Garrigue, ff. demeure des Lachapelle N. 1747-77. *Gorse*, hic prob[t] aux Laserre N. 1666, 1728. *Mas-del-puech* repaire des Linards 1656 ; Lagrange n. 1702. Le *Palais*, Palet ou Gastepó. prob. ff. du procureur d'off. Ant[ne] Delcayre 1732 ; habité 1788 par F[ois] Dunoyer, s[r] de Lacombe ; et par les Daval de La Rigaudie, B. Quant à l'habitation (Plume-gal) du vic[te] de Ferron, époux de m[me] de Cuverville née Vergne, elle fut des Roger v. 1785.

Pomiers aux Daniel B. 1504-8 — Laval 1567 — d'Albert B. 1600-8 — Conties n. 1614-1779. *Puy-la-porte* aux Arliguie n. 1683, 1717. *Reygade* 1460 de n. J[n] Julien Tournemire, tèn[t] 1714.

Ste Cath[ne] *Peyraset*, prieuré simple et sans résidence ; x[r] 1697. Egl. en ruines alors, dépourvue de bénitier, confessional, cloche sans battant ; — mise en vente nationale avec p[t] cimet[re] 1791. *Boissières*, voy. ci-dessus c[ne] Creysse. *Cacreix*, tous 2 ff. aux Laporte de Palisses N. 1698, 1731 ; mais le 2e fut des Faure (B.) de Mirandol 1509, 1698. — *Condamine. Escurals* (bis), dont Jac. Labrousse f. h. 4 mars 1644 au vic[te] assis « sous un daix, dans une chèze de velour cramoisy enrichie de passemens d'or, à Turèné. »

Malemor et *Peyriget*, t[s] tenus noblement avec Martinie autrem[t] Sommerive, Teligues par les Bouquet s[rs] de Fonmaurile 1644. — *Meyrac*, bis, ff. non loin. Quant au bg de Ste Cath[e] (prob[t] en suite d'alién[on] par abbaye Souillac v. fin 16e s.) le rep[re] de S[e] Cath. fut 1665 aux Veyrac N. ; Hortal, B. 1723 ; Materre n. leur gendre 1775-89.

Loudour

Prieurs de Ste Alauzie de Loudour, dépend. de l'évêque ;

tandis que la vic^te perpét. ou cure eut patron S. Jul^n ; 1635-39 J^n Dalon ; Valriviére 1772. *Sgie* de ce bg de 90 h. auj. : à m^r de Roger 1788 ; tandis que 932 Frotard, vic^te de Cahors, donna un mas in villa Lodorio, aux moines de Beaulieu, outre l'égl. S. Julien alors bâtie à côté de Mont*mercou, Mercurio*.

Boutiéres, m^on n. aux Salvat 1612 qui vendent 17 8bre 1624 à Denis Arliguie, curé de Podensac. Toujours aux d'Arlig. n. 1723-82 ; portant *d'arg^t à 1 lys au naturel, tigé et feuillé de sinople.* (armes quasi parlantes : *ar* = al, (le), *li*, par un à peu-près dans le goût du tps) ; tandis que la vraie étym. est Aldricus, nom germain, contracté en *Alric*, et qui donnant son nom génitif à son habit^n, en fait l'Alriguie, voy. S. Denis. *Cacreix*, Cap Crueys, (tantôt Loudour, et Creysse), rac. caput Croxiæ ? avait passé aux sgrs de Croze dès 1740.

Carman, à P^re Régis, bgs de Brive 1451 ; aux Cahours (B.?) 1579 ; n. 1588, 1622-39 ; — aux^r Lachapelle N. leur gendre 1620, 1789.

Fajolle, — diminutif du vge de Fag^re (Creysse) racine *hagia* = *forêt*, et non fagus ici sous ce climat à bouillant calcaire. — Cédé en échange 1457 par Galiard Faulin N. à Raym^d de Bernard, cosgr de Belcastel et de Campagnac. Est 1470 aux Maleville B. puis n. sgr de Fajolle h^te et basse v. 1500 ; et 1544. — à Lacroix n. son gendre 1541-83 ; — aux Chaunac Lanzac N. 1596, 1612 — aux Arliguie n. 1662-1782 qui ont tomb^x des Taillefer en l'égl. Loudour 1662). Malgré cela, Fajolle a pour cosgr m^r de Lachapelle 1740.

Malvinie, des Maubuisson 1360 ; Maleville n. (noble, parfois ne signifiant que gros *notable*, c'est la situation sociale d'ensemble qu'il faut considérer.) v. 1500. — Lachièze 1653-64 — Arliguye n. 1709-16, puis cesse de s'en qualifier (prob^t comme ayant eu meilleurs titres à prendre : sgie de Creysse etc.) *Montmercou*, près Bayle, Fajolle, aux Bascle B. 1760-84. Oulmière, *L'ormière* dont signent s^rs les Judicis 1737-83 ; ce à quoi le vic^te Turène ne songeait guère 1457, car il en était alors le sgr direct.

Tourene, près Lascoux, rep^re 1656 aux Labrousse n. — 1890 à m^r de Boutières, de Martel. — *Jacques-Blanc*, 1740 au chapelain de Lasserre. *Valiéres* aux Maubuisson 1461 — Valon N.

1472, 1522 — Conties 1537 ; Lachièze 1653-90 ; d'Arlig. v. 1760.

Baladou

Parfois dite *Le Causse*, 1714. Cure N. D. alors annexe de Creysse ; et aussi en la vic[té]. Sgie aux Turenne 1455, 1683 ; puis au roi qui ayant assujeti cette « c[té] composée de plaine et causse » à quelques impots, fit noter ceci 1744 par agents fiscaux « principal revenu : bled, vin ; peut payer facilement après Noel par vente du vin et après récolte par celle du bled. » Souillac y avait alors fief et censives.

Bourières (Baladou et Martel) d'Aymar Bovis, bgs, 1461. An 2 à x. Blavignac.-Bour. détenu quoique presque aveugle. *Cassagnes*, aux Lachapelle 1736 ; Hébrard 1787. *Meynades*, vendu 1335 par Bert[d] Maynate, bgs de Martel, à Clavel, b.; était 1449 à La Brande-Paulin N. ; 1483 à son gendre Vassal N. — aux Dubois N. 1579, qui vend. 1648 cette tour en ruines à Louis Laserre de Vès. Fut des C[a]ssaignade, bgs 1717-85. Néanmoins Bernard Meynard v. 1473 y céda rentes à G. Maubuisson, m[d].

Queygue, aux Lestrade N. 1676. 1718 ; Verninac b. 1740 ; à Guil. Lacroix 1784 (outre son ff. contigu de Champ Merqués) — aux Vaurillon 1783.

Saint-Sozy

Lieu connu dès 930. — Prieuré de bénédictines voc. S. Barth. membre (de Brageac, laquelle abbaye ne remonte pas avant 1202). Galiane Robert N., comme prieure ici 1363 xme et a rentes et de poivre (épices venues par batellerie). Cox[r] le chapitre de Rocam[r] 1732. J[n] Brissac f. h. à évêq. Caors 1443 de x[mes] inféodés. Presbytère remplace v[lle] égl. Le curé s'en est dit prieur, quoique ne dût être que congruiste. L'égl. eut ✝ : 1° S. J[n] bâtie v. 1490 par J[n] Lachièze et où ils avaient sép[re] 1610. 2° N. D. 1646 ; frérie S. Cosme 1738.

Cosgie du bourg, divisé en *Barrys* : Bas ; du Soulié, Leyzac, etc. 1° vic[tes] Tur[no] justicier 1505-1725. 2° prieures. 3° Arlig. 1714 ; puis Lachièze 1726, 69. Chanvre jadis ; auj. melons etc. ports et pont suspendu ; ilots.

Boutelières, 1740 du s[r] de Leyrac. *La Chèze*, aux Cosnac N.

Lachièze B. 1610, 21. — Aux héritiers Dallon pour 1/8 1637-72. — 1898 à m^r de Foulhiac de Padirac, h^r de m^r de Boutières. *Condamine*, près Curade, et l'ex-port de Servilières aux Chaunac N. 1622.

Floiraguet, diminutif de Floirac, v^x non païen de S. Sozy même ; sieurie de d^{lle} Marie de La Chièze 1746 ; malgré la pleine justice possédée par évêques de Tulle comme sgrs de Meyronne 1635 ; et cof^{dé} des prébendiers de Rocam^r — 1740 ce ff. est du s^r de Bauze. Mas de *St Sols* « Cent solz 1400 » xme par doyen de Souillac. Faget, x. Sclafer s^r du Faget, 1782 (hic?) *Leysac* aux du dit, n. 1304. — Aux Lachèze de l'Ile 1706 ; 1740 avec ff. du *Mas de Goutte* et *Lac de Vegeilhe*.

Monge, lieu accusant une ex-possession monacale. On suppose un château rasé à Vaudourne sur le rocher. *Pagés* aliéné 1598 par abbaye Rocam^r à m^r Lachièze. Pech-St-Jal, Sengeal ; parfois Puy St Jean, tèn^t 1600. *Vayssière*, port v^x et neuf, sur Dord. près le Roc du Coulomb (ramier), accensé 1469 par J^n Cornil N. — 1700 Garin Amadieu, n. s^r de Vay. (hic ?). *Verneuil*, en la rivière, en aval du pont, eut des nobles du nom, ex. 1119, 1350. Raymundus de Vernul N. — n. J^n S. Gili, sgr de ce Vern. 1447. — Vern. et ff. *Sarrade*, sont au marquis Fénelon 1740 mouvants de Creysse ; 1563 J^n Giscard N. y était haut foncier. *Le Repaire*, semble distinct de la Chèze et en son voisinage. Voici 1717 J^h de La Chièze, écr s^r du Rep. suivi 1779 du s^r P^{re} de Gardarein ; — évidem^t de la famille des Gard. s^{rs} de Boisse, B. 1718.

Meyrac

Bg de 76 h. — Capellania indecimabilis ad collat. episcopi, Jadis ; mais ailleurs noté prieuré S. Martin dépd. de Souillac, et annexe de sa camérerie 1753 ; x^{rs} : Souillac et le curé local. Ce nom = abond^t en bois.

Cosgie : 1° vic^{te} Turène plein justicier 1453 ; le roi 1738 ; et vend à Salignac-Fénelon, v. 1750 ; (nanti dès 1720, même 1706 de partie). 2° Luquet-Cheylar N. 1456, 1533 (J^n Luq. eut concession 1493 du vic^{te}, de l'entière directe et d'1/3 justice de Mayrac, sauf à lui en f. h. Ce donzel était d'Oliergues, P.-de-Dôme). —

Fut aux Machat ou Méchaussée N. 1578, 1666 ; Lamothe-Flomont N. 1700 ; Lachièze n. (très prob^t devenu sgr en seul) 1774-89.

Brunie (ff. prob^t) aux Conties N. 1786. *Castanet* de-la-Lande, 1717 à J^h Gab^l Castanet, y hab^t, conseiller du roy, controleur de guerre au *département* de Souillac ; à J^n Delbos, bgs 1761. *Lascoux*, hic ? ff. de Jacq. Meschaussée 1666. — *Lande*, à m^r Labrousse, s^r de La L. hic. 1774. Les gens du Faget devaient partie de leur blé, principal revenu de cette c^{té} aux relig^x de Souillac. Le Pigeon avait partiellement mêmes oblig^{ns}. Mais se divisait en Pigo-del-Payet et en Pigeon proprem^t dit, etc. selon de g^{des} bornes de pierre, meta Pigonis del Pigo, où lad. vic^{té} aboutissait. *Ayse* était un terme générique primitif désignant gouffre formé d'aspérités rocheuses. Voy. Leyzac etc , et ici la « croze dite las *Ayses* où se perd le ruis. de *Pradayx*. 1774. » Capella el Pijou. eut fond^n de 2 messes par Cassanhes, not^{re} v. 1500. Fit sacrum die conceptionis et aliis quibusdam. — Gér^d Batut rendit aveu au vic^{te} pour ff. environ^t 1724. Souillac en tenait aussi. Lascoux 26 hab. a bien pu être ff. et des Meschaussée 17e s., puis des Fénelon 18°, mais il est sûr que c'est de la c^{no} de Lascaux (Corrèze) que ces Maschat-Pompadour N se titraient 1733-63 ; comme l'avaient fait les Hélie - Pompad^r N. 1399.

Blanzaguet

Prieuré bénéd^{nes} dépend. imméd^t de Brageac 1479 ; uni à Ligueux, Dord. dès 1740 (même 1695 ?) — Cure congrue S. Germ^n à nomin^n de lad. prieure *qui était Ant^{te} Touchebeuf N. 1479* ; Madel^{ne} Toucheb. *1489* ; (et très prob^t m^{lle} de Cavaniac 1664 ; Hélène de Jugeal 1663 ; de Vignes 1714). Elles y avaient xme générale, en seul ; soit 112 cétiers blé, droit de pêche etc. Ce bg viscontin, formé de 23 maisons en 1700, (5 au Mas-del-Puech ; 6 à Malecroix, 2 à Gervais etc.) avait pour *sgr*. (outre la prieure) 1715-40. Théodose d'Arliguie ; et v. 1745 le s^r de Leymet. Tandis que le vic^{te} suzerain ici avait justice sur divers vges et que Soulhac en possédait d'autres.

Bartas, cédé 1457 par n. J^n St Gilles, comme h^r des Verneuil N. (aussi Barthas se nomma ff. de Verneuil jusqu'alors) à J^n Luquet puis dits Cheylar N. d'Auverg. (Puy-de-D.) — Ils rebâtirent ce chât. v. 1600 ; et Annet reçut à vie 1507, du vic^te, la baillie du bg, paroisse et jurid^n de Blanzac.

Boissière. L'isle de Blanz. aux Belcastel N. 1663 ; Lachièze 1750-54. « Cette rivière » ce rivage n'était d'ailleurs qu'îlots mouvants, *bornhes, escouanes, vidimasses,* c.-à-d. sables *stagnants, trous* avancés *à poisson, oseraies.*

Mas-del-Puech, aux Cheylar 1639, 1756. — *Perrière,* à l'abbesse de Ligueux, 1740. — St Bertrand nom d'un « raysse » versant abrupte, boisé, vers Mas-Rambert.

Pinsac

Cure S. P^re dépd. avec son annexe S^e Madel^ne de Terregaye, de l'abbé de Souillac x^r 15e s. — Capellania *indecimabilis,* 13e s. (non sujette aux taxes épiscopales,) comme assez pauvre. — Bg en l'ancien taillable (royal) c.-à-d hors vic^té ; fut baronnie aud. abbé 1762 ; sauf le péage et les eaux, homagés à l'évêque Tulle à cause Rocam^r 1345 par noble et puissant Bertrand de Roufilhac, hab^t Pinsac. Y demeura 1713, n. Charles La Ramiére, s^r de Malecoste.

Chapelle des Arnals, aux de Nucé, bgs 1749-72.

TERRE-GAYE, paroisse dont le nom signifie, terre aux tons et coloris variés.

Rignac

Prieuré simple et régul^r dépd. de Souillac x^r ; patron S. Victor et sa vic^ie perpét^e vocable S. J^n B^te 1717. — Différencié de Rignac près Gramat par le sobriquet : Rig^e-de-Malepique. *Sgie :* 1° aux Dubois N. 1570, 1725 ; Pouget N. comme fils d'un gendre Dub. 1721-59. (Sclafer, s^r aussi de Rig. 1740.) et Nucé (prob^t par achat de du Pouget) 1768. 2° Vic^tes Tur^ne pour cette justice fort étendue et mouvance sur 11 ff. mais sans m^on au bg, 12e s. à 18e — roi acq^r 1738, vend 10 x^bre 1740 sa jurid^n à Gab^l Salig^e N. qui recède à Ld Arliguie et à Lachèze 13 juil. 1782, à 110,000 l. ; Arli. garda tout et fut sgr de Ri. 1782-89.

L'Augeille, à J^n Cassagnade 1786. — Capellania de Sillac 1500, en cette paroï. Position alors et encore ignorée. *Boissière,* j'en trouve srs les Jayle n. 1714 ; Nucé 1778 B. ; puis n. 1784 comme ex-capitoul de Toulouse.

Borie, vge, (hîc ?) dont furent srs les Lachaize, vers 1727 ; Lafaurie 1771. *Claux*, — aux Judicis, hîc ? 1714. *Jayle* eut pour sgrs : 1597 les Cosnac du Breuil [de ce Jayle bien plutôt que du Jayle de Malemort (Corrèze]; les Maubuisson (B ?) 1615 ; n. 1725 ; les Nucé 1768. - Maletia, léproserie 1450. *Pech* hîc ? et *Pouchou*, ici, titrèrent J{n} Cassaignade 1784-86. — J{n} d'Arcambal, 1786, hîc ? ? Ce Peuch acquittait redevances 1773 à J{n} Nucé de La Motte et à J{n} Sauzet, sr de La Besse. Sur Ourlhac et envir. n. Ant{ne} Giguet de Milhac, garde du roi, hab{t} Brive, levait 180 cartons de grain, 1786.

Plagne, 63 hab. ; demeure jadis des de Lajugie, B., au profit desquels ce vge semble bien être aussi un ff. c'est-à-dire, un lieu donnant matière à honorifique, outre les profits matériels de possesseur-tenancier etc. 1682, 1750, etc. On les voit fort bien alliés : auv Darcambal, Longuet de La Bastidette etc. ; siéger au sénéchal Martel, comme conseillers du roi 1757 ; et 1747-63, qualifiés Lajugie de Lagarde. La famille est encore représentée, principal{t} à Figeac. *Roque*, à mr de La Roque v. 1760. *Saudonie* à l'éc{r} J{n} de Laserre 1730 [prob{t} srs aussi dud. La Roque, sans préjudice du chât. de La Roque (Montval{t}.] *Tibourdet*, aux Darcambal 1662 ; près Cisque et ch{in} romieu. — *Latour*, ff. hîc ? à J{n} de Nucé 1729.

Chapelle-Auzac

Cure S. Nicolas et S. P{re} dépd. de Souillac 15° s. x{r}. — Le bg, (jadis Auzac, puis Chapelle h{te}) était du taillable royal, et dut avoir pour sgr le doyen de Souillac, puisque nul laïque ne s'en titra, et que les usages ecclésiastiq. ne comportaient pas un long protocole pompeux en suite du nom de titulaire des abbayes etc. *Blagour*, auxd. Lajugie 1741-3 ; vendu 1759 par L. du Pouget, N. avec ff de Boulissens, Lissac, au curé Nucé 1/2 et aux Esclafer n. et 1721 à J{n} Nucé. Blagour donné 823 par cte Rodulfe à Beaulieu.

Brame, hîc prob{t} ; à Bert{d} Dumas, sr de La Br. lieut{t} de juge de Salagnac 1673 *Chapelle-Basse* aux G{d} Pré de Lagorse 1752 ; — Javel 1643-57, gens de h{te} robe ; — 35 hab. *Cléjoux*, communauté fiscale de 4 familles 1770, mais qu'on avait dû maintenir comme ex-membre privil^é de vic^{té}; d'abord sans impôts, puis moins taxée que le reste de la paroi car vic^{té} n'avait ici politiq^t. que 6 vges : Les Mottes, Long-Périés, Mariottes, Peyrefiche, Castanet, Timbergues. Cluejouls eut donc ses consuls. *Sgie* aux Bgs : Leymarie 1690-1716 ; Bramel 1721-86 ; L. Baspeyras, 1888.

Falgayroux à Ld Turenne, B. puis n. 1588-1759 — aux Lachièze 1786. Mothe-Tembergue 70 h. (l'autre ayant été dite ?? Mothe-Sudre, aux La Ramière N. 1748) fut 1746 des Giguet ; aux Nucé B. 1785. — Pigeon, vge f^{lle} d'abb. Souillac 1749 ; montre restes de butte militaire.

Cuzance

1° Prieuré régul^r S^e Cath^{no} dép. d'abbé Tulle, à cause Rocamad^r 1154. ici x^r ; et cosgr relev^t de Tur^{ne}. — 2° Cure S. P^{re} avec 1 vic^{re}. — Autres cosgrs : Tur^{no} 13e s. qui vend 1738 au roi qui 29 fév. 1748 vend au duc Noailles, 5400 f. ; lequel 1748 l'inféoda en justice 7000 l. à m^r du Batut-Peyrouse, n. ; encore sgr 1771 ; puis c'est Dufour, Bgs, 1775-80. Ajoutez 1 m^{on} n. au bg. 1522, aux Vernéjoux-Boucheron N. s^{rs} de Cuzance ; habitée 1760 par n. Gab. d'Estresse, sgr de Lespinet (Sioniac) ; homagée 1644 par Cl. Plas de Salgues, n.

C^{té} de causse sec à bêtes à laine ; peu de blé. 3 foires 1744, les 7 juin, 7bre, 8bre. — Princip^x propr^{es} 1786, m. m. Puyjalon ; Marqueyssac N. ; Jⁿ Labrousse, sgr de St Martin, conseiller parlem^t Toulouse, rentier de 24 cartons grain. *Boissière*, reconnue en dir^{té} 1560 à F. Maleville, éc^r curé de Cézac ; est 1600 à N. F. Lanzac.

Borie Blanche, du s^r du Soulou, 1740 ; aux Lachièze v. 1750-86 ; *Borie* à c^{té} prêtres Martel 1740 ; et v. 1760 au s^r de Blanat.

Bournissard, 1/2, de parois. Baladou — au s^r de Leymet (Delpy?) v. 1740. — Marie Laserre de Bourn. 1647 (mieux Creysse qu'ici). *Boyer* et *Gauterie* v. 1748 à m^r Cassagnade. *Garrigue* et *L'Auzeral* (rac. acer, érable) aux du Batut n. 1639-1740. — *Boyer* 1740 est 1/2 aud. Cassag. 1/2 au s^r Lanouë.

Malecoste à Lachèze et Merquès 1740 ; v. 1748 à l'écuy^r de Termes. *Malamach* aux Salvat b. et n. 1653, 1743. —

Arcambal 1696 — Verdier B. 1740-52; Delpy 1781. *Malas-tréges*, aux Marqueyssac N. 1740. — Centre de la production truffière, les truies (*tréjas*) aidant à la trouvaille, sous chênes et noisetiers. *Maletie*. dom^no n. des Labrousse au devoir féodal d'un fer de lance doré 1644. *Malinie*, 1749 à P^re Cassagnade ; à m^r du Battut 1764. *Marmelat*, Malmerlat 1748 de m^r de Termes. *Martilie*, aux Labrousse 1644. *Maubuisson*, des d^lles Lachèze 1750-61 ; du s^r de Fieux 1740. — Mazot 1740 au s^r d'Arcambal.

Las May, 1740 objet d'aveu par m^r Cassaignade. *Mazac*, de l'avocat du roi Darcambal. v. même date. *Négelle*, aux d'Arnal, B. et n. 1714-68. *Noailles*, aux Jauffre Meschaussée n. 1442 ; Blanat v. 1530 ; Turenne de Falg^x 1759 ; Sélébran 1784. not^re.

Puylebroux, aux Courrèze 1635-94 ; à s^r Cerou 1780. *Viors* aux Marqueyssac de Croze N. 1740 qui vendent 1786 au d^r J. B. Montet. Autres homagers du voisinage : 1639 Gasp^d Delrol ? et n. Gér^d Laval. — Tous ces ff. sans jurid^n et mouv^t du vic^te.

Saint Bonnet

S. Bonnet-l'enfantier, protect^r d'enfants, prieuré dépd. d'abbaye Uzerc. qui nommait à la cure, puis laissa prescrire nomin^n par évêq. — Cox^rs : 1° curé. 2e vic^te qui v. 1650 en dota son chapitre de Tur^ne. — Bg de 125 h. en vic^té ; eut cosgrs : 1° Tur^ne XIe s. à 1738, vente au roi qui cède à duc Noailles 29 fév. 1748 sgies St Bon. et Gig^c 45000 l. — encore Noai. 1789. 2° prieur un peu, et sans justice.

1° *Sinotte* pour Aussinote = sol à végét^on piquante, (houssines) ff. aux du Batut N. 1639-95, date de vente à x. Est 1740 aux x^rs Delmont et La Rivière ; v. 1748 à m^r Michel, bgs d'Estival. 2° *Bousquet*, aux Féral 1717, hîc ? — Nouaillac B. 1743-50 — Cassaignade 1749-73. — et surtout à mm. de Ligneyrac et (Pary) de Laval 1740, tous 2 cosgrs indivis comme ils l'étaient sur ffs ci-après n°s 3, 4, 6, 9, 11 et 12. 1705 x Monégier s^r du Claux ff. ? aux Sourzac 1789. — 3° *Divinie*, — près Mas-Rouge de S. Roch, Pradaux ; 4° *Johanès* — aud. c^te Lineyrac et Pary. 5° *Jugie* au bgs Cavialle 1740, 6° *Maurèze*. 7° *Mazot*, consistant en censives à P^re Vergne-Caviale s^r du Mazot 1737-40 ; aud. Michel v. 1748 s^r de la Cassagne 1786.

Pouget 8. aux Meynard N. 1695 ; à m⁰ Caviale 1740. *Pradaux* 9° *La Sotte* 10. au prévôt de Cathéd. Sarlat 1740. *La Ville* 11. *Las Yguas*, sosie chuinté, adouci de *Eyse*. Co fonciére au n° 10, la chapellenie S. Jacques, 1749. — J^ne Durant, épouse Delbos, f. h. au vic^te 1722, pour ff. non désigné. *Falsemayer*, 49 h.

Gignac

Archip^é d'env. 55 cures ; à nomin^n épiscop. et l'archip^e avait coll^n de la cure du lieu ; voc. aussi S. Martin. Un surveillant pour égl. rive dr. Dord. s'imposait et fixa siége au centre du culte druidiq. à éteindre dans ces forets limitantes de provinces, car y eut près les Salles de Nadaillac, Lermet de Ferriéres, l'endroit dit « les 3 évéques. » Le bg a plus^rs maisons à tourelles. Egl. antique, défendue par h^te tour à guet, mais déparée par exhaussem^ts du sol, sur le bassin où le Boulet promène ses glouglous par galeries souterraines pleines de sanglots. + Ste Anne dite l'hôpital de Martel. X^r l'archip^e ; puis sémin^re Cahors 1737. 3 foires réputées 1744 : 2 jan., 23 juin, 12 9bre.

Cosgie : 1° l'archip^e sans justice ; car était 2° aux vic^tes 11e 18e s. — Roi acq^r 1738 vend 48 à Noailles encore sgr 1789, car cela arrondissait à merveille ses antiques biens assez restreints 13e s. de maigre feudataire viscontin, monté par honneurs de cour versaillaise plus profitables que vasselage envers les Bouillons avec lesquels g^ds procés, d'ailleurs. Constatation triste à faire : nos g^des maisons de chevalerie qui fidèles au pays gardèrent ce rôle hautement édifiant de sentinelles héréditaires du sol où Dieu les fit naitre, sècherent sur place, et bafouées des courtisans, quand la royauté se fut avilie par fastueuses débauches.

Anglars aux Courèze, B. 1694, 1714. Laubugo, 1740 à m^r de Juillac. — *Giniéres*, jadis Aziniéres sur quelque v^x ch^in pourvu ou non de pont-aux-ânes. F^dé des Tersac N. et du vic^te (puis des Salviac B. 1784) 1740. Habité 1703 par P^re Arteil, s^r de la Brèche. *Bleynie*, des Lagorse n. 1680 ; Salviac 1784 ; mais surtout tenu par Obazine en main morte (c'est-à-dire peu sujet à mutations) 1672, 1740.

Congratie, des Castries N. v. 16e s. — *Faschimbal* (par

opposit{n} à Falsemayer) aux Parry (puis dits de Laval B. montés par magistrature et chanoinie brivoises 18e s.) 1651-1781. Autres 2 srs de Fassimbal : 1 Courèze 1663, et F{ois} Canal 1683.

Fourneaux aux Lagorse n. 1600-91. *Fraux* = sol inculte, aux Arliguie, bgs 1700-84 ; près *Bessonnie* des vic{tes}. *Genestes*, aux Turenne N. et d{r} Cerou B. 1700 - n. 1783. Fut résidence 1750 de J{n} Barre de Lafon.

Joanés, reconnu pour 1/24 au profit d'Antoinette Capdenac N., comme mère et tutrice de n. Raym{d} Blanat, cosgr de Blanat et St Michel de B. 22 fév. 1528 ; aux mains de l'abbé Salviat 1740. *Lande* v. 1700 à mr de Tersac et Lanoue, not{re}. — 1740 aux srs Bramel et Laroche. *Leygonie* eut pour h{ts} prop{res} (ne pas confondre avec possesseurs, utiles) 1° les Labrousse B. 1638, dits de Veyrazet, 1703-40. 2° le sr de Tersac. 3° Salvat qui vend 1604 à J{n} du Batut, sénéchal de vic{té} ; encore à ses descend{ts} 1740-66.

Madranges, à Parry-Laval, d'env. 1700 à 81. — demeure 1716 de J{n} Gay, auteur ? de J B. Guay, sr des Termes 1763. Le 1er était prob{t} le même que J{n} G. sr de l'Ermet (Ferrières) 1737. *Montagnac*, des Nouaillac, v. 1700 et 1740 ; ancêtres de l'obligeant not{re} Martelais. *Mas-Sec*, des de Laval et Cerou 1784, *Peuch-Lambert*, aliéné v. 1530 par P{re} Galvain N. (Maynard) à Ld du Vern — v. 1700 ; passé au sr Laval. *Peuch-Lebrous (bis)* des Vincens 1740-17. *Renaudie*, de l'abbé Salviac v. 1700 ; comme [*Roussie*].

Sireyjol : de vic{té} ; roi ; duc qui vend 1748 à J{n} Jh. Cerou ; toujours à eux 1783. *Thessillac* 30 h. belle terre dud. feu n{re} Nouaillac, dont ayeux l'eurent dès 1784 ; après ou concurem{t} avec Salviat 1784 ; le duc ayant inféodé 1748 Taxillac à F{ois} Salv{t} prieur de S Avit-Marmieysse (Cantal), Chantre de Brive. *Valette*, dont se dit sr J{n} Laval, avocnt, 1728, en se mariant, belle occasion d'endosser son titre en bel habit ! Vaur, prob{t} pour ce vge, Jacq. Laroche, c{ller} enquêteur à Brive, sr de V. 1661. *Vielfour*, (dont vge Fournel susd. n'est que l'enfant cadet ou le frère puîné), fut divisé en h{t} et bas, aux Despy 1676, hîc ? — aux Salviat v. 1700, 1784 ; n. J{n} Deschamps de la Condamine, hab{t} Nazareth y eut dom{no} 1731. *Vignoles*, aux Pary de Laval v. 1700 et 89. — *Azirac* des de Termes n. 1715 hic ? Turène 1724 reçut encore la foi du tabellion G. Delmon, et du

— 195 —

b. Jⁿ Gay, pour ff. restés dans l'encrier (*calemar*, appendu au flanc gauche) du scribe qui me rend :

Tout à l'instar de Calino,
Doctissimus.. cum.. papyro !

Cressensac

Cure épiscopale S. Barth^y 15e s. ; dont est dit cepend^t *prieur* (— curé) m^r Lachièze 1788 ; jouissant comme curé divers ff. et xme — Fête 24 aô. — C^{té} prêtres-tilleuls 1651. — Clocher si provisoir^t réparé 1725, qu'il est en ruine 5 ans après et qu'on allait le refaire. Pie VII. 30 ou 31 janv. 1894, sous conduite du colonel Lagorse, originaire du Vauret ci-après semble-t-il, traversa ce bg jadis vivifié par carrosses, postillons de route royale avec courrier Paris-Toulouse, constatée 1747. et bien avant sous nom de *Chⁱⁿ Francés* (allant en France, outre-Loire). Aussi y notons-nous t^{re} l'Hôpital 16e s. — une *malaudie* ; lieux-dits : l'*Aubergerie*, Chevaleyrie, Champ-St-Peyre, 1600 etc.

Sgie : vic^{tes} XIe 18e s. — vente au roi 1738 qui cède au duc Noa. 29 fév. 48, à 12000 l. en pleine justice, rentes, homages etc. Les Feydit et Lagorse N. ayant certaine part du bourg, ont dû, croyons-nous, y tenir à titre de dominium, et être ainsi un peu cosgrs avec curé. Un rapport 1744 y signale 1 foire, 5 fév. — 1 p^t comerce sur truffes : trafic de cochons ; gens pauvres en temps de sécheresse.

Batut, un familier du vic^{te}, mal latinisé de *Baculo*, eut anoblissement royal 1356. Cepend^t nos vic^{tes} avaient pareille prérogative. Ce ff. des Valen 1660 (hic ?), des du Batut de La Peyrouse v. 1672, 1740 ; est aux Crozat de Linoyre 1775 ; Dufour, v. 1786. *La Bell*és 1639 à Jⁿ Laroche.

Bélonic acquis avec Pouget, du s^r de Jugeals N, 15 aô. 1682 par G. Laroche ; restait 1759 à cette famille de vrais personnages du lieu : l'un m^e de poste disposant d'un escadron de 100 têtes chevalines, l'autre encaissant les dons gratuits (tailles gracieuses) acquittés aux Bouillon N.

Chaussenéjoux, vaste château formé en carré, avec double portail en arceau ou galeries crénelées et voutées, cour intérieure, haut donjon carré, restes de douve au n. o. g^{des} salles à cheminées sculptées de main d'artiste etc. — Chapelle † domestique « en état » 1733. La terre v. 1752 comprenant domaines du château, du Servial, de la Borie, était d'un revenu de 750 l. (Tersac 860 ; Neyragues 69 ; Batut 36.) ; et avait sa jurid" par inféod" ducale. Etym. (*chênaie*) comme pour les nombreux Chasseneuil, *(casnus,)* cassanoialum, la finale *oialum* = *etum*. N'a cessé de 1898 au 15ᵉ s. au moins d'appartenir aux de Maynard, N. quoiqu'on en trouve sgr, mais comme gendre de 1737 à 80, mʳ de Goudin de Pauliac, sgr de La Roussie, Proissans et autres terres héritées par M. le bᵒⁿ Marc de Maynard.

Fagette, aux de Meynard puinés, — sʳˢ aussi de Latisfat (où ?) 1670-1708 ; tandis que Cathⁿᵉ de M. était dˡˡᵉ de La Feuillade (ici) 1718. *Linars* aux Lagorse n. 1682-94. *Martignac* 1321 à un damoiseau *du nom*, quoique fils d'un Thézillac. — Vendu peu avant 22 janv. 1531 à Lᵈ du Vern par Guil. Feydit ; est aux Lagorse n. 1600-54 ; Tersac N. 1681.

Mas-del-bos, aux bgs : Jⁿ Mazac 1639 ; Molinié 1709-84. Meyrignac (f ?) v. 1677 à Mathurin du Boyt, sʳ du Gard (Calviac probˡ). *Neyragues*, alimentait de ses rentes, et par quelque lac à l'onde noire comme Négrondes, Dord. cisterciens d'Obazine 15ᵉ 18ᵉ s. *Pelegri* 1639 l'un des châtˣ de Tersac ; aux Castres N. 1784 ; après Lagorse 1600. *Peyrelevade*, de mʳ Bramel v. 1672 ; vendu 1687 par les Conros N. à G. La Roche. — *Poujet*, d'Antⁿᵒ Tournier, 1ᵉʳ mᵉ d'hôtel du vicᵗᵉ Turène 1672 ; aux Meynard 1678, 1702.

Rodes, métˡᵉ n. sise au bg de Cresᶜ, vendue 1672 par led. Tournier à Paul de Termes de la Lande, n. *Séjala*, sis à La Jarrige. *Tersac*, sur vˡˡᵉ route, — avec † privée (voc. S. Antⁿᵉ? Sᵗ J. B.?) 1743 — 3 domⁿᵉˢ-justice 1785. — *Cosgie* : 1ᵒ aux Feydit N. 13ᵉ 15ᵉ s. et 1593 ; Castres N. par alliance 1678, 1778, 1830 ; mᵐᵉ Adenis 1890. 2ᵒ les Lagorse-Limoges n. trouvés cosgrs ici de 1593 à 1698, au moins. *La tour*, près du bg, aux Laroche 1682.

Vacherie, v. 1580 Jⁿ Serre, sʳ de la V. — Laval (f ?) directe des Meynard 1749 ; a dû être aux Parry. Vauret vge, rac. *vabrum* = chêne, par vabretum ; donné à Obazine par Raymᵈ III. vicᵗᵉ 1209. *Chastras* attenait à ce vge du V. 1500. N. B. on chuinte en cette c^{ne} ex. *chabro* et non *cabro*. les Vassignac N. 1600 et Puymaret v. 1672 n. eurent ff. en cette paroi.

Reyrevignes (c^{ne} Chapelle-Auzac)

Prieuré simple et régul^r Ste Madel^{ne} dépd. de Souillac 1341-1747 ; x^r. — *Curés* : 1670 Levet ; 1744 maniol ; 45-54 de Laveyrie ; 54-76 Vayssière ; Fabre, 78, 85. *Cosgie* du bg. 1° vic^{te} Turène, *justicier*, rentier, XIe. s. — vend au roi 1738 qui cède 29 fév. 1748 à Noailles, lequel l'inféoda aussitôt à m^{me} du Poujol. Est 1786 à J. B. Castanet. 2° prieur de Reyr. en censives seul^t, valant 85 l. en 1742, car par Souillac en avait été aliéné (v. 1594) 1/3 du bg et paroi. que possédait 1639 le bgs de Souillac, P^{re} Verninac.

Félès, au d^r du Montet v. 1748. *Les Salés*, le Saley (peut-être Fèlès est-il erronné pour Salés ?) 1639-1717 aux Delpy ; 1742 indivis entre les s^{rs} de Tersac et Souries. *Puy-marty*, de Gér^d Roger 1694, 1704 ; à m^r Sclafer de Bourzoles 1742 ; à l'écuyer Clary, v. 1748 ; de m^{me} de Pouzol 1773. — Tous les d. tenant ff., même Souillac, relev^t de Turène.

Bourzolles (c^{ne} Souillac)

Nom tiré de la Borrèze, riv^{re} et diminutif du bg de *Borrèze*, quasi *Bourrez-oles*. Eut 1° prieuré dépd. de Souillac 15e s. 2° cure. au patron. dud. prieur ; voc. S. Projet, S. Prix, Priest, évêque de Clerm^t v. 674, fêté 25 janv. *Châtellenie*, mouv^t de Turène ; occupée par anglais 1379 ; aux del Bosc N. 1455 ; Coustin N. leur gendre 1462, 1516, 1694 ; saisi 20 7bre 1709 sur le dissipat^r Jⁿ Bourzolles-Caumont, c^{te} de Carlux, b^{on} de Berbiguières (Sarladais), adjugé 23 juil. 1723 à duchesse Noailles ; vendu 1723 à noble Sclafer. Led. Scl s^r de Clary l'a 1738-67. —
— Auj. à m^r Valat qui dans les anc^{nes} forges à fer de 1782, installe usine électrique pour transfert d'éclairage et moteurs à Souillac. Il y avait l'an 3, 3 m^{ins} à 6 « meules de pierre de fusil de Lagorse ; et de p^{re} de mollière, cavée sur place. » Clary 1742 tirait de ce dom^{ne} *utile* et censives 1500 l. mais vic^{te} avait *justice* et p^{tes} rentes qu'il vendit 1738 au roi dont les comis-

saires l'adjugèrent 29 fév. 48 à Noailles, lequel inféoda (mit en mains sous sa suzer[té], bref vendit) ce f. en justice v. 1749 à m[me] du Pouzol. *Bos nègre*, autrement Mas-de-La-Fage, 1754 à lad. Pouzol ; — 1767 ff. commis faute d'homage sur la dame de La Plane dem[t] au chât. de la Plane (Bourzolles, sic, pour Eybènes.)

Pressignac (c[ne] Souillac)

1° Prieuré uni à chambrerie de Souillac. 2° cure S. Julien en dépd. 15° s. — Parfois nommée paroisse de *Beaurepos*, bon repos. sgie en périg[d], sénéc[e] Sarlat ; aux Coustin N. 1516, 1654 (1720 feu Armand C. en est dit vic[te]) — v. 1730 aux Noailles et incorporé à leur duché (d'Ayen, sous le nom de duché p. de Noailles. Ce *bailliage* (= jurid[n] considér. quoique infér[re] à la sénécée) de Bonrepos comprenait 1740 les (2) *bgs* (distincts) de *Pressig[c]*, Bonrep. vges : Marjaude, Puech de Lon, et m[in] de Lieunot. — Souillac et Noa. eut rent. directe à Beaurep. fin 18°. — L'autre *Bon-Repaux* du T. et G. ne saurait se confondre avec le présent, car il fut du dioc. bas-Montauban, et au ressort de Villemur.

S[t] Etienne-de-la-Combe (C[ne] Souillac)

Cure voc. S. Et[no] à la présent[n] de l'abbé de Souillac 15° s. sgr ici et x[r] — 42 feux taillables par le roi v. 1700 en cette paroi. dont l'égl. est fort pittoresq. sur sa falaise domin[t] riv. dr, Dord. surplombant son vge des Cuisines, anc[n] port au sel ou épices. Ce rendez-vous commercial de mariniers était de sénéc[ée] Martel 1784. Autres vges jadis en cette paroi. Vayssière ; les Marjaudes ; Les *Combes* ; Grange-V[lle] ; La Cour Neuve en la directe dud. abbé. La fon n[ve] ; — le Bouisson, fdé de Martin de La Faurie, sgr du Roc 1761. — le bg. 88 h. — Cuisines 96. Toulouse eut 1 paroi. S. P[re] des Cuisines, de ce que la banalité des fours fut accordée à 1 quartier. Ici il s'agit de campements sur bâteaux avec préparatifs culinaires sur rivage.

Souillac

Terre en la vic[té] de Cazillac, et donnée 930 avec ses égl. N.

D. et St Martin à l'abbaye St Gér^d d'Aurillac, qui v. 962 fonda ici monastère. On avait ici le corps de St Fermier, fêté 30 aô. *Bénéf.* dépd de N. D. de Souillac : 1° au dioc. Caors : Officium Celerariæ, cum annexa S^i Albini de Cieuraco ; of. de Sacristie avec St Martin de Souillac ; Chambrerie avec Meyrac ; Aumônerie avec Mareil et Motte-Massaut ; Ouvrerie avec Loupiac ; off. subdiaconi cum annexa de Presinhaco ; la vic^ie perpét^e S. Martin de Souilhac, les égl. de Pinsac, Valeyrac, Bouzic, etc. les prieurés de Lanzac, Creysse, St Jacques de Salignac etc. et en l'évêché de Limoges : la cure N. D.-St Pantaléon de Turenne avec le prieuré du château de Turène, et 3 autres prieurés avec 2 cures ; en l'évêché de Sarlat : prieuré de Domme etc.

L'abbé en tirait 5000 l. v. 1700 ; — y était justicier ; (chambrier et sous-doyen) — la ville et paroi. étant hors vic^té, en pays taillable. Les 14 bénédictins v. 1700 y prenaient 2500 l. revenu. L'abbé outre diverses x^mes, jouissait port de Lanzac, sis v. 1500 aux Cuisines, avec péage sur marchandises descend^t ou montant ; pêche en la Bourèze baignant le cloître (magasin de tabacs), et la Dord. assez voisine ; 2 m^ins à bled sur la Boreze, outre ceux du Pont Neuf et Barbaste ; etc. rentes autour de Cieurac ; et il prétendait aux 2/3 de la justice sur la terre de Lanzac.

Au 4 mai 1337 le doyen du chapit. de Souillac f. h. à abbaye Auril^c pour sgies : Pinsac, La Combe, et le temporel desd. chan^nes. L'égl. paroi. S. Martin ayant disparu, ainsi que les + de l'infirmerie, + du port etc. ; l'abbatialle N. D. beau reste de monum^t byzantin XIIe s sert aux fidèles. Elle eut + avec vic^ie S. J^n. On y solemnisait de très v^x tps le présumé fond^r (2 fondations successives n'ont rien que de vraisemb^e) « domno Hroisio, vulgò S. Eloy. » V. 1710 le bénéd^n Verninac, bibliothéc^re de Bonne nouvelle à Orléans servait de correspond^t à d'Hozier. 6 mai 1791, s^r Verninac, jeune acquit 4250 ^f prè monacal de Chanterane confisqué par fr. maçonnerie d'alors, qui a laissé de sa race ici et ailleurs.

1080 Aymar I. de Souillac aurait été ici cosgr. — 1251, selon partage entre vic^tes Tur^nr et Rudel, la châtellenie de Souillac fut démembrée de la vic^té. S'il faut ici risquer un avis, je réduirais à des droits de vigerie ces prétentions d'Aymar et des vic^tes qui peuvent très bien avoir été quasi abbés laïques et protecteurs des relig^x, au v^x tps. Le pouvoir municipal au 18e s. encore, ne nous apparaît qu'assez faible à Souillac. Octroi de ville, 1783, le 1er échevin, adjuge à 200 l. à x.. 1° le droit de boucherie. 2° de fourniture de ses gens. 3° d'entrée des vins étrangers.

Cazal, 1642 Isaac Sclafer en est s^r. — L'hist^{re} de Souil^c est fort obscure et demande double lanterne. Ces tanneurs-philosophes n'ont rien su conserver, pas même les peaux à contrats, scellés, de leurs ancêtres Les archiv. nat. gardent un plan par terre pour 1667, du couv^t avec ses 3 ou 4 chambres des hôtes etc. J'en reconstitue à peu près la liste d'abbés ; le reste se borne à des bribes attristantes. Voy. pour les quartiers, rues etc. mon voyage *de Brive à Cahors*, en ch^{in} fer, trajet à vol d'oiseau au moyen de ces hardis viaducs jetés sur la ville et son vert vallon, comme un appel au détachement d'ici-bas, le *sursum* de la Foi, par delà les vils tracas d'une commercialité trompeuse aussi pour qui s'y livre corps et âme.

DORDOGNE (*mais d'ex-diocèse Cahors*). *Paulin*, cure S. P^{rr} indépendante. c. à d. à nomin^n d'évêq. Caors jadis. *Brande*, aux Paulin, n 1457; 1714 aux Bermondie-Auberoche N. mais relevant du Périg^d politiquem^t. *Dougnou*, 34 h. *Faurie* aux Malcap N. v. 1668 ; Bar, N. 1755. St Roch, entre le bg et Faurie 1760.

Salignac. 1° cure St Julien dépd d'abb. St Amand de Coly, x^r général 1500. L'égl. paroi. eut vic^{ies} : 1° Crucifix 1676. 2° S.S. P^{re} et Jacq. 1754. 3° SS. J^n et Michel 1675. 5 † : dont † N. D. et 2 p^{ts} autels de piliers ; conf^{ie} S. Sac^t, érigée à nouveau 1613. — 750 paroissiens en 1686, dont 80 nouv^x convertis. Prieuré régul^r Ste Croix, hors le bg, à 1 seul relig^x s. d. — devenue chapellenie 1781, si elle n'en est distincte et de fondat^n par Bourdeaux, clerc. — 1552 ce prieuré serait dit ailleurs voc. S. Martin. — Capella N. D. du Barry, où baronne Salig^c avait fondé 3 messes hebdom. 1610 — outre † (S. Martial ?) près le château ; plus hôpital 1623 (prob^t ce fut la † S. Jacq de 1740).

Cosgie de cette ville qui eut ses places d'Estivalier. du Marché, de L'Eymonie, sa font^{ne} N. D., ses Barry : de la Canal etc. 1° les Salagnac N. X^e 12e s. (en sont b^{ons} 1496, 1551.) et les Gontaud

N. cosgrs 1420 puis gendre Salig^e 1545 et barons de Salag^e 1557, 98); Gontaud en vend 23 janv. 1653 pleine justice, château dit de H^{te} Futaie, sic, à 3 tours, †, 2 g^{des} salles, 6 chambres, 2 terrasses, — 1 forêt de 500 quartonnées (paroi. Eybènes) etc. 171,000 l à Jⁿ Souillac-Montmège N. et leur h^r sgr de Pelvèzy vend à Maréchale Noailles 27 ao. 1720. Noailles en est b^{on} 1773. Aurait été adjugée 1796 à P^{re} Sclafer-Chandoulain administ^r du district Montignac-le-c^{te}. Le titre baronial serait conséq^{ce} d'érectⁿ 1460. Elle mouvait donc du roi, et jadis du duc de Guyenne comme suzerain du c^{te} de Périg^d. Il y eut cepd^t 1236 homage par Raym^d IV. vic^{te} Tur^{ne} à l'évêq. de Caors comme tel. 2º les Turène N. 1251 démembrent de la vic^{té} leur part de cosgie de Salig^e 3· Malemort N. 1316 f. h. au roi de Fr. pour cette O. 4º Robert Vigier N. 1364. 5º les Anglard du Claux N. v. 1525. 6º St Viance, s. d. v. 17e s. B^{onie} en périg^d, sénéc^e Sarlat, et s'étend^t sur paroi. Salig^e Borèze, Toulgou, Paulin, Carlucet, Eybè, Eyvi. partie de Jayac (et jadis de Nadail^e) etc. — 1390 Raym^d Guerra n. f. h. à Tur^{ne} pour ce qu'il a en la présente paroi. — La ville eut m^{ous} n. de *Ferrières* et La *Brande* ; bon détail communiqué par m^r P. Huet, architecte, qui unit au zèle des recherches périgourdines, le culte trop rare de l'identification scrupuleusement poursuivie et le contrôle rigour^x de ses sources. — J'ajouterai *La Roque*, et en dehors ? : *Vergne, Veyssière*, etc. — Les Costes, s^{rs} d'Eyrignac, Calprenède, Maurival 1724. — Vic^{te} Raym^d II, Turène acquit v. 1190 de Raym^d vic^{te} Toulouse la principauté (baronnage, 1re plus grosse part) du chât. de Salig^e — Paluel, s^r de Malmon 1673, hic ?

† 1099, *Chambraseix* (Nadaillac), prieuré un peu paroissial voc. S^e Madel^{ne}... dépd d'Uzerche ; près v. La Forêt et *Châtenet*, ff. était au dioc. Périg^x.

† *Tourgou*, prieuré et paroi. dépd. de St Amand-Coly, x^r 12e s. puis y uni à la mense patr.

Borrèze

Cure S. Martin, à collⁿ d'archip^e de Giniac 15e s. — *Sgie* : 1320 aux Turene N.; Vigier N. 1364 ; Anglars N. 1658 ; Noailles 1737. — la paroi était de vic^{té} Tur^{ne} pour quelq. vges ainsi quercynois dont le bg.; et de b^onie Salagnac pour la partie périgourdine, majeure portion.

Barbeyroux était de sénéc^é Cahors 1462. *Bes?* ou Bos, ff. par là (aux Pouzol 1712. hìc?) *Carlat* 59 h. *Cavialle* ex-cap-villa, aux Vergne B. 1728-66; mais 1596 aux Cosnac N. et v. 1675; Michel Vergne b^on de Cav^le 1753 (au ressort de sénéc. Sarlat.

Enval, 41 h. b^onie aux H^teFort-St Chamans N. v. 1736. — Villelume N. v. 1765. — *Falsemagne*, vge en la vic^té 1724: demeure de J^n Laplanche, s^r de Molières. *Linars* 37 h. au duc d'Ayen 1746, s^r aussi de las Courbettes. Mandégou, ff? — Peyrelevade, vge. *Veyssière*. Au bg habitaient 1735, J^n Philip (prob^t de ceux de St Viance N.) et v 1715 F^ois d'Ivernerie, s^r du M^tn Neuf.

Eyvignes

Rac. *ès* (= dans les) *vignes*, en plein pays vignoble, tandis que *Reyrevignes* serait pour les *arrière-vignes*, après quoi les hauts plateaux se dressent, impropres à cette culture. Eybènes viendrait de *ès*-coteaux abrupts, penne=hauteur, adouci en benne. Eyvignes, cure S^t Et^ne (ailleurs S. Remy?) à la libre dispos^n d'évêq. Cahors. 15e s. — appel^t à sénéc^e Sarlat 1760.

Claux, en nn causse désolé, homagé 1364 par Vigier N. au vic^te Turène; est aux Anglars N. 1532, 1683, 1775 sgrs aussi fin 18e de Péchaure ici; et de Lalauvie (où?) et de la Veyssière, non loin. Claux vendu par m^e Tournier, avoc^t Sarlat v. 1875 à Ludovic de Génis, n. dont la v^ve habite ce beau chât. soutenu d'agréabl. terrasse.

Breuil, f^dé de Noailles, duc, 1758. Martres, 38 h. a eu son rôle, ignoré, à coup sûr intéress^t.

Eybènes

Cure S^e Madel^ne dép. d'évêq. Cahors 15e; — voc. S. Loup selon de Gourgues; sénéc. Sarlat. *Sgie* aux Philip aliàs St Viance N. 1733-89. — bg, 69 hab. *Plane*, aux Pouzols n. 1669; relev^t de Salig^e. *Pousal* 1767 du feu capit^ne, Arm^d Pouzol, n.

Notons les Delpy, s^rt du Sallés 1678; qualific^n prise 1750 par F^ois Brossard.

S. Crépin

Titul{re} S. Crép. dépd. d'évêq. Cah. 15e s. — Sénéc⁰ Sarlat 18⁰.

Carlucet (cne S. Crépin)

Ce diminutif de Carlux, revient à châtelus, ici p{t} château. Cure N. D. dép. de Rocamad{r} v. 13e s. : puis d'évêq. Cahors v. 16e s. — Bg. tombé à 18 h. ; en la sénéc. Sarlat.

Carlux

Cure S{e} Cath{ne} dépd. d'évêq. Cahors v. 10e puis d'abbé de Sarlat 1153 et a voc Ste Marie. — Egl. où Vassal N. prétend litre 1781. — Hôpital † S. J{n} 1473 ; † 1770. *Sgie*, en la vic{té} Tur{ne} mais senéc. Sarlat 1770, fut aux Tur{ne} N. 1251. — Vieille vic{té}, Carlux vendue 1510 par Louis de Brezé à Odet Aydie-Ribérac N. — aliénée 1600, par Arm{d} Aydie 90,000 l. à F{ois} Coustin N. sur qui saisie 1687 et 20 7{bre} 1709 et adjudic{n} 1723 à m⁰ J{n} Bial, lic{é} ès-d{ts}. [Le médecin J{n} Bial, sieur de Queysseral — pour Queytival ? de Ste Natalène — 15 mai 1767, arch. Dord. B. n⁰ 1383, a dû être de même souche, ainsi que X. Bial, jurisconsulte ? dem{t} vers Salignac v. 1780 ; et proba{t} les Bial fixés près Collonges aujourd. Ces derniers ont marqué par valeur milit{re}, sagaces recherches appuyées de notices à boutades spirituelles sur nos oppida, dolmens, tumuli etc.] Ledit Bial, lic{é} v. 1724, arch. Dord. B. 1227 déclare avoir enchéri 1⁰ paroi. Carves relev{t} de Berbiguières saisie avec biens ci-après sur J{n} Coustin-Bourzolles-Caumont, cte de Carlux, pour J{n} Bessou de la Coste, sr de Marobert, à 18000 l. 2⁰ paroi. Cladech, 35000 l. pour J{n} Bessou, éc{r} sr de Mondiol. 3⁰ à 31,231 l. au profit d'Ant{ne} Coustin, sr de Beaurepos, la paroi. S. Germ{n} en toute justice etc. 4⁰ à 70,800 l. pour Marie Bournonville, duchesse v{ve} Noailles la vic{té} Carlux, dont elle prit possess{n} 17 juin 1726. 5⁰ à 60,000 l. pour n. Jérémie d'Esclafert, sr de Pe (ch) redon, la O Bourzoles. Cette mission délicate de confidenciaire chargé de passer de tels gros commands vaut seule 1 brevet de h{te} probité. Vic{té} Carlux étendit son ban mil{re} de O sur clochers : Carl{x} Cadiot, Calviac, Prats. Cazoulès, etc. et paroi : Liméjouls, Simeyrols,

Périlhac, Orliaguet, Millac-sec, Gleygeole, etc. 10 parol. selon Tarde, 20 d'après Gourgue qui doit exagérer. Limite orientale quitte r. de Néas en arrière d'Eyvig. laisse aussi Eybè, prend Bonnas et Castan (d'amont laissant Castan d'aval) et va chercher faible partie de S^t Et^{ne} la Combe. Ligne occid^t suit Néas englobant Ste Natal. St Vinc^t ; écartant Carsac, Aillac. De Carlux composé de château h^t et *bas* etc. mouvaient ff. du *Roch*, du s^r du Batut 1742. *Masclat*, *Tourette* (St Jul^n) etc. Le n^{re} J^n Chaudruc s^r de La Ferrière, était lieut^t de jurid^n Carlux 1736 (prob^t ancêtre des érudits Chaudruc de Crazannes; et Louis Chaud. de Raynal histor^n du Berry † 1892. *Reignac* ff. *Vigerie* v. 1675 à N J^n Mirandol, sgr de Vallade, Castel-la-Roque.

Cadiot (c^{ne} Calviac)

Eclia (prieurale) St Petri de *Cador* dépd d'abbaye Sarlat 1153 ; v. 14^n s. à coll^n d'évêq. Caors ; enfin annexe de Carlux et indecimabilis. Eut cultes S. Eutrope, Ferréol, sur cette h^{te} butte. *Rouffilhac* 10 h. des Cosnac, s^{rs} de Ségerals 1546 ; à Marie Dufaure, épouse du b^{on} de Millac-(Bouriane prob^t) v. 1750 — à P^{re} Leydis 1783.

Liméjouls (c^{ne} Carlux)

29 h. auj. — Cure Ste Marie, à nom^n d'évêq. Cahors 14e s. Racine : une variante de Limeuil. Etait en Périg^d quoique spirituel^t Quercynois.

Peyrat, à J. B. Teyssieu, B. 1785. *Vigerie*.

Calviac

Egl. S. P^{re} donnée v. 1125 à abbaye Sarlat (qui la desservait simplem^t sans nuire aux droits épiscop^x de Cahors) par évêq. Caors. [Longnon] ; puis à présent^n d'évêq. Sarlat comme succ^r d'abbés, mais institut^n de mg^r de Cahors ; enfin au patronage du sgr de Motte-Fénelon, v. 16e s. Eut voc. aussi S. Martin, si ne fut une 2e égl. car 1128 cédée à moines Sarlat par doyen de Souillac. Fin 17e les d'Aymerique B. puis n. ont † en l'égl. — prieuré Calviac 1304 (aliàs *Calabrum*), berceau et bien patrimonial de St Sacerdos, évêq. de Limoges † 5 mai, v. 720.

+ del Gar. v. 15ᵉ s. (rurale probᵗ) usurpée par x. Langles (et devenue privée) avec affectatⁿ « ad usus profanos. »

Calabrum, monastère, puis paroisse dépd. de Sarlat 1153 (cⁿᵉ Calviac) est présumé par Gourgues sis à Sᵗᵉ Radegᵈᵉ, mais serait partie du bg de Calviac à mon sens.

Calviazès (cⁿᵉ Calviac)

Prieuré Sarladais 1475 voc. Sᵗᵉ Radegᵈᵉ étymol. 1 diminutif de Calviac ; duquel Calviac le lieutᵗ gˡ Antⁿᵉ Daymerique est sgr 1702 ; aurait été aux Noailles 1587. — Fauries, hic probᵗ titrant les Lavech 1781-1817. — Port de Calviac en la juridⁿ Montfort 1718. — 1752 N. Jⁿ Gimel est sʳ de Fonnoyer.

Prats (-de-Carlux)

Cure S. Sylvestre, épiscopale Caors 15ᵉ s. mais voc. Sᵗᵉ Marie dépd des bénédⁿˢ Sarlat 1153. — sous patron. Sᵗ Croix, v, 16ᵉ s. par présentⁿ d'évèq. Sarlat à celui de Cahors ; (probᵗ prieuré.) — Gauteries vge, 96 h.

Orliaguet

Diminutif d'Orliac. — Egl. S. Etⁿᵉ dépd. de Souillac, puis d'évèq. Caors 14ᵉ — 1741 dirᵉ du duc Noailles. *Bénéchie* 50 h. aux d'Aymerique 1739 B. — Castang 44 h.

Simayrols

Paroi. S. Amans, dépd. des religˣ Sarlat 1153 ; mais cure à nominⁿ d'évèq. Caors 15ᵉ ; sur présentⁿ d'évèq. Sarlat qui en eut arrêt de Bordˣ 1488. — + S. S. Cosme, Damien en l'égl. 1730 ; devenus patrons primaires. *Luuvie*. Puygranet flʔ des Courtioux N. 1684.

Milhac-le-sec (cⁿᵉ Peyrillac Dord.)

Par oppositⁿ à Milhac-*La-Bouriane*, Lot, r. g. Dord. qui fut aux Thémines etc. — Etymol. *néflier*. — Ici égl. S. Jⁿ ; exempta ; dép. d'évèq. « dans ces derniers tps » ce qui suppose forcément autre coll^r antérieur ; ce fut abbaye Souillac: 1774 voc aussi S. Bart^y car Souillac eut ici fdé 1515.

Ce Milhac-de-Carlus, comme étant de sa O ; et d'électⁿ et sénéc^e Sarlat, parlem^t Bord^x 16ª s. — fut de P^{re} Giguet, sgr b^{on} de Milhac 1732-37. N. Fermier (prénom. voy, St Frémier). Giguet, sgr de La Tour (ubi) est alors ancⁿ maire de Souillac, y hab^t. Jⁿ Chabanes, s^r de La Brauge, dem^t à Milhac 1759.

Peyrillac

Cure S^e Anne dépd de Souillac 14^r — était en Périg^d temporellem^t — fdé du duc Ayen 1769, comme Prèzignac. L'autre Peyrillac, Dord. c^{on} Terrasson avait voc. S. Louis ; et semble avoir été aussi de vic^{té} Tur^{nc} *Saulon* aux Gimel N. 1672 ; à Jⁿ Caumon, n. c^{ller} Sarlat 1747. — Viguerie, vge.

Cazoulès

Diminutif 1° de casa = cabane ; puis avec finale d'adjectivation vicieuse 2° ou de Cador ? (Cadiot) par Cadoret, Cazolet. (d devient s ex ; adourar, azourar). Prieuré-Cure S. Laurent, coll^r évêq. Caors 14° s. et qui en donne encore provisions 1740. Sgie des Bourzoles 1671, bref des sgrs de Carlux, sa O. — P^{re} de Salès y eut 1 dom^{nc} (prob^t en roture et pour l'utile ; c. à d. comme 1/2 prop^{re}, jouiss^t fruits, non ad honorem.

Cayrefour 80 h. château, selon dict^{re} g^l postes. *Fon-Naute* [h^{ic}, prob^t pour différencier de Lasfons ff. (hîc prob^t) des Salès B. v. 1770.] aux Bideran n., sgrs de Mareil, 1738-60 ; du Pouget de Mareil N. leur gendre 1780 ; nunc à leurs h^{rs} les Grèze de St Ours.

Aux Fraux 35 h. résid^t 1733 le d^r P^{re} Montet, s^r de La Chapelle. — *Fau*, le, à m^r de Murel 1897. *L'isle*, hic ? des frères Poujol, confesseurs de la foi. Des Poujols, n. étaient s^s de la Riv^{re} 1666 ; de Lauzière 1738. — 1672 Jⁿ Montet, s^r de la Lengette, hameau de 8 hab.

Raysse, rep^{re} 1786 de P^{re} Maudegoux de Labrousse. *Roussie*, aux Roux, n. viguiers de Campagnac 1451 (et v. 1580 ?) — Delpy B. 1672-1740 ; Poujol 1754 ; Gardarein de Malepeyre 1746-89. — prêts à passer n. alors.

Vermeil aux Salès de Peyrauge v. 1770. Mr Longnon ne retrouvait pas ce lieu, marqué cepend{t} et à raison, près bg Cazoulès par Cassini.

Dép{t} Dord sur rive g. Dord.

Le dioc. Cahors a perdu 1790 sur cette rive et parce qu'elles étaient déjà rattachées politiq{t} à des sgies périgourdines par droit d'attérissem{t}, les paroi : 1° *Ste Mondane*, membre d'abbaye Sarlat 2° *S. Jul{n}-Lampon* voc. S. Jacq. (dépd de collégiale Vigan); avec ses ff. *Tourette, Laucie* 3° *Nabirac* pat. N. D. nat., à coll{n} de l'archidiacre de *Tornès*, institué pour la partie *Turênoise* du Quercy. Fut sgie aux Domme N. v. 1370; Beaumont N. 1642-78.

Dord. Diocèse *Sarlat*, — mais en la vic{té} *Turenne*. constituée v. 950 contre invasions normandes par la Dordogne. Paroi : *Montfort*, voc. S{e} Madel{ne} (en la cne Vitrac) était O, qui unie 14e s. à O Aillac, prit titre de comté compren{t} Vitrac, Aillac, Carsac, Caudon, Proissans, S{e} Natalène, St Vinc{t}-de-Paluel (et vge Rauzel (St Geniès.) Louis XI donna 8{bre} 1481 à Louis Brezé, cte de Maulevrier, la 1/2 de vic{té} Tur{ne} sise en Périg{d}; — par confisc{n} évid{t} sur les Tur{ne} qui l'avaient 13e s.; après les Casnac N. v. Xe s (seul{t} cosgrs ?) — est aux Pons N. 1498. — au duc Roquelaure, cte de Montf{t} 1683, 1703. — Beynac N. 1746. — vendue 1748 par roi à Noailles.

2° *Aillac* fut O de 6 paroi.; aux Casnac Xe s.; aux vic{tes} Tur{ne} 13e. — Roquelaure 17e (partie aux Salig{e} N. 1463) — vendu par roi à Noailles 1748. *La tache.*

3° *Canéda*, de O Dome 14e, — Comand{ie} S. J{n} 15e — aux jésuites 1762.

4° *Carsac* en la O de Carlux. Cure S. Aug{n} dépd. d'évêq. Sarlat; chât. détruit aux vic{tes} — roi — Noailles, qui vend 1748 à J{n} Gimel. — Cosgrs de Carsac: les Valette n. et Calvimont n. 1604, 93. prieuré ? ff. aux de Bars 1759. sgrs de la Gazaille ici. St *Rome* 20 h. Thermes romains.

5° *S. André* (anj. réuni à Alas-l'Evêque) siège d'archip{é} dont *Penzargues* archip{é} compren{t} Nadail{e} XIe s. dùt être le nom payen. fut sgie aux Beynac N. 1518. Rode aux Casnac v. Xe s.

6° *S^e Nathalène*=Madel^{ne} ; voc. S^e Mad^{ne} 13e s. — sgie 1791 aux de Gérard n. *R_Jffy* aux Prohet n 1603; Fieux n. 1693; Griffolet N. s^{rs} du Sirieys par ici 1713-76.

Milhac, vge, aux Veyssière 1753. — Clissac, forêt aux moines de St Am^d Coly 1766 *La Tour*, aux Latour v. 1520 ; aux Bousquet hîc ? 1670 — Gérard, n. ; 1774-91. ici.

7° *Gaulejac*, *Grolejac*, voc. S. Louis ; patr. S. Léger ; coll^r évêq. Sarlat. Sgie : aux Dome N. 1370 ; Salignac (partie) N. 1501, 1605 ; Gontaud N. 1678 et v. 1760 ; Estresses N. 1693 : du Breuil 1717-20 (d'Ussel) cosgr. — Etym. diminutif de Gaule ci-après. — Etang de 40 arpents.

8° *Veyrignac* étym. ? comme Vedrene, passage de bêtes de somme *veterinœ* ; lieu sur route en somme. prieuré S. P^{re} liens, dépd d'abbaye S. Jⁿ d'Angély. — Sgie aux Durfort N. 1671 et v. 1694. — La Brousse n. 1707-32. (Massaud cosgr 1732) — Termes n. 1787. (termes n) 1784 7 ; de Génis 1866-96 (jadis Formiger de Beaupuy n.). — *Roquenadel*, des Cornil N. 1444, 1508 ; Massand 1732 ; Caors n. 1764 ; Termes 1787. — *Gaule* au beau père?? d'Ademar des Eschelles N. v. 900 ; aux Vassal N. v. 1786. *Roc-Blanc* aux du Roc n. 1665-77.

9° *Vitrac*, (vicus trajecti,) bg du *passage* fluvial ; prieuré S. Martin, membre dud. S. Amand 1648. [Gourgues]. — prieuré-cure 1789. Sgie aux Casnac N. v. Xe s. et 1369. — Dome N. 1360. *Rochebois*. *Romeyoux* aux Grifoul 1673. *Grifoul* aux d'Abzac N. v. 1811. Masrobert fl ? hîc ? aux Bessou n. v. 1725.

10° *Caudon*, rac. abri chaud, voc. S. P^{re} pélérinage à † dans un roc, avec chât. des Maleville B ; n. 18e. — Auj. c^{ne} Gaulej^c. — Tursac vendu par Noailles N. 1748 à P^{re} Formiger de Beaupuy B. puis n. et sgrs de Génis.

11° *La Gleyjolle*, paroi. ignorée, mais en la O Carlux — S. Nicolas, tèn^t vers Carsac, près ruis. de Cuze 1604.

12e S. *Vincent* de-Paluel. voc. S. Vinc^t. *Paluel*, chât. fort en élég^t faisceau de tours 1865, [fut prévoté (laïque, apparem^t)] aux Gimel 15e s. ; rameau nothus légitimé v. 1450 des g^{ds} Gimel N. sgrs dud. près Tulle ; aux d'Aymerique B. puis n. leur gendre v. 1700 ; famille de robe, sarladaise ; aux Rodorel-Seilhac. N. (leurs alliés) vers 1830 ; au prince de Croy depuis env. 1884.

13° *Proissans*, égl. N. D. ; coll^r évêq. Sarlat. au c^{te} Monfort ;

prévôté ecclés. avec m^{on} n. au bg, au prévôt de cathéd. Sarl^t 1689.
— Cosgr avec lui : les Goudin N. 1768 [sgrs de Pauliac (Dome) après les Cugnac N. 1678].

Cluzel 30 h. aux Senigou du Roussel n. 1717. *Lascours*, aux Gimel N. 1848. *Roussie*, des Goudin 1678, 1768. — Salviac de Vielcastel N. 1866-80.

ADDITIONS ET OMISSIONS

Sarrazac

Egl. donnée 9bre 823 par le c^{te} Rodulfe de Turenne, à son fils le clerc Rodulfe qui devenu archev. Bges en gratifia Beaulieu mars 856. Sgie aux Sarrazac N. v. 13e s. — aux Maigne 1777. — † S. Roch v. 1600.

Chassagne, des Certain 1711. *Croze*, aux V^{lles} Chèzes du Bastit 1589, 1609. — Marqueyssse (prob^t sur alliance) 1623, 1765. *Montaunet*, aux Fieux, n, 1681 ; Crozat 1754. *Broulhac*, 1532 du bgs P^{re} Pauc

Arminie, 1643 de l'avocat au g^d conseil, Gab^l Ferrier. *Bassols*, à Jⁿ Bascle 1639. *Boissière. Couzenac* des Bastit 1608 ; Marqueys^e 1636. *Ciscauderie* à P^{re} Magne 1752. *Leygaine* aliàs *Leyze*, des Maigne 1639. *Palmeyssou*, aux Lachièze n. 1626 ; Maigne 1752. *Puy-L'Apiole*, par là, v. 1650 sieurie d'un Muzac.

Cavagnac

Dourval 1262 au vic^{te} Turène *Combe-Red^{de}* Aymeric Gramat, d^t Bertine (Saillac) en est sgr 1784. Famille encore représentée à Niel (Chaufour).

Cazillac

B^{onie} aux Cazillac 1293 — vendue 4 x^{bre} 1784 par Fréd^c Sahug à J^h c^{te} Marq^e. Avec ces ventes à rachat sorte de solides prêts hypoth^{res} d'autref. plutôt qu'alién^{ons} fermes) on ne sait jamais sur quel pied danser ! *Salvat*, aux Arcambal 1696. *Lachapelle* 28 h. Cazillac portait : *d'or à 2 lionceaux de gueules, à l'orle de sinople, chargé de 8 besans d'or.*

Valeyrac

Sgie adjugée 26 fév. 1748 par roi, comme vic^{te}, à Fortia. — *Communal*, ff. des Dufaure du Chambon 1784. *Fonvive*, des Goudal, fin 18e. *Fonclare*.

Lasvaux

Curé du lieu x^r. — Ff. aux Vassignac N. 1639 sgrs aussi de ce *Murat*.
Riviére, aux Landou, B. 1695.

St Michel-de-Ba.

+ au chât. de St Mich. 1115. — *S. J^n*, ff. des Bideran 1682. — *Sagnac*, dans le bg St Mich.
Sarrazac, aux Lagorse n. 1659 ; hic mieux que le bg de Sarraz^e — *Usclade*, tèn^t n. vendu par Touron B. à Labrunie, 1758.

St Denis

Egl. dépd de Tulle 1154. Sgie 2/3 au roi-vic^{te}, v. 1760 ; 2/9 à Rilhac N ; 1/9 à Laserre, seul cepd^t à s'en titrer. *Balmes* = grotte, large roche-abri, 43 h. ff aux Lestrade N. 1664. *Carboniéres*, aux Laboudie 1586, s^{rs} en sus de *Poujade*. *Carlat*. *Caubrejou*, rac. aspérités à chévres, 1627 aux La Boudie n ; 1662 de J^n Salvat.
Espinasse, pré n. sis au Pont-Rout, 1662 du s^r Bascle. *Marbot*, hic ou celui de Strenq^l à P^{re} Nicolas 1725. *Pontou*, 1725 de P^{re} Labrue, bgs. *Roquepen*, 1717 à J^n Audubert ; traces de peintures en cette niche à vautours. Roquerouge et Roc-Traucat (percé) autres guérites? près du tunnel. *Roqueblanque*, cosgie, peste ! aux Salvat 1636 avec Fénis du Teil. — aux Laborie n. cosgr 1530 ; des Faure-Mirandol 1601-43 ; Arcambal, h^r Faure. — Riverains se syndiquèrent v. 1700 pour aligner, curer, élargir, canaliser, ce lit trop étroit, à berges basses de Tourmente qui y gâte fourrages en débord^t. Termes, aux Sahuguet 1729.

Vayrac

+ St Barth^y au cimet^e v. 1500. — Egl. S. Germ^n encore

† succur¹ᵉ annexe avec Borme, de Vayrac matrice 1669. — S. Peyre 16 h. — *Rabanie*, 1669 au dʳ Censolz. *Tournayries*, des Vayrac N. 1700; aux Puyjalon 1784.

Mézels, riv. g. Dord. maintenu en la cⁿᵉ Vayrᶜ par droit naturel et séculʳᵉ de port, impliqᵗ abordage. — 234 âmes; eut vicⁱᵉ Sᵉ Cathⁿᵉ 1718. Sgie aux Goudin 1768.

Condat

Sgie temporˡᵉ dont Beaulieu f. h. 1285 au siège primatial Bges; comme pour *Saule*. Les Bideran eurent Darsse 1669.

Beyssac

Etym? *beccus*, sillonné de ruisˣ et canaux; plutôt que baysse, terrⁿ *bas*. Curés xʳˢ. — *Arques* aux Lafon 1793. *Landesche*, don de vicᵗᵉˢˢᵉ Alpaïs aux moines Tullois v. 1113. *L'Aulerie* 1672 1700 des Montmaur n.

Martel

S. Jⁿ vge † auj. détruite. S. Mathieu, vge près Feyry, doit être confusion de mʳ Longnon pour Croix-Mathie. — Mas-del-Pech †. — *Blanat*, prob. mᵒⁿ n. en ville, titrant (plutôt que le chât de Blanat, cⁿᵉ Sᵗ Michel) les Scudié B. 1710-22.

ABRÉVIATIONS

†	remplace le mot *chapelle*, parfois *décédé*.
O	signifie châtellenie.
B	= gros bourgeois, bourgeois se qualifiant s^r d'un fief.
b	bourgeois simple.
b	parfois bas.
bg.	bourg.
bgs	bourgeois.
dir^e	signifie directité, propriété à titre seigneurial.
Dord.	pour Dordogne.
f. ou ff.	= fief, lieu noble, repaire.
f. h.	veut dire *fait hommage*.
f^{dé}	fondalité.
fig.	Figeac.
g^l	général.
h. h^t	habitant, haut.
hîc.	ici, identification affirmée sûre.
hîc ?	Est-ce là ? Restitution douteuse.
N.	de haute noblesse.
n	de fraîche noblesse à la date indiquée.
n.	bien ou maison noble.
n^{re}	notaire.
paroi.	paroisse. Le nom entre parenthèses est généralem^t celui de paroisse.
patr.	patron.
rep^e	repaire.
riv.	rive d. (droite) et g. gauche.
ruis.	ruisseau.
S. S^t	saint.
s. d.	(Acte trouvé) sans date.
séc^r	séculier.
sgie.	seigneurie.
cosgr.	coseigneur, seigneur avec d'autres.
s^r	sieur de ; en prenant particule.
t^r	terroir, territoire.
t^t	tènement.
tps	temps.

Turenne, pour le vic^{ie} de Turenne.

v.	vers.
vic^{ie}	vicairie.
v^x	vieux.
voc.	vocable.
x^r	décimateur.
xme	dîme.

J'omets l'article *le, la,* — les particules faciles à rétablir pour tout nom de famille noble ou ayant eu fief : ex. *Puylaporte* aux Arliguie, implique que les Arliguie se disaient s^{rs} ou sgrs de Puylaporte, signaient ou se qualifiaient *de Puylaporte*.

Je souligne *les fiefs* (italiques).

Parfois le nom de personne est abrégé quand il est répété aux alinéas voisins.

Beaulieu, Sarlat, Tulle, Rocamadour, désigne l'abbaye de ce nom. Cahors ; entendez l'évêque de Cahors. On excusera le décousu de la Notice sur Figeac par cette considération qu'elle n'a vu le jour que par tronçons dans la *Revue religieuse de Cahors*, sans communication d'épreuves à l'auteur, d'ailleurs la plupart du temps absent par suite de longues et lointaines tournées d'archives en vue d'autres travaux qui étaient l'objectif principal. Nous n'en remercions pas moins vivement M. l'abbé Gary du soin très obligeant qu'il apportait à l'insertion de nos feuilles volantes, où l'analyse des *faits* (verbiage exclus) devenait d'autant plus sèche qu'il s'imposait à nous d'abuser moins d'une hospitalité si gracieusement offerte a un tel vaste sujet, mais peu dans le goût du temps.

J.-B. C.

ERRATA

Page 15. rectifiez en *Cassaignes*. p. 17 *Miattas ; Listours Broussolles ;* p. 111 *emphytéose ;* 122, 144 de *Barrau* et non d'Abadie ; 152 *pentures ; portail* et non porte ; 189 Blanza*guet ;* 205 *Lauvie* etc.

N. B. Le groupement à la table (d'ailleurs incomplète pour 1/4 des noms) n'emporte pas identification, n'étant destiné qu'à faciliter matériellement les recherches.

TABLES

Table méthodique

I. — *Figeac et ses institutions religieuses :*

Archidoyenné p. 30.
Archiprêtré Molières-Figeac 30.
    id   Cajarc 35.
Augustins 19, 26, 85, 111.
Bon pasteur 22, 82, 100, 102, 140.
Capucins 3, 85, 129.
Carmes 19, 85, 100, 108.
Chapelles et oratoires 109, 112, 137.
Chapellenies 22, 44, 65.
Collège 86.
Commanderies 26.
Confréries 8, 10. 44, 63, 73.
Cordeliers 19, 119, 127, 177.
Cures et prieurés forains dépendant de S. Sauv^r 32, 35 — 30, 35, 36.
Déportés, reclus 4.
Dignitaires de l'abbaye et leurs biens 38, 40 à 44.
Doctrinaires 84.
Dominicains 120.
Ecoles 145. - 22, 25, 73, 91.
Hôpitaux 22, 26, 68, 81, 139, 141.
Jacobins 18.
Institutions civiles 50 ; 146 à 152.
Lazaristes 23, 85, 87.
Lundieu (bénéd.) 2, 18, 19, 26, 31, 93, 107, 117, 118, 134, 145.
Maladreries 22, 109, 139.
Mirepoises 22, 25, 85, 86.
Miséricorde 18, 78, 79 140, 145, 177.
Paroisses urbaines : N. D. Puy 17, 20, 26, 34, 45, 61, 70, 101, 144. — Capelle 20, 40, 55, 57, 65, 71, 93 à 100. — St Martin 19, 23, 33, 56, 63, 68, 76, 102, 104, 107, 166, 174, 191. — St Thomas 5, 6, 17, 18, 23, 33, 56, 76, 100.
Pénitents 20, 137.
Pensionnaires ecclés. 84.
Récollets 85.
Ste Claire 3, 17, 18, 73, 101, 107, 125, 131.
St Sauveur 10, à 18; 23, 28, 39, 40, 85, 121, 134, 139.
Sceau 151.
Séminaire 19, 20, 21, 71, 77, 86.
Temples 137.
Topog. de ville 24 à 30.

II. *Fiefs du Haut-Quercy* p. 153.

Table alphabétique

Abréviations 212.
Aiguille 18, 103.
Aillac 207.
Albertie 182, 184.
Albiac 156.
Albrespy 112, 164, 165, 178.
Allè (l') 167.
Alvignac 163.
Ambert 158, 162, 164 à 167.
Ambeyrac 35.
Anglade 158, 170, 171, 176.
Anglars 30, 49, 55, 57, 61, 67, 98, 102, 141, 156, 170, 184, 193, 201, 202.
Antissac 172, 173.
Arcambal 159, 160, 162, 171, 175, 179, 180, 190, 192, 209
Arliguie 139, 158, 161, 176, 179, 180, 183 à 186, 188, 189, 194.
Arnaldy (d') 7, 19, 51, 146, 150
Arques 168, 169, 171, 211.
Asprières 139, 144.
Assier 51, 53, 62.
Aubin 131, 135, 144.
Audebert 162, 172, 210.
Auleyrie (l') 158, 171, 172, 211.

Aupias (d') 160.
Aurillac 36, 52, 53, 56, 81, 82, 84, 95, 110, 120, 183, 199.
Aymerique 95, 108, 204, 205, 208.
Aynac 46, 47, 107, 149.
Bagnac 31, 54, 87, 130, 133
Baladou 186.
Balager (le) 169.
Balaguier 8, 29, 35, 55, 136, 146.
Balène 25, 137, 141, 150.
Balme 162, 210.
Baluze 36, 177, etc.
Banières 168
Bar 131, 132, 200.
Barbaroux 174.
Bascle 174, 175, 185, 209.
Baspalme 174.
Bastide 99. — Fortanier et Soyris 55. — H^t Mont, 30, 49, 54, 145.
Bastit 141, 155, 157, 176, 209.
Batude 33, 56, 60, 67, 141.
Batut 156, 158, 161, 177, 188, 191, 192, 194, 204.
Bauze 183, 184, 187.
Beaulieu 155, 157, 158, 161, 165, 169 à 172, 174, 185, 190, 209, 211.
*Beau*Regard 68; Repos 198, 203.
Beaussac 53.
Béduer 7, 31, 39, 58, 66, 67, 105, 108, 110, 115, 136, 146.
Belcastel 163, 183, 185, 189.
Belet 61, 65, 94, 132.
Bèlonie 158, 183, 195.
Besse 170, 174, 175, 190.
Bétaille 163, 164, 168, 178.
Beyssac 155, 157, 170, 171, 211.
Bial 163, 203.
Bideran 160, 168, 169, 173, 206, 210, 211.
Blagour 190.
Blanat 159, 161, 169, 173, 176, 179, 191, 192, 194, 216.
Blanzaguet 188.

Blars 59
Blavignac 160, 162, 169, 170, 174, 178, 179, 186
Bois (le) du 180, 186, 189, 196. — Menou 35; Vert 131.
Boisse 187.
Boisset 51, 116, 124, 161.
Boissière 179, 183, 184, 189, 191, 209.
Boissonie 181.
Bonneville 60, 91, 141.
Borgne 158, 163, 171, 184.
Borie (la) 52, 59, 60, 61, 65, 67, 71, 72, 77, 85, 113, 133, 139, 143, 155, 171, 173, 179, 189, 191; les 158.
Borme 162, 163.
Borrèze 201.
Bos 160, 163, 167, 168, 197, 202; G^d 156.
Boudie (la) 170, 174, 179.
Bouix (le 173.
Bourg (le) 31, 53, 57.
Bourières 160, 174, 179, 186.
Bournazel 72, 163.
Bourzolles 146, 197, 206.
Bousquet 156, 162, 164, 167, 184, 192.
Boussac 7, 32, 37, 50, 108, 116.
Boutaric 7, 10, 41, 65, 74, 75, 83, 91, 140, 150
Boutières 139, 170, 178, 185.
Bouyssou 99, 145, 160.
Bouxal 98.
Brageac 135, 174, 186, 188.
Bramaric 59, 67, 95, 106, 144.
Bramel 155, 191, 194, 196.
Brande (la) 158, 166, 185, 200, 201.
Brassac 131, 133.
Brengues 56, 108.
Bretenoux 149, 162.
Breuil 150, 179, 208.
Briance 76, 176, 181.
Briat 155, 156, 159, 171.
Brive 122, 175.
Broue 35, 161, 163, 164, 181.
Brousse (La) 154, 161, 175,

180, 183, 184, 185, 191, 194, 206, 208.
Brunet 179, 182.
Brunie (La) 167, 170, 172 à 175.
Cabridens 71, 82, 83, 100, 112, 113, 140.
Cacreix 184, 185.
Cadiot 203, 204.
Cahors 21, 30, 40, 46, 59, 63, 66, 82, 115, 121, 122, 129, 131, 135, 136, 153, 155, 157, 165, 170, 181, 185, 186, 201, 203, 204, 207, 208, etc.
Cajarc 30, 35, 46, 98, 110, 116.
Calabrum 204, 205.
Calveyrac 76.
Calviac 203, 204.
Calviazès 205.
Cambeyrac 66.
Cambes 7, 30, 31, 39, 50, 59, 66.
Camboulit 7, 32, 37, 39, 50, 116, 127, 128.
Camburat 7, 32, 39, 56, 62, 63, 99, 136, 141, 146.
Campagnac 169, 183, 185, 206.
Camy 115, 116, 131, 133.
Canéda 207.
Caniac 54, 60, 63, 99, 105, 139.
Capdenac 7, 33, 37 à 40 ; 58, 88, 99, 124, 142, 146, 148, 194.
Capelle 83, 170 ; Balaguier 35 ; Bagnac 31, 57; Marival 50, 132.
Capelette, 112.
Carayac 33, 55,
Cardaillac 6, 8, 16, 17, 31, 47, 50, 60, 78, 103, 107, 108, 121, 127, 131, 132, 144, 145, 146, 165, 167, 179.
Carennac 163 à 168.
Carlat 160, 172, 174, 210.
Carlusset 104, 159, 201, 203.
Carlux 197, 203, 206.
Carman 178, 179, 185.

Carsac 207.
Carves 203.
Casnac 207.
Cassagnade 77, 183, 186, 189 à 193.
Cassagne 119, 129, 133, 136, 186, 188, 192.
Cassagnole 31, 104.
Castanet 188, 191, 197.
Castel 160 ; Nau de Breten[r] 99, 167 ; Laroque 204 ; Roubert, 41.
Castries 193, 196.
Caubrejou 161, 210.
Caudon 207, 208.
Caumont 49, 206
Caupeyre 181.
Cavagnac 156, 178, 209.
Cavialle 19, 193, 202.
Cayla 83.
Caylus 71, 117.
Cayrols 40, 69.
Cayron 66, 116.
Cazillac 154, 157, 158, 171, 172, 198, 209.
Cazoulès 203, 206, 207,
Célébran 160, 169, 170, 175, 192.
Cépède 170, 172, 179.
Cérède 43, 58, 97, 106, 110, 123, 151.
Cerou 192 194.
Certain 156.
Chabanes 154, 206.
Chambaudie 154.
Chambrazeix 201.
Chameyrat 159, 168.
Champollion 150.
Chapelle (la) 131, 158, 159, 165, 174, 175, 177, 184, 185, 186, 189, 190, 206, 209.
Chassagne 119, 155, 156, 209.
Chaudruc 204.
Chaufour 156, 171.
Chaunac 165, 180, 181, 185, 187.
Chaussenéjoul 107, 117, 135, 195.
Cheylar 175, 187, 188.
Cipière 116, 163, 171, 181.

Clary 197.
Claux 156, 171, 184, 190, 192, 202.
Clayrou 39.
Cléjoux 190.
Clermont 55, 99.
Colomb 40, 51, 68, 83, 92, 124.
Colonges 42, 132, 157.
Combe, (la) 133. 158, 160, 167, 175, 179, 184. 198 ; Redonde 156, 209 ; Rousse 179 ; (les) 66, 67, 145, 175, 198.
Comers 170, 171.
Condamine (la, les), 18, 19, 39, 99, 116, 123, 125, 162, 175, 179, 181, 184, 187, 194.
Condat 169, 211.
Conquans 124, 130, 181.
Conques 29, 38, 58, 110.
Conties 173, 184, 188.
Corn 7, 16, 41, 108.
  id. d'Ampare 41, 94.
Cornély 10.
Cornil 183, 187, 208.
Cornus 117.
Cosnac 159, 168, 183, 186, 190, 202, 204.
Coste (la) 67, 72, 76, 123, 154, 160, 162, 163, 164, 171, 203 ; Rousse 156, 157 ; les 201.
Courèze 156, 157, 163, 176, 179, 180, 192 à 195.
Coustin 160, 167, 168, 197, 203.
Couzenac 155, 209
Cressensac 155, 195.
Creysse 175, 182, 185.
Croix (la) 162, 181, 182, 185, 186.
Cros 76, 113, 146, 183 etc.
Crozat 195, 209.
Croze 154, 155, 185, 209.
Cuisines 198.
Cussonel 76 à 79, 91, 131.
Cuzac 7, 16, 35, 38, 108.
Cuzance 191.
Dalon 161, 166, 167, 169, à 172 ; 178 à 181 ; 185, 186.

Darnal 180, 192.
Day 55, 100, 124, 150.
Debons, 36, 68, 111, 112, 129, 137, 141 à 144
Delpon 45 51, 150.
Descrozailles 5, 113, 114, 124.
Destroa 40, 42, 55, 67, 68, 111, 132.
Devès 173, 179, 181.
Domme 208.
Dufau 3, 7, 10, 41, 51, 101, 103, 107, 133, 143, 150, 167.
Dulmet 156, 159, 164, 168.
Dumont 76 103, 118, 133, 150, 171.
Durban 35, 51.
Durfort 2, 40, 99, 115, 136, 138, 142, 183, 208.
Embals 115.
Echelles 162, 208.
Escudier 170, 176, 179, 211.
Espagnac 41, 55, 59, 60, 86, 118.
Espédaillac 59, 124, 142.
Espinasse 172, 176, 178, 179, 210.
Estrade (l') 165, 181, 186.
Estresses 159, 169, 173. 191, 208.
Etampes 67, 104.
Eybènes 201, 202.
Eyvignes 184, 202.
Fages 103, 117, 118, 155, 167.
Falgueyroux 191, 192.
Fargues (las) 8, 66, 87, 99, 166.
Faure 179, 181, 182 184, 210.
Faurie 179, 189, 200, 205.
Faycelles 16, 33, 37, 39, 54, 114, 124, 136.
Felzins 7, 16, 29, 56, 99, 108, 115, 127, 146.
Ferrier 155, 209.
Ferrières 122, 154, 193, 201.
Ferron (de) 180, 184.
Feydit 160, 174, 195, 196.
Figeac-*de-Puybrun* 163, 167,
Fleurans 20, 67, 99, 116.
Foissac 35, 122.

Fon (la) 162, 174, 181, 194, 210 ; Naute 206 ; Noyer 205.
Fons 5, 30, 33, 41, 56 à 59, 68, 69, 133.
Fortia 153, 159.
Four (du) 191, 195.
Fourmagnac 7, 17, 33, 57, 60, 101. 120, 128.
Fraust 41, 42, 74, 77, 115, 124.
Friac 169, 171, 172.
Froment 6, 20, 23, 61, 119, 124, 150.
Frontenac 34, 69, 115.
Gache (la) 51, 79.
Gaillac, près Cajarc 36.
Gaillard 160, 162, 163, 168
Gard 205.
Gardaren 180, 183, 187, 206.
Garde (la) 47, 74, 77, 161, 163, 175, 177.
Gasquet 58, 107.
Gaulejac 55, 208.
Gauterie 174, 179, 191, 205.
Génis 202, 208.
Gérard (de) 208.
Gignac 19, 46, 153, 165, 190, 193, 206.
Gimel 95, 106, 168, 176, 205 à 210.
Ginouillac 53, 59, 108.
Gleyjole (la) 204, 208.
Gluges 77, 171, 180.
Gontaud 136, 200, 208
Gorce 77, 180, 184, 190, 193, 194, 196, 210.
Goudin 158, 196 209, 211.
Goudou 108.
Gouyrac 36
Gramat 43, 209.
Grand-*Lac* 160, 170, 172, 173, 179 ; *Mont* 157.
Grange (*la*) 163, 167, 170, 181, 184 ; *les* 167.
Granger (le) 154, 156.
Gréalou 42, 59, 81, 108.
Greil 29, 33, 40, 46, 74, 109, 129, 154
Grèzes 35, 53, 54, 67, 111, 180, 206.
Gualieu 65, 69, 81, 93, 94.
Guary 19, 43, 51, 66, 79, 85, 86, 106, 110, 117, 134, 155.
Guirande 56.
Guiscard 156, 164, 187.
Hauterive 31, 59.
Hébrard 49, 76, 109, 118, 122, 186.
Hôpital (l') 35, 70, 99, 145. 155, 160, 165, 177 ; Beaulieu 56, 174, 177.
Isle 167, 187, 189, 206.
Jalenques 2, 4, 10, 15, 62, 133, 135.
Javel 190.
Jayac 201.
Jouvenel (de) 168.
Judicis 158, 174, 175, 179, 180, 185, 190.
Lacan 68, 69, 109, 150.
Lacarrière 22, 98, 128, 135.
Lacaze 123, 131, 133, 142, 166,
Lachèze 76, 158, 161, 173, 175, 177, 179, 180, 182, 183, 185, 186, 187, 189, 191, 209.
Lacurie 3, 7, 70, 83, 96, 98, 134, 137, 143.
Lalo 76, 131.
Lande (la) 4, 170, 175, 180, 188, 194, 196.
Langle 164, 165, 205.
Lanzac 181, 191, 198.
Larnagol 80, 118.
Lascaux 158, 177, 181, 182, 188.
Lasteyrie 181, 182.
Latapie 8, 10, 40, 58, 85, 92, 114, 131, 136.
Lauresses 32, 37, 52.
LENTILLAC, près Figeac 4, 7, 29, 33, 38, 43, 57, 59, 85, 93, 119, 127, 146 ; du Causse 49 ; près St-Céré 34.
Leyge 99, 171, 172.
Leyme 46 à 49, 60.
Leymet 188, 191, 193, 194.
Leyrac 173, 175.

Leyzac 161, 186, 187.
Lieucam 94.
Liméjouls 203, 204.
Linac 56, 108.
Linars 167, 184, 196, 202.
Lissac 7, 38, 39, 57, 60, 66, 78, 119, 128, 133, 136, 140, 145, 154, 179, 190.
Livernon 33, 51, 53, 107, 124.
Livignac *bas* 34, 38, 39, 58.
Longnon 28 à 33, 35, 45, 54, 207, 211.
Lostanges 19, 65, 85, 86, 88, 101, 108, 110, 115, 135.
Louchat 157, 174.
Loudour 179, 182, 184.
Loupiac 17, 38, 39, 136.
Louradour, 158, 182.
Lunan 7, 28, 32, 38, 39, 56, 106, 115, 119.
Lunegarde 53, 55, 56.
Madeleine (la) 34, 38, 59, 60, 143.
Maffre 99, 144.
Maigne 155, 209.
Malaudie, Malétie 37, 109, 139, 156, 158, 159, 164, 174, 177, 184, 190, 192, 195,
Male *coste* 158, 189, 191 ; *Farge* 159 ; Font 158 ; Mort 184, 190, 201 ; Peyre 180 ; Pique 180, 189 ; Ville 175, 185, 191, 208.
Mal *martel* 163, 165 ; Vinie 74, 185.
Mandégoux 180, 206.
Mandens 37, 110.
Maniac (Vode, Evodius, St-Vozy) 67, 117.
Maniols 167.
Maradenou 158, 175.
Marcillac 36, 38, 54 à 61 ; 99, 111.
Mareil 206.
Margues 36.
Marqueyssac 108, 154, 157, 174, 191, 192, 209.
Martel 74, 157, 158, 160, 168, 175, 191, 193, 211.
Martres 202.

Mas, le, du, 115, 139, 167, 168, 180, 190 ; Clat 204 ; del bos 156, 196 ; del puech 141, 184, 188, 189, 211 ; du Noyer 34 ; la Rivière 155 ; St-Vincent 156.
Massabie J. B. 29, 64, 147, 173 ; A. 44.
Massebaque 141
Materre 156, 169 à 172, 184.
Maubuisson 122, 161, 162, 183, 185, 186, 190, 192.
Maurs 54, 57 à 60, 125, 127. Maynard 18 ; *de* 86, 87, 119, 128, 158, 159, 162, 164, 173, 176, 179, 181, 186, 193, 196.
Mazet, 144, 156.
Mazeyrolles 165.
Menoire 170.
Meschaussée 154, 157, 159, 188.
Meyrac 184, 187.
Meyrignac 60 ; Lentour 61.
Meyrignagues 16, 29, 30, 35.
Meyronne 187.
Meyssac 73, 158.
Mézels 164, 211.
Mialet 31, 57.
Milhac 190, 204, 205, 208.
Milière (la) 157.
Miramont 51, 163, 172.
Miranbel 107, 135.
Mirandol 161, 179, 180, 182, 184, 204.
Moissac 33, 38, 59.
Molières, près Terrou 29, 46 à 49, 69, 144 ; de Francoulès 46, 202.
Molinier 61, 78, 162, 196.
Montagnac 156, 180, 194.
Montauban 61, 110, 120, 124, 168, 173.
Montbrun 70, 109, 121, 127.
Montet 50, 57, 192, 206.
Montfort 207, 208.
Mont maur 73, 158, 159, 165, 166, 172, 174, 211 ; Murat 115, 146 ; Redon 7, 57 ; Salvy 33, 51 ; Ussac 52 ;

Valent 158, 177, 182.
Morlhon 42, 44, 139, 146.
Motte (la) 157, 160, 167, 188, 190, 191, 204; *Massaut* 122, 199, 208.
Moulin 156, 162, 164, 202.
Mouret 24, 40, 99.
Murat 54, 130, 159, 162, 173, 210.
Murel 61, 173.
Muzac 154, 158, 209.
Nabirac 207.
Nadaillac 73, 193, 201.
Narbonnès, 37, 41, 113, 145, 169.
Naucaze 36, 40, 55, 111.
Nayrac 105.
Neyragues 196.
Nicourbi 59.
Noailles 135, 145, 160, 178, 191 à 194, 195, 197, 198, 201 à 204, 205 à 209.
Noyer 160, 171, 173, 184.
Nucé 189, 190
Obazine 156, 158, 159, 160, 168, 170, 171, 176, 177, 193, 196.
Ols 35, 61.
Orliaguet 204; 205.
Oulié (l') 162 à 165.
Padirac 187.
Palhasse (de) 41, 43, 106, 107, 117, 135, 145. 150.
Paluel 95, 106, 201.
Paramelle 58, 141.
Parlan 47, 52
Parry 180, 192.
Pascal de, 183.
Pauc 158, 182, 209.
Paulin 185, 200, 201.
Paunac 157, 169, 172.
Pech 159, 175, 180.
Peiratel 47.
Pélegri 196.
Péret 141.
Pergue (la) 138.
Peyrat 159. 204.
Peyrazet 180, 184.
Peyre 167; Levade 21, 196.
Peyrillac 204, 206.

Peyrou 53.
Peyrusse 35, 40, 146.
Pezet 15, 23, 126, 142, 150.
Pigeon 188, 191.
Pinsac 189.
Plaisance 133
Planiolles 5, 17, 32, 39, 58, 66, 99, 109, 113, 130, 141, 142.
Plane 198, 202.
Plas, 118, 160, 191.
Pomiès 175, 184.
Pont 180; Neuf 170; Roubert 162; Rout 161.
Porte (la) 69, 81, 97, 105, 150, 154, 161, 171, 178, 179, 184.
Pouget 169, 189, 193, 195, 206.
Poujade (la) 162, 173, 210.
Poumarède 136.
Poustans 57.
Pouzol 197, 202, 206.
Pradayrol 20, 100, 138, 143.
Prade (la) 167, 169, 170
Prats 203, 205.
Prendeignes 8, 32, 39, 50, 56, 65, 93.
Pressignac 198.
Proissans 207, 208.
Promilhanes 36.
Puy 179; Blanc 41, 99, 124; Brun 166; de Corn 7, 39, 63, 105 138; Gramond 156; Jalon 163, 181, 191; Lagarde 35; Laporte 184; Launès 113, 150; Lebroux 192, 194; Merle 72, 76, 164, 169.
Py (del) 158, 159, 171, 192, 197, 202, 206.
Quatre-Routes 170.
Quinson 157, 170.
Quissac 34, 58, 142.
Ratois 170, 172, 179.
Rauzel 207.
Rayssac 5, 79, 81, 124, 126, 150, 166.
Régis 173, 179, 185.
Reilhac, Rilhac, 34, 47, 56, 159, 168.

Reilhaguet 53.
Renac (de) 55.
Rey 35.
Reymondie 179.
Reyrevignes, près Fig° 7, 30, 31, 43, 58, 133, 141, 142 ; près Souillac 182, 197.
Rigand 32, 33.
Rignac, près Martel 167, 189, 204.
Rignodes 36.
Rivière (la) 158, 159, 192, 210.
Robert 153, 186, 192.
Roc 74, 198, 204 ; *Amadour* 108, 109, 121, 130, 155, 160, 174, 181, 186, 187, 189, 191 ; Blanc 208 ; Trauquat 162.
Roche 158, 162, 172, 183, 194 à 197.
Rodes 154, 175, 196, 207.
Rodez 122, 125, 139.
Rodulfe S^t 154, 190, 209.
Roffy 208.
Roger 173, 175, 179 ; 183 à 186 ; 197.
Rome 162, 163.
Roque 112, 136, 146, 190, 201 ; Blanque 161, 210 ; Bouillac 7 ; Cuèche 181 ; Fort 127, 143 ; Maurel 41 ; Nadel 208 ; Pen 161, 182, 210 ; Rouge 210 ; Toirac 32, 35, 115, 121.
Roussie (la) 206, 209.
Rouzet 37, 63, 67, 85, 99, 111, 113, 130, 146.
Rudelle 30, 55, 130, 142.
Rueyres 51.
Rupin de l'Auteyrie 167.
Sabadel, près Latronquière, 8, 34, 60, 143.
Sahuguet 157, 209, 210.
Salabertie 133, 134.
Salès 202, 206, 207.
Salgues 63, 88.
Salignac 122, 159, 181, 187, 200, 208.
Salle (la) 51, 158, 171, 193 ;

Vert 159. Salles 78.
Salvat 128, 162, 176, 179, 180, 185, 191, 194, 209.
Salviac 46, 193, 194, 209.
Sarladie 158.
Sarlat 178, 193 ; 203 à 210.
Sarrazac 154, 157, 160, 169, 209, 210.
Sauliac 60.
Saulon 38, 191, 206.
Savary (de S.) 24, 116, 124.
Sclafer 146, 180, 187, 189, 190, 197, 200, 201, 203.
Ségala 163, 164, 166, 196.
Séguier 115, 150.
Sénaillac, près Latronq^{re}, 32, 59 ; du Causse 38.
Serre (la) 158, 161, 164, 162, 171, 174, 175, 176, 179, 180 ; 183 à 187 ; 191, 196.
Seyrignac 78, 115.
Simeyrols 203, 205.
Siran 57, 61.
Siriès 150, 166, 208.
Sonac, Lot, 33, 56, 108.
Souillac 158 ; 173 à 177 ; 182, 184 ; 187 à 191 ; 197, 198, 201 ; 204, à 207.
Sousceyrac 34, 149, 157.
Strenquels 171.

Saints

Affre, voy. Frie, 31, 35, 58, 69.
Amand 201, 202, 208.
André 207.
Antonin 110 ; 125 à 128.
Aymon 17, 30, 37.
Barthelemy 138, 145, 162, 176, 210.
Bonnet 192.
Bressou 57, 141, 143, 162.
Catherine 176, 182, 184.
Cécile 32, 59.
Ceré 37, 47, 162, 171.
Chamans 154, 159, 160.
Chels 38
Cirgues, près Lauresses, 52,

56, 65, 132; près S. Dau 30, 32, 105.
Cirq-Popie 30, 59.
Clair 162.
Clément 51.
Colombe 52, 58, 141.
Constans 52, 83.
Crépin 64, 203.
Croix 57; de Macanas 35, 47.
Cyprien 158.
Dau 29, 57, 95, 102, 105, 135, 136, 143.
Denis, près Lissac 17, 32, 39, 57, 87, 136; près Martel, 45, 160, 210.
Etienne 31, 198.
Eulalie 55.
Félix, près Figeac, 5, 16, 32, 38, 53, 59, 68, 115, 119, 128, 136; de Banières 168.
Frie 58.
Genest, 47, 207.
Génulphe 28, 30.
Georges 31, 57, 71, 102, 104, 116, 138.
Germain 162, 163, 182, 210.
Hilaire 169; Bessonies 57; près Lalbenque 31.
Jacques 60.
Jean 138, 159, 208; le Froid, 7, 58, 69, 87, 187.
Julien 34, 37, 58, 158, 165, 204, 207.
Laurent de Corn 34, 41, 55, 177.
Lauze 77.
Liaubès 157.
Loup 39.
Marc 162, 174, 177.
Marie 53.
Martin des Farges 160, 161.
Maurice 49, 50, 60, 179, 180.
Méard-la-Ga. 30, 53, 56.
Médard-Nic. 59.
Michel 156, 159, 161; 168 à 171; 183, 210.
Mondane 207.
Nathalène 203, 207, 208.
Neboule 59.
Nicolas 208.

Palavy 156.
Parthem 113, 132.
Perdoux 7, 33, 57.
Pierre 159, 160.
Projet, près Yssepts, 37; du T.-et-G. 36.
Quintin 54.
Radégonde 160, 161.
Remi 33.
Roch 168, 192, 200, 209.
Romain 132.
Rome 207.
Rondine 166.
Saud 168.
Sépulcre 35.
Simon 33, 37, 56, 67.
Sols 162 à 167; 187, 211.
Sozy 183, 186.
Sulpice 34, 58.
Thamard 30.
Viance 201, 202.
Vincent 76, 162, 163, 207.
Vivien 69.

Tabarly 10, 125, 130.
Taillefer 155, 162, 180, 181, 185.
Tauriac 166 à 169.
Teil 158, 165.
Temple 169, 176.
Termes 122, 159, 161, 174, 175, 180, 191, 194, 208, 210.
Terre 51; *Blanque* 180; Gaye 189; Rouge 183.
Terrasson 30, 48, 60.
Tersac 193, 194, 196.
Thégra 34, 46, 81.
Théligues 182, 184.
Thémines 30, 47, 146, 205.
Théminettes 30, 55.
Thessillac 194.
Toirac 17, 31, 37, 60, 66, 101, 128.
Toul, *Puy de* 169.
Toulgou 201.
Tour 37, 51, 54, 127, 165, 180, 183, 190, 196, 206,

208; *Nègre* 104; Neuve 138.
Tournemire 69, 78, 83, 84, 117, 175, 184.
Tournier 154, 171, 173, 196, 202.
Touron 158, 162, 171, 180.
Tourrette 165, 204, 207.
Trapy 28.
Trémons 103.
Trieu 160.
Trioulou 36, 69, 107.
Tronquière (la) 52
Tulle 60, 124, 159 à 164, 171, 172, 211.
Turalure 41, 42, 65, 67, 150.
Turenne 20, 47, 94, 150, 153, 155, 157, 159, 161, 164, 173, 178, 179, 183 à 186, 187, 189, 191, 192, 194, 198, 201, 207, 209.
Tursac 208.
Ussel 163.
Uxellodunum 161, 163.
Uzerche 156, *192*.
Uzès (d') 52 à 55, 59, 88.
Vabre (la) 52.
Vachon 155, 156.
Vaillac 108.
Vaissié 2, 3, 51, 63, 70, 85, 107, 120, 129, 134, 145.
Val 163, 168, 169, 174, 184, 192, 194, 196, 202.
Valade 67, 128, 163, 171, 179, 204.
Valat 197.
Valen 195.
Valeyrac 153, 210.
Valon 167, 169, 179, 185.
Vassal (de) 165, 180, 183, 186.
Vassaudie 176, 180.
Vassignac 167, 171, 183, 197, 210.
Vauret 170, 172, 195, 196.
Vaurillon 170 à 173, 177, 180, 186.

Vaux (las) 157, 158, 209.
Verdier 166, 169, 170, 180, 192.
Vergne 158, 168, 184, 192, 201, 202.
Vermeil 207.
Vernet (bas) 31 ; h^t 17, 39.
Verneuil 187, 188.
Vernh 179, 194, 196.
Verninac 93, 154, 186, 197, 199.
Verrie (la) 161, 179.
Veyrac 29, 37, 40, 158, 161 à 166, 169, 170, 175, 180, 184, 210.
Veyrignac 208.
Veyssète 52.
Veyssière 161, 180, 182, 187, 201, 202, 208.
Viazac 16, 34, 51, 60, 66, 125, 136.
Vic lès Capdenac 22, 33, 57, 68, 70, 124.
Vicomtesse (la) 171.
Vidaillac 36, 70.
Viel castel 174 ; Four 194 ; Martel 174
Vieilles chèzes 155, 172.
Vigan 55, 182, 183, 207.
Vigerie (la) 204, 206.
Vigier 201, 202.
Viguier 40, 85, 91, 102, 105, 133, 150, 154.
Vilhès 20, 23, 42, 44, 69, 84, 92, 95, 113, 131, 133, 150.
Ville 167, 193 ; *Franche* 41, 42, 119, 141 ; Monteis 157 ; Neuve-Cramade 35.
Viors 192.
Vitaterne 39.
Vitrac 34, 39, 207, 209.
Yffernet 141.
Yssepts 34, 37, 53, 58.
Yssordel 32.

Autres ouvrages de J.-B. CHAMPEVAL DE VYERS

Sept mois dans la Mobile au 90e de marche. — *Tulle, imp. Crauffon*, 1873, in-8 de 110 p. (*épuisé*).

Annuari Lemouzi, almanach patois de propagande catholique, 2 édit. illust. — *Périgueux, imp. Cassard*, 1884, in-12 : 50 cent.

Proverbes bas-limousins, avec traduction. — *Brive, imp. Roche*, 1886, in-8e de 123 p. : 3 fr.

Redressement des erreurs de principes et d'applications (identifications) en matière de géographie carlovingienne du Cartulaire de Beaulieu, édité par Deloche, de l'Institut, au *Bulletin de la Société archéologique de Brive*. — *Brive, imp. Roche*, 1889, in-8° Chaque bulletin : 1 fr.

Voyage d'Aurillac à Saint-Denis. — *Tulle, imp. Crauffon*, 1891, in-12 de 48 p.

Voyage de Brive à Cahors. — *Tulle, Crauffon*, 1891, in-12 de 64 p. : 50 cent.

Cartes féodales : 1° du Haut et Bas-Limousin avant 1600, avec ses deux Marches, le Haut-Quercy et les frontières limousines du Périgord, Poitou, Berry et Auvergne : 1 fr. ; 2° des deux paroisses de Tulle, avec plan de ville ancien : 1 fr. ; 3° de la comté de Montignac avec le duché d'Ayen et les marquisats d'Hautefort, Excideuil, Ségur : 1 fr. ; 4° de la Basse-Marche : 1 fr. ; dessinées par M. le baron de Maynard et M. Albert Cérède.

Généalogie de la maison de Montbron. — *Poitiers, Oudin*, in-8° (non mise dans le commerce).

Notice historique de la maison de Bagnac. — *Limoges, Ve H. Ducourtieux*, in-8° (non mise en vente). 308 p. avec une carte et illustrations de MM. Cérède ; Rupin et de Maynard.

Le bas-Limousin seigneurial et religieux ou *Géographie historique abrégée de la Corrèze*. T. I. et II. réunis, arrondts Tulle, Ussel. Limoges, Ducourtieux. 416 p. 8° 1896-97. 14 fr. franco chez l'auteur au château de Vyers, par Corrèze (Corrèze); ou 8 fr. par tome.

SOUS PRESSE, DU MÊME AUTEUR :

Cartulaire latin de Tulle. — *Brive, imp. Roche*, in-8º : 20 fr.

Cartulaire latin d'Uzerche. — *Tulle, imp. Crauffon*, in-8º : 15 francs.

Les châteaux du Bas-Limousin avec illustrations de M. Esnest Rupin de l'Auteyrie. — *Brive, imp. Roche*, in-8º, environ 10 fr.

Dictionnaire (*développé*) du département de la Corrèze. — *Brive, imp. Roche*, in-8.

www.ingramcontent.com/pod-product-compliance
Lightning Source LLC
Chambersburg PA
CBHW071940160426
43198CB00011B/1480